本书受以下项目资助：
中央支持地方高校改革发展资金—高水平本科教育改革经费
广西一流本科专业——广西民族大学历史学

中学历史教学智慧

（第二辑）

滕兰花　主　编

韩周敬　副主编

暨南大学出版社
JINAN UNIVERSITY PRESS

中国·广州

图书在版编目（CIP）数据

中学历史教学智慧. 第二辑/滕兰花主编；韩周敬副主编. —广州：
暨南大学出版社，2023.2
ISBN 978 - 7 - 5668 - 3563 - 5

Ⅰ. ①中… Ⅱ. ①滕… ②韩… Ⅲ. ①中学历史课—教学研究—高中
Ⅳ. ①G633. 512

中国版本图书馆 CIP 数据核字（2022）第 237753 号

中学历史教学智慧（第二辑）
ZHONGXUE LISHI JIAOXUE ZHIHUI（DI-ER JI）
主　编：滕兰花　副主编：韩周敬
···

出 版 人：张晋升
责任编辑：曾小利
责任校对：刘舜怡　王燕丽　黄亦秋
责任印制：周一丹　郑玉婷

出版发行：暨南大学出版社（511443）
电　　话：总编室（8620）37332601
　　　　　营销部（8620）37332680　37332681　37332682　37332683
传　　真：（8620）37332660（办公室）　37332684（营销部）
网　　址：http：//www.jnupress.com
排　　版：广州尚文数码科技有限公司
印　　刷：佛山市浩文彩色印刷有限公司
开　　本：787mm×960mm　1/16
印　　张：15.25
字　　数：290 千
版　　次：2023 年 2 月第 1 版
印　　次：2023 年 2 月第 1 次
定　　价：68.00 元

前 言

……

身为高校历史教育工作者，我们必须承认这样的事实：越来越多的新生不具备"思想技术"。所谓"思想技术"，可以分解为理解力、批判力、想象力和创造力。因为它们的缺位，新生在被卷入知识狂飙时，往往生出身在宝山而无从措手的感觉。更有甚者，终其四年，仍未寻到进入历史堂奥的门径，更遑论超越书本去论事知人、经世致用。

"思想技术"的缺位肇源多端，基础教育中思维培育的无力，应承担重要的责任。我们无意向基础教育"问罪"，只是想指出：基础教育要培养高等教育需要的入门能力，进行高等教育无法再进行的教育。只有这样，高校接收的才不仅仅是未来某个职业的候选者，而是鲜活通透、具有无限可能的"人"。

基础教育阶段的学生，拥有旺盛的精力、强烈的好奇心与满溢的求知欲，这些品质甚至都不需要刻意去激活。但一旦过了少年阶段，这些弥足珍贵的品质就会迅速蒸发。所以，基础教育不应过度执着于让学生获得职业优势，抢占序位先机，而是要因势利导，重点训练其"思想技术"，否则一旦"着空"，便再难匡救。届时即便高等教育花费再大的力气为其补课，最终也收效甚微。

"天油然作云，沛然下雨，则苗浡然兴之矣。"自2013年教育部提出以培养学科核心素养为重心的教学理念后，高中历史教育经过数年探索，已在理论、实践中总结了丰富经验，对培养学生求真求实、求思求义的思维能力推动甚大。2022年新修订的《义务教育历史课程标准》中，唯物史观、时空观念、史料实证、历史解释、家国情怀五大核心素养粲然在目，这无疑对培养初中学生的思维能力大有裨益。

　　遵循这种顶层设计，高校作为培育基础教育人才的摇篮，也必须因时预流、守正创新。广西民族大学历史学本科是广西壮族自治区优质专业、自治区优势特色专业群、省级一流本科专业，在基础教育人才培养方面取得了较大成绩，已为各级中学输送优秀师资千余人。同时，我们还创建了学科教学（历史）专业硕士学位点，以"本硕一体化"为理念，建设研习共同体，在反复切磋琢磨中，助力学生深入历史教育的胜境。

　　本书共选入历史系本科生与学科教学（历史）专业硕士生论文16篇，就选题来看，涉及学科核心素养的培养、批判性思维、深度学习、主题教学、教师专业阅读、红色研学、史料教学、问题教学、大概念教学、课后作业等主题。有的旨在阐发旧题新知，有的重在探究时题新意，有的从小处精研以窥斑见豹，有的则从大处立论以廓清迷思。它们共同的特征是在尊重学情的前提下，运用适宜的理论或方法，着重对学生"思想技术"的培养，进而臻于"立德树人"的目标。不能说这些文章有多出彩，但这是学生们求学时雏凤学飞的成果，将其编辑出版，希冀学生们能以此为起点，踏上中学历史教学的万里征途，并在未来的教育教学过程中不断去实证甚至修正。

　　本书的出版得到广西民族大学师范专业认证专项经费的大力资助，亦得到暨南大学出版社的鼎力支持。本书出版后将作为历史学师范生培养的教辅读物。本书的作者多是硕士生、本科生，其中存在诸多不足之处，有些文章落笔时间较早，有些数据或内容需要作大的修订。编校过程是艰辛的，编者努力完成了文句表达，数据、引注格式等问题的修改，但因水平有限，其中难免有不尽如人意之处，恳请读者批评指正。

编　者

2022 年 12 月于南宁相思湖畔

目　录

· · · · · ·

广西边境民族地区中学历史活动课中的家国情怀教育

——以崇左市某中学为例

彭玉华*

一、绪论

（一）选题缘起及意义

家国情怀教育在培养学生的世界观、人生观、价值观方面具有重要的作用。中学生正处于世界观、人生观和价值观形成的关键时期，在历史课上对其进行家国情怀教育能帮助其形成科学的世界观、正确的人生观和崇高的价值观。

我国边疆地区与外国毗邻，又是多民族聚居区，如何开展有针对性的家国情怀教育，以便真正让家国情怀在孩子们的内心扎下根，是边疆地区中学历史课程教学开展家国情怀教育应该努力的方向。广西属于边疆民族地区，有着独特的历史文化和浓郁的少数民族特色，特别是边境民族地区又与越南毗连，在当地进行家国情怀教育必须联系当地独特的民族历史文化，方能强化学生对中华民族多元一体的发展趋势的理解，铸牢中华民族共同体意识，形成对中华民族的认同。

（二）研究现状

近年来，历史框架下的家国情怀教育研究论著不断涌现，对于家国情怀的概念，2017 年版的《普通高中历史课程标准》中是这样界定的："家国情怀是学习和探究历史应具有的人文追求，体现了对国家富强、人民幸福的情感，以及对国家的高度认同感、归属感、责任感和使命感。学习和探究历史应具有价

* 彭玉华，广西民族大学民族学与社会学学院 2016 级学科教学（历史）专业硕士研究生，现就职于广东省惠州市惠东县惠东中学。

值关怀，要充满人文情怀并关注现实问题，以服务于国家强盛、民族自强和人类社会的进步为使命。"① 简言之，家国情怀是中华优秀的传统文化，是一个人对家乡、对国家的深切热爱，是一个人对国家和民族的认同感、责任感和使命感的体现，是家国意识、世界意识的体现。家国情怀是历史学科核心素养中所要实现的价值目标，也是历史学科实现立德树人的最终要求。笔者认为家国情怀教育是传承优秀传统文化，培养学生热爱家乡、热爱祖国的情感和以维护国家利益、建设家乡建设祖国为己任的情怀的教育。

对家国情怀教育的作用，不少研究者②认为其是立德树人的根本要求，也是培养学生的历史观和爱国情感的重要途径。家国情怀教育对于培养民族凝聚力，培养青少年对国家的高度认同感、归属感、责任感和使命感具有重要的作用。有一些文章对家国情怀教育的途径进行了探究，如杨汉坤③、郭小兵④、周刘波⑤、彭启霞⑥、徐莹⑦等都提出了家国情怀教育的实施途径。

当前针对中学历史活动课的实证研究成果也有不少⑧，还有将一些文化课设

① 普通高中历史课程标准（2017年版2020年修订）[M]. 北京：人民教育出版社，2020：5.
② 胡兴松. 基于中华优秀传统文化的家国情怀教育：以《文化生活》教学为例 [J]. 中小学德育，2014（9）：9；皋银飞. 高中历史教学中的家国情怀教育 [J]. 中学课程辅导（教师通讯），2016（9）：17；查泽雷. 高中历史教学中的家国情怀教育 [J]. 当代教育论丛，2017（4）：4；郭惠聪. 高中历史教学中的家国情怀教育 [J]. 读与写（教育教学刊），2017（6）：6；李秦苏. 高中历史课教学落实家国情怀教育的实践研究 [J]. 吉林教育，2017（8）：30；张伟. 如何在高中历史教学中渗入家国情怀教育 [J]. 好家长，2017（11）：68；陈大斌. 历史教学中基于乡土文化的家国情怀教育 [J]. 教学月刊·中学版（教学参考），2017（12）：12；林德田. 家国情怀教育的本质是培养天下情怀 [J]. 历史教学，2017（9）：9；付心中. 浅析家国情怀教育在历史教学过程中的运用 [J]. 文理导航（教育研究与实践），2017（3）：2.
③ 杨汉坤. 情思造境：让历史课堂成为培养学生家国情怀的沃土：以《"一国两制"的伟大构想及其实践》一课为例 [J]. 中学历史教学，2017（12）：12.
④ 郭小兵. 高中历史教学中的家国情怀教育研究 [J]. 新课程（下），2017（10）：10.
⑤ 周刘波. 家国情怀：历史教育的价值旨归及其实现路径 [J]. 教学与管理，2017（10）：28.
⑥ 彭启霞. 乡土文化教学提升学生的家国情怀：以重庆地区为例 [J]. 教育论坛，2017（2）：2.
⑦ 徐莹. 高中历史中的家国情怀教育研究 [J]. 高考，2017（4）：12.
⑧ 朱志浩. 中学历史活动课的实践和思考 [J]. 历史教学问题，1998（4）：2；徐赐成. 高中历史活动课：课程类型及其实施特点 [J]. 中学历史教学参考，2004（6）：6；郭云霞. 浅谈中学历史课堂常规教学活动课的开展 [J]. 新课程研究，2011（7）：7；姚琳. 初中历史教科书中活动课的实用性探究 [D]. 南京：南京师范大学，2011；曾光彩. 人教版高中历史探究活动课的实践研究 [D]. 长沙：湖南师范大学，2016.

计成活动课来进行的课堂①，还有一些历史活动课是根据相关的历史内容而设计的②，还有将历史活动课与地区课程资源相结合的案例研究③。这些文章对活动课以及历史活动课作出了概念的界定，概括了历史活动课的主要类型，并提出了开展历史活动课的原则和方法，其中有些研究者还对活动课的实施现状作了调查研究。

综上所述，目前针对家国情怀教育的研究虽然已经有很大进展，但是在针对边境民族地区的历史活动课当中，针对家国情怀教育的实证研究成果还很少。对中学历史活动课中如何开展有效的家国情怀教育的系统研究还较缺乏，因此为本文的研究留下了空间。

（三）研究对象

本文所研究的区域是广西崇左市，是广西陆地边境线最长的地级市，国境线全长 533 公里，占广西陆地与越南接壤国境线总长的 53.78%，而且是以壮族为主体的少数民族聚居地区，全市户籍人口 251.4 万人，少数民族人口占全市总人口 89.6%，其中壮族人口占全市人口 89%，是广西少数民族人口比例最高、全国壮族人口最集中的设市区④。为此，选择崇左地区开展研究是非常有典型性的。

本文选择的学校是崇左市区的一所公办中学，其生源都是来自崇左市区各地以及下属县区的学生，是以民族学生为主的一所学校。笔者在 2017 年 10 月至 12 月在该校进行了为期两个月的教育实习，并选取了该校作为广西边境民族地区中学历史活动课中的家国情怀教育的主要个案调研对象，综合运用多种研究方法，以实证研究为重，对边境民族地区的家国情怀教育进行研究，分析其实施的情况及存在的问题，探索适合边境民族地区家国情怀教育的方法和原则，并通过案例的设计来为广西民族地区的中学历史活动课中的家国情怀教育提供参考。

---

① 潘伟东. 中学历史课堂活动课的研究与实践 [J]. 历史教学问题，2004（6）；吕莹莹. 初中历史活动课实施研究：以盐城市初级中学为例 [J]. 科普童话，2016（2）：7.
② 张文兵. 让学生"动"起来，成都市学道街中学历史活动课侧记 [J]. 中学历史教学参考，2001（11）：11；黄志英. 独立自由，走进历史：成都市武侯区中学历史活动课实践初探 [J]. 中学历史教学参考，2004（6）：6；曹秀玲. 新课标下初中历史活动课的实践和思考 [D]. 呼和浩特：内蒙古师范大学，2005；何红梅. 初中历史主题活动课的实践与反思 [D]. 桂林：广西师范大学，2016.
③ 崔爱军. 开发地区课程资源，拓展历史活动课内容 [D]. 南京：南京师范大学，2008.
④ 数据来源于崇左市人民政府门户网站. http://www.chongzuo.gov.cn/zjcz/qhrk/t13017709.shtml.

二、中学历史活动课与家国情怀教育

（一）中学历史活动课

当前的教育实践当中，中学历史学科的活动课形式非常多样，大多数是以校本课程或学科课程探究课堂实践为主体。历史活动课的优势已被充分认可，并且形成较为成熟的研究理论，在实践方面也有较为丰富的经验。将历史活动课运用于家国情怀教育具有较大的可行性。

历史活动课是指以课程为依靠，以现代教育理论中的"以活动促发展"的理念为基本指导思想，以教学实践为切入点，以学生的思考探究、活动体验和自主学习为基本特征，以培育学生核心素养和创新思维为目的的动态教学形式。本文所研究的历史活动课是以家国情怀教育为主题，即在历史活动课中培养学生的家国情怀素养的课型。

（二）历史教学与家国情怀教育

以史为鉴，经世致用，这一直是史学研究和历史教学的根本出发点。2017年《普通高中历史课程标准》指出，要"发挥历史学科立德树人的教育功能，使学生能够从历史的角度关心国家的命运，关注世界的发展，成为德智体美全面发展的社会主义建设者和接班人"[1]。家国情怀是五大历史学科核心素养中所要实现的价值追求目标，也是历史学科实现立德树人的最终要求。新课标将家国情怀划分为四个水平，其中第三、四层次是高层次的水平："能够掌握中华民族多元一体的发展趋势，以及世界历史发展进步历程，形成正确的世界观、人生观、价值观和历史观：能够表达出对历史的反思，从历史中汲取经验教训，更全面、客观地认识历史和现实社会问题；能够将历史学习所得与家乡、民族和国家的发展繁荣结合起来，立志为新时代中国特色社会主义建设、中华民族伟大复兴作出自己的贡献。"[2] 可见，家国情怀的内涵非常深厚。其水平的划分具有层次性和可行性，进一步明确了国家要求在历史教学中完成的家国情怀教育和实现的立德树人的根本任务，目标更加细化，更有针对性。

新时代的人们更加注重家国情怀的作用。家国情怀教育也成了学术界研究和关注的热点。如何更好地发挥高中历史学科在家国情怀教育方面的优势，将家国情怀教育真正落到实处，是当前历史教学界热烈讨论的话题。

---

[1] 普通高中历史课程标准（2017年版2020年修订）［M］. 北京：人民教育出版社，2020：2.

[2] 普通高中历史课程标准（2017年版2020年修订）［M］. 北京：人民教育出版社，2020：72.

（三）中学历史活动课教学中开展家国情怀教育的意义

1．有利于改变传统的教与学的关系，有效推进家国情怀教育落地

中学历史活动课强调体现学生的主体地位，发挥学生的主体作用，通过丰富多彩的活动形式，让学生获得生动的体验，从而更好地理解知识、掌握技能、树立正确的价值观念、培养历史学科核心素养。活动课以学生的活动为主，教师主要承担学生学习的引导者和帮助者的角色。中学历史活动课符合新课改的理念，符合素质教育要求，能够有效推进家国情怀教育的进行。

2．有利于学生主动学习和合作能力的培养

主动学习是一项极为重要的能力。在活动课中，学生有充分的自主权，可以计划学习内容，自主选择学习方法，规划学习的进程等，学习的主动性被充分调动起来，长此以往，学生的主动学习能力将会得到很大的提高，学生能对自己的学习主动地进行规划，变"要我学"为"我要学"，从而提高学习效率。在活动课中，教师并不组织安排学生的活动，学生要自己安排活动，分工协作是必不可少的。在历史活动课中进行家国情怀教育，能够发展学生的家国情怀等核心素养，提升学生的自主发展能力和沟通合作能力。

3．有利于培养学生学习历史的兴趣和创造性思维

历史的学习不应只有课堂的教授和讨论，还需要通过活动来探究。中学生正处于青春期，喜欢被关注，热爱表现，更喜欢通过自己的努力去理清历史的来龙去脉，并通过活动的形式深入历史情境当中。历史活动课给学生提供了一个展示自己的舞台，学生在活动中探索历史，产生乐学、好学的情感，如能更多地接触到一些乡土的、民族的历史文化，这些资源会大大提升学生学习和探究的兴趣，使学生在快乐的学习氛围中接受家国情怀教育。

4．有利于学生产生积极的情感体验

家国情怀的培养必须要学生先产生情感体验。中学历史教材的文字大多是平铺直叙的，难以引起学生的情感共鸣。而在中学历史活动课中，学生通过丰富的文字、图片和视频材料，对历史有足够直观的认识，从而能够更好地理解历史。通过对历史的演绎，再现历史情境，也能让表演者和观众对历史有更深入的认识和体验。

5．有利于地方历史资源的运用和校本课程的开发

地方历史的教育是历史教学中一个必不可少的内容，也是家国情怀教育的必然要求，即要具有对家乡、民族和国家的认同感。常规的课堂受限于教材内容的编排，很难渗透地方史的教学，也限制了乡土历史和校本课程的开发。中学历史活动课的内容和形式都很灵活，可以自定主题，如探究家乡的历史、寻找身边的历史、举办历史书画展、老物件展览等都可以充分发挥地方历史资源的作用，这也为校本课程的开发提供了施展的空间。

三、广西边境民族地区中学历史活动课中的家国情怀教育现状

在中学历史课程教学当中适当开展活动课，拓展学生的能力，培养其家国情怀，很有必要。在广西边境民族地区中学历史活动课的教学实践当中，家国情怀教育现状是怎样的？必须先开展调研工作，方能在分析现状的基础上提出有效教学策略，为此，笔者对实习所在的学校师生作了调研。

（一）中学历史教师对历史活动课和家国情怀教育的看法

1. 教师个人访谈

活动课的教学设计和教学实施的关键在于任课教师。教师对活动课以及家国情怀教育的认识很大程度上会影响活动课的开设，以及对其主要方向的把控。为此，笔者对该校的历史组教师进行了个人访谈，访谈对象是不同层次、具有代表性的历史教师，如该校经验丰富的一线教师、青年教师、历史备课组组长、历史教研组组长。访谈围绕以下四个问题进行。

访谈 1：
【访谈对象】L 老师（经验丰富的一线教师，曾任初、高中各年级历史教师）
问：你如何理解和认识家国情怀教育？
答：我对家国情怀的理解是：对家的感恩，对父母自然而然的感恩以及对国家的热爱。
问：你认为民族地区的家国情怀教育是否具有特殊性？表现在什么方面？
答：是的。家国情怀教育在广西地区相对比较薄弱，主要是因为家庭不够重视，家长没有起到以身作则的作用。
问：你如何认识历史活动课的形式、价值？
答：主要是在课堂上进行，此外还有一些单位组织的"道德讲堂"的形式。高中生进行历史活动课时要有比较强的目的性，不然课堂会无序且无效。
问：当前贵校历史活动课开设的现状及建议？
答：有开设，但相对比较少，主要是因为没有成熟的课程系统。

L 老师作为执教过初、高中年级历史课的一线教师，经验丰富，她自己也给学生上过一些历史活动课，但是在中考、高考的指挥棒下，留给历史课的时间

本就不多，为了保证考试成绩，是很难让活动课挤占一些课时的。2017年版的普通高中课程方案特别强调了普通高中教育是在义务教育基础上进一步提高国民素质、面向大众的基础教育，为学生的终身发展奠定基础。针对L老师提到的家国情怀教育在普通的家庭中不受重视的情况，笔者认为在明确目标、转变观念之后，历史活动课也会受到更多的重视，家校加强合作，将会达到良好的效果。

访谈2：

【访谈对象】C老师（青年教师）

问：你如何理解和认识家国情怀教育？

答：我认为家国情怀教育是贯穿在课堂中的教育，例如抗日战争的教学、中国传统思想文化如宋明理学等的教学。但历史课的课时比较少的现实，限制了此类教育的广泛和深入开展，所以更多地体现在班主任工作中。

问：你认为民族地区的家国情怀教育是否具有特殊性？表现在什么方面？

答：当然是有特殊性的。例如崇左地区有很强的革命传统，当地人家里有一些老人以前就是干革命的。还有崇左是民族地区，又靠近边境，民族传统以及国家间的交流也比较多，这些都可以用来开展家国情怀教育。

问：你如何认识历史活动课的形式、价值？

答：主要是以相关的选修课形式开展，例如学校开设的历史选修课《东南亚历史》《考古发现》《崇左历史遗迹漫谈》《中外历史人物评说》等。历史活动课的价值是值得肯定的，不过它操作起来比较难，需要比较多的时间和精力去开展。

问：当前贵校历史活动课开设的现状及建议？

答：由于时间、资金以及学校政策等的限制，开展得比较少，我有组织过在学生军训期间去博物馆参观的活动。摸索出更为高效的模式是开展历史活动课的关键。

C老师作为青年教师，乐于尝试新的课堂形式，她自己开设过一些历史选修课，也曾带领学生去博物馆参观访问，但是由于时间和资金有限，以及学校决策者的不够重视，历史活动课的开展困难重重。C老师认为，历史活动课的开展需要高效的模式，并解决好时间、资金等问题。这确实非常重要。2017年版的《普通高中历史课程标准》就特意强化了课程有效实施的制度建设，进一步明确课程实施环节的责任主体和要求，增设"条件保障"部分，从师资队伍建设、教学设施和经费保障等方面提出具体要求。随着国家对教育事业的投入不断增大，历史活动课的开展将得到更多的保障，也更能发挥历史活动课在家国情怀教育中的作用。

访谈3：

【访谈对象】W老师（历史备课组组长）

问：你如何理解和认识家国情怀教育？

答：它主要是在校本历史选修课中进行，例如《崇左历史遗迹漫谈》《左右江革命史》《伏波将军马援》《北纬30度的奇闻异事》等都是开展家国情怀教育的课程，当然也可以在常规的课堂中进行，例如在《近代中国维护国家主权的斗争》等课程中都可以进行家国情怀教育。

问：你认为民族地区的家国情怀教育是否具有特殊性？表现在什么方面？

答：应该更突出民族特色，培养学生对民族文化的热爱之情，因为现在的中学生对壮族的很多东西都不了解。民族文化应该得到传承，家国情怀教育就是一种很好的方式。

问：你如何认识历史活动课的形式、价值？

答：历史活动课比较好的形式是外出参观考察。走出课堂，亲身去感受，这样学生才能有深刻的体验。

问：当前贵校历史活动课开设的现状及建议？

答：活动课也是在学期备课计划当中的，比如以前学校就组织了一些历史物品展览，让学生去搜集历史老物件，如书画器物等，学生在这些活动中的表现非常出色，很有创造性。历史活动课应该结合学校的教学计划来安排，当然能够多安排些更好。

W老师认为在广西民族地区开展的家国情怀教育应该要体现民族特色，通过这些课程，民族的文化得到传承和发扬，同时历史活动课最好能让学生走出课堂，去亲身感受和体验民族文化。W老师还谈到，学生在活动中所表现出的潜能令人惊讶。活动课确实是能起到激发学生潜能、促进学生各方面能力和素质发展的一种课型，家国情怀在历史活动课中的培养也是卓有成效的。

访谈4：

【访谈对象】Z老师（历史教研组组长）

问：你如何理解和认识家国情怀教育？

答：家国情怀是建立在立德树人之上，落实到历史学科之中的一种素养，家国情怀教育首先是使学生成为合格公民的教育，是回归原本的教育，是人文素养的培育，是一种家国同构的观念。

问：你认为民族地区的家国情怀教育是否具有特殊性？表现在什么方面？

答：肯定是有的，我在崇左的边境龙州县工作了八年，对此体会颇深。我很赞同"没到过边境就不知道什么叫爱国"这句话，人在边境才能对国家的概念有更深刻的体会。例如2007年中越两国在勘定边界的时候，双方就一块只有三米长的石头的归属争论了一天的时间，这就是国家利益！在了解了这件事情之后，我也更关注家国的事情了。例如，我会去收集一些与家国相关的事件。在我接触的一些人中，有些是中越战争中的军医，他们时常会讲起一些战争往事，感叹现在的幸福生活以及过去的牺牲和苦难，觉得有国才有家，认为祖国是无数的先烈用鲜血和生命捍卫的，对国家的情感非常真挚，即使能去条件更好的国外生活，也不愿意离开自己的国家。这些经历过战争的人也很喜欢与后人分享他们的感受和经历，这些就是进行家国情怀教育的丰富资源。

问：你如何认识历史活动课的形式、价值？

答：家国情怀教育并不是空洞的口号，要落实到每个人、每个社会阶层中去，这样才能发挥它的巨大作用。开展历史活动课也是一种不错的形式，在活动课中可以组织学生参加祭扫活动。在龙州每到四月份，通往烈士陵园的路口都会竖有指示牌，这也是一种家国情怀的体现。让学生对一些历史的亲历者进行访问，听听他们的亲身感受，也是开展历史活动课、进行家国情怀教育的良好方式。

问：当前贵校历史活动课开设的现状及建议？

答：学校有开设一些活动课，例如带领学生到博物馆参观、请博物馆的专业人员给学生开讲座、组织学生到外面读书等。可以组织学生关注身边的历史事件，并收集资料写一些有关当地历史文化的文章，进行评比和展览。我之前在龙州就组织了政史地的老师编写了一本《龙州社会历史》的校本教材，这个经历让我为学生的调查、撰写工作提供了一些指导。同时我也会给学生推荐边境行的路线，让学生探访不同历史遗迹、场馆，体验各种活动，从而获得对家和国的认识，增强家国认同。

Z老师作为经验丰富的历史科教研组长，曾在广西的边境地区工作多年，对家国的概念体会很深，也深刻认识到家国情怀教育的重要性。诚然，广西边境民族地区不但具有浓厚的民族特色文化，也存在与外国交流或冲突的历史事件，进行家国情怀教育的资源是非常丰富且独特的。如何利用好这些资源，培育学生的家国情怀素养，是当前中学历史教学中亟待解决的问题。

2. 教师专题问卷调查

为了更全面地了解广西边境民族地区历史活动课中家国情怀教育的情况，

笔者还针对崇左其他县区的中学历史教师作了问卷调查。本次调查通过问卷星发放了 80 份问卷，收回有效问卷 80 份。具体如下：

（1）您担任历史老师的时间有多长？

此次参加调查的教师从事中学历史教学的年限不等，分为多个层次。其中，1～3 年的新教师有 17 人，占比 21%；3～8 年的教师有 8 人，占比 10%；8～20 年的教师有 43 人，占比 54%；20 年以上的老教师有 12 人，占比 15%。在调查的人员构成中人数最多的是从教 8～20 年的教师，这个阶段的教师教学经验丰富，充分了解学生特点，也掌握了一定的教育教学理论，他们如何看待中学历史活动课中的家国情怀教育也是本次研究的重点。

（2）您曾授课的年级？

这个问题的选项有初一到高三六个年级，每个选项都有 50% 左右的人选择，说明受访教师都有多个年级的授课经验，能够根据不同年级学生的特点设计不同的课程，对中学历史教学有较丰富的多层次实践。

（3）您所在的学校是属于哪个层级？

这个问题的选项有"乡镇中学"和"城市中学"，调查的结果相差不大，有 43 人来自乡镇中学，有 37 人来自城市中学。乡镇和城市各有开展不同课程的优势之处，这样的教师构成也不会造成调查结果的地域偏向。

（4）您是如何理解家国情怀的？

这一问题是多选题，有四个选项，77% 受访教师认为"是一个人对自己国家和人民所表现出来的深情大爱"，95% 受访教师认为"是一种对国家高度认同感和归属感、责任感和使命感的体现"，68% 受访教师认为"是一种从'家国同构'观念发展而来的情感"，80% 受访教师认为"是一种对家乡和祖国的热爱之情"。在补充的看法中有人认为"是对国家、民族取得成绩的一种自豪和认同"。

（5）您认为在学校中采取哪些方式培养学生的家国情怀比较有效？

这一问题是多选题，选择"日常班会"的受访教师达 76%，选择"教师在课堂讲授"的受访教师有 87%，选择"学生在课堂上进行活动探究"的受访教师有 54%，选择"教师带领学生参观访问"的受访教师有 76%，补充的选项"组建历史社团形式、观看电影、教师引导学生关注新闻，纪录片或开讨论会、国旗下讲话、节日活动、文体竞赛"亦是一些受访教师的选择。从调查结果可以看出，对家国情怀的教育主要还是采取较为常规的方式，这些形式从细微入手，便于操作，但不成系统，一般只有学生的体验，没有活动反馈。

（6）您对学生进行家国情怀教育主要采用哪种教学方法和课堂形式？

这一问题是多选题，采用"讲述法"的受访教师有 80%；采用"谈论法"

的受访教师有 65%；采用"探究法"的受访教师有 51%；采用"常规课"的受访教师有 62%；采用"活动探究课"的受访教师有 61%。可以看出讲述法是教师最常用的教育方法，讲述法可以在短时间内向学生传授大量的知识，但不利于学生的情感体验。家国情怀是一种情感，最好的获取方式是学生自己进行活动探究。采用"活动探究课"的形式进行家国情怀教育的教师也有 61%，这也说明了受访教师对学生活动的重视。

（7）您认为历史活动课的优点有哪些？

这一多选题的选项有"有利于改变传统的教与学的关系、有利于学生主动性和合作能力的培养、有利于培养学生学习历史的兴趣和创造性思维、有利于学生产生积极的情感体验、有利于地方历史资源的运用和校本课程的开发"。其中选择"有利于学生主动性和合作能力的培养""有利于培养学生学习历史的兴趣和创造性思维"和"有利于学生产生积极的情感体验"的受访教师占比最多，分别达到了 82%、95% 和 80%，可见历史活动课的优点得到了一线教师的充分肯定，其有利于学生情感体验的优势正是进行家国情怀教育的有效保障。

（8）您认为广西边境民族地区的家国情怀教育是否具有特殊性？

（9）您认为在广西边境民族地区进行家国情怀教育的特殊性表现在哪些方面？

75% 的受访教师认为广西边境民族地区的家国情怀教育是具有特殊性的。认为特殊性表现在"是少数民族地区，少数民族的文化和传统多样"的占 57%，认为特殊性表现在"位于边境"的占 42%。

（10）您所在的学校是否有组织过以家国情怀教育为主题的历史活动课？效果如何？

在受访教师中有 78% 表示组织过相关的活动课，在这些课中，学生兴趣大，参与度高，获得了积极的情感体验，反响也不错。总体来说这类课的效果是比较好的。

（11）您认为在广西边境民族地区进行以家国情怀教育为主题的历史活动课应该注意哪些问题？

对这一问题的回答主要有以下观点：①家国情怀教育要有深度，不能浮于表面。②要结合地方特色及学校具体情况，最好与教材相关，与该地区相关，与日常生活和时代相结合，挖掘名人、大事件、故事、神话传说等。③要注意家长、社区、社会对孩子的影响，充分发挥校外力量的作用。④要注重以学生为主体，一切为学生发展为前提，激发学生兴趣，提高学生参与度；注重现场教学和现场体验、应充分利用本地的爱国主义教育基地和资源对学生进行直观的教育。⑤要注意少数民族也是国家的缔造者，为祖国统一发展作出了杰出贡献，要尊重少数民族的情感，处理好民族关系，不应过度强调少数民族的作用，应突出民族团结共同努力的结果。⑥要注重边境国土安全的教育，注重历史观的培养，使学生形成忧患意识。⑦要注重利用红色资源等。

从受访的历史教师的回答中首先可以看出，他们对边境民族地区的家国情怀教育是非常重视的。他们认为在进行家国情怀教育时要深入，要以学生为主体，深入的最好方式就是发挥学生的主体作用，让学生去动手操作、动脑思考；注意发挥家长、社区和社会的影响，还要结合当地的历史文化，让学生到课堂以外收集资料，整理资料。当学生带着研究目的去收集长辈们亲身经历的或当地流传的反抗外来侵略的事迹、民间传统的民族文化艺术等时，就容易形成感性认识。在进行课堂展示时，学生之间的讲述和探讨又能促进学生理性认识的形成。

其次，受访的历史教师对当地的家国情怀教育具有深刻的认识。他们认为在进行家国情怀教育时要注意到当地民族的特殊性，作为广西边境地区的崇左市，少数民族占人口的大多数，保家卫国、建设家乡、对外交流等是各族人民共同努力创造的结果，不能偏重哪一方的功劳，厚此薄彼。民族可以是跨国的，但一个国家的国民却是有国界的。教师在教学中既要教会学生正确认识国内各民族的关系，也要注意讲清楚跨国民族的国籍问题。

最后，受访的历史教师认为家国情怀教育必须符合国家意识形态的要求。教师运用地方的、民族的资源进行教学有利于学生产生热爱家乡、为家乡和祖国感到自豪等情感，但在此过程中还必须让学生树立正确的历史观，以历史唯物主义的观点来看待历史的发展。

（二）中学生对历史活动课与家国情怀教育的感受和理解

1. 问卷调查概况

笔者在实习的学校对高中三个年级的 240 名学生作了问卷调查，目的是了解学生对家国情怀教育的理解和态度，以及学生参与以家国情怀教育为主题的中学历史活动课的情况。问卷共有 15 个问题：三题是考查学生对家乡历史文化的了解情况，两题是考查学生对家国情怀和家国情怀教育的理解，三题是考查学生对崇左地区家国情怀教育特殊性的认识，三题是考查学生对历史活动课以及以家国情怀教育为主题的历史活动课的参与情况和态度，四题是听取学生对有效推进家国情怀主题活动课的意见。

2. 问卷调查结果及分析

问卷是在广西崇左市某中学的高一至高三年级中进行随机抽样，每个年级发放 80 份问卷，总共发出 240 份问卷，回收 240 份，问卷回收率是 100%。其中有效问卷232份，有效率97%。

在回答"你知道崇左的哪些历史"（多选题）时，有76%的学生选择了龙州起义，30%选择壮族先民聚居地，25%选择镇南关起义，18%选择镇南关抗法斗争，3%选择不了解。在回答"你知道崇左的哪些历史遗迹"（多选题）时，有76.8%的学生选择"花山岩画"，69.7%选择"左江斜塔"，60%选择"友谊关"，26.8%选择"龙州法国领事馆旧址"。在回答"你知道崇左的哪些传统文化"（多选题）时，有58.6%的学生表示了解壮族斗牛，44.6%表示知道花朝节，28.6%表示知道抢花炮，18.7%表示知道有采茶舞，8.7%表示知道南路壮剧，8.9%表示自己不了解。可见，绝大部分的学生对崇左的历史文化是有所了解的，有些还了解得不少。在对学生进行个别访谈之后，笔者了解到，学生对这些历史文化有所了解的原因是这些历史遗迹多是旅游景点，许多学生有过旅行经历，而传统的习俗本就是学生所在社区的传统活动，自然会了解相关的情况。当然这也离不开学生初中阶段的历史教师对龙州起义、镇南关起义等事件的介绍。

在回答"你认为家国情怀与下列哪些关键词有关"（多选题）时，有64.5%的学生选择了"爱国奉献"，65%选择"中华优秀传统文化"，58.4%选择"责任担当"，29.3%选择"修身齐家"。在回答"你对家国情怀教育的理解是什么"（多选题）时，选择"国家、民族认同教育"和"国际视野教育"的占比均为62%，58%选择世界观、人生观、价值观，29.2%选择传统文化等。由此可见，大部分学生认为家国情怀与热爱祖国、传承中华优秀传统文化等关键词有关，同时还要具有责任担当。小部分学生认为家国情怀还关系到自身的道德修养。而对于家国情怀教育的认识，大部分学生则认为其是要对国家和民族进行认同，要拥有广阔的国际视野以及树立正确的世界观、人生观和价值观。

在被问及"崇左地区有什么特殊之处"时，有15%的学生认为不存在特殊之处，85%认为有特殊之处——是边境民族地区。在被问及"在崇左地区进行家国情怀教育是否重要"时，有98.5%的学生表示很重要，1.5%表示无所谓。在被问及"崇左地区有哪些家国情怀教育的特殊资源"（多选题）时，选择"民族特色强烈，传统多"的占86.3%；选择"位于边境"的占23.6%；有0.1%的学生表示不了解。由此可知，绝大部分的学生认为崇左地区是具有特殊性以及鲜明的壮民族特色的，也是边境地区，家国情怀教育的资源非常丰富且特殊。

在回答"你所参加过的历史活动课有哪些"（多选题）时，有42%的学生选择参观过博物馆，40%表示参加过专题讲座、报告会，18%表示参加过历史剧表演，8.8%表示参加过历史知识竞赛，13.2%表示未参加过。从调查结果来看，大部分学生是参加过一些历史活动课的，其中形式最多的是参观博物馆、参加专题讲座和报告会。例如在2017年笔者组织高一的学生在军训时参观崇左市博物馆，开展"东南亚历史漫谈"讲座，这两种形式确实比较简单且实用。

在回答"你所喜欢的家国情怀教育历史活动课的形式"（多选题）时，有53%的学生选择参观访问，49.8%选择历史剧表演，41.2%选择事迹宣讲，38.6%选择主题展览，18.8%选择活动探究。在被问及"以家国情怀教育为主题的历史活动课开展频次多少为合适"（多选题）时，有58%的学生认为每学期一次为宜，32%认为每学年一次为宜，10%认为初高中学段各一次为宜，4%认为不需要。大部分的学生都要求多开设一些这类课程，而且形式要较为生动有趣，希望能多利用图片、视频和外出参观等方式开展。这说明学生充分认识到了此类活动的重要性，也体现了他们对这类课程的喜爱。在回答"影响家国情怀教育历史活动课的主要因素是什么"（多选题）时，有59.3%认为是学生的参与程度；有60%认为是活动课的内容和形式，有34.5%认为是教师对课程的设计和指导。由此可知，活动课的主体是学生，学生必须参与进来，自主选择主题和形式，才能收到好的效果。

四、基于家国情怀教育的历史活动课例设计

根据上述的调查研究，历史活动课是学生喜闻乐见的一种课堂形式，历史活动课与家国情怀教育的结合能够为学生家国情怀素养的培养提供一种有效的形式。为探究广西民族地区中学生的家国情怀素养实施路径，进行家国情怀教育，笔者以广西的本地资源设计了一堂中学历史活动课《家与国，战与和》。

（一）设计思路

1. 教学目的

广西有十二个世居民族，他们相亲相爱，团结奋进，有着和谐稳定民主平等的民族关系。广西边境民族地区有与外国丰富的交流交往与冲突交战的历史，反抗侵略的战争体现了该地区的人民热爱家乡、热爱祖国、勇于为家国牺牲的奉献精神；而和平时期与国外的交流与交往，也体现了该地区人民建设家乡、建设祖国的热情和努力。学生通过活动，了解边境民族地区的历史，探究其对家与国的影响，从而增强对家乡和祖国的情感，培育家国情怀素养。

本次活动课主要对三个部分进行设计，分别是课前准备、课堂展示以及课后总结。本课的教学目标：

（1）能够了解广西民族地区历史上反抗外来侵略的战争以及与外国友好往

来的史实，理解战争与和平对家与国的影响。

（2）能在教师的指导下，查阅相关的文字资料、图片资料；以访谈、问卷等形式了解历史事件及现状；通过录制音频、拍摄视频、编制历史剧、制作 PPT 的方式来收集和展现研究内容。

（3）通过对广西民族地区战争与和平历史的梳理，牢固树立热爱家乡、热爱祖国的情感以及为家乡和祖国的发展奋斗终身的思想意识。

2. 活动准备

首先是分组及确定各组主题。教师引导学生根据本次课所要探究的内容进行分组，首先分为战争组与和平组。战争组又可分为史实小组、古迹小组、访谈小组和影视小组；和平组可以分为文化交流小组、经贸往来小组，主题可以分别为文化交流和国际关系与经贸沉浮。

其次是按组别完成任务。战争组中的史实小组根据历史记载，利用图书馆、档案馆、互联网等方式查找相关的史实，例如镇南关大捷的具体史实等，了解战争的具体情况，体会到广西民族地区的人民为了保卫国家作出的巨大贡献。古迹小组要寻访战争中的历史古迹，例如大小连城的炮台、镇南关遗址等，了解它们的整体概况，如它们的由来、变迁以及现状，将寻访到的这些资料以幻灯片或图文的形式展示出来。访谈小组要对与战争有关的人物进行访谈。例如对镇南关大捷中的冯子材、刘永福故居的管理人进行访谈，对镇南关遗址管理人员进行访谈。影视小组要找寻与这些战争有关的影视作品，例如电视剧《冯子材》、纪录片《广西故事·虎将戍雄关》《中国通史》等，理解镇南关大捷等战争对中国的深远影响。在收集影视资料时要有选择地赏析，并将调查结果进行汇总，写观影评析，制作汇报课件。

和平组可以从文化交流和经贸往来方面着手。中国与相邻的东南亚国家自古以来有着友好往来，现代的文化交流更加频繁，如：2014 年是中国—东盟文化交流年，其间举办了"中国—东盟服饰文化展暨品鉴盛典"、2016 东盟情歌汇、崇左非遗曼谷展、中越贝侬国际侬峒节、中越归春河乡村音乐会、中越友好村屯联谊，广西崇左市和越南首都河内以及越南谅山省举办的 2018 中国"'三月三'文化丝路行（越南站）"等活动都是文化交流的重要形式。和平时期的边境贸易发达，但也极易受国家间关系的影响。学生可就边境贸易的发展和波动进行调查，撰写调查报告，从而理解其中的利害关系。例如边境地区的红木生意曾经风生水起，但也历经低谷。其中缘由学生可通过调查来探究。同时学生还可以调查研究中国—东盟博览会的由来及发展，了解其每届展览的主要内容及主要成果，借此了解和平时期国家间的经贸交往对双方的经济发展起到的促进作用，对人民生活水平的提高以及国家间的和谐稳定起到的积极作用。

（二）课堂展示

1．小组内部交流

小组成员根据课前的内部分工，围绕本组的主题汇报自己的调查情况及研究成果，每一位组员都要汇报，组员之间还要进行自评和互评。

2．小组汇报

第一部分：战争	
学生活动	教师活动
第一组：史实小组 展示收集到的关于宋越熙宁战争、中法战争镇南关大捷等战争的史实和史料。	指出这些战争都是为了反抗侵略，该地区的人民为了保家卫国作出了重大的牺牲和贡献。
第二组：古迹小组 汇报收集到的古迹的图片及材料，说明这些遗址的价值。	指出这些古迹是历史的见证，它诉说着历史，也是今人缅怀历史的凭借物。
第三组：访谈小组 汇报访谈成果，将与战争有关的人员的经历和感受记录下来。	指出受访者中有些是战争的亲历者，他们对国家的统一、家乡的安定作出了突出贡献。
第四组：影视小组 收集与战争有关的影视作品，并且对这些影视作品作出评析。	指出这些影视作品展现了中国人民反抗外来侵略的波澜壮阔的历史，要树立保家卫国的理想信念和维护和平的思想观念。
第一组：文化交流小组 对收集到的中国（崇左）与东南亚国家文化交流的相关活动进行介绍。	指出"侬峒节"是大新县及中越边境边民的民间传统节日。中国与东盟的文化交流增进了两地人民的了解，巩固了两地人民的友谊。
第二组：经贸往来小组 汇报崇左边境红木生意等贸易起伏原因的调查结果，从贸易的变化着手，探究国际关系的变化对边境贸易的深刻影响。	指出国家间的关系时刻影响着经济贸易，只有和平稳定的国际关系才能促进经贸往来，促进经济繁荣。

在课堂展示结束后，学生要就此次活动课写一篇课后总结，总结在此次课前、课中的所思所得以及内心感受。教师收齐学生总结后结合学生在活动课中的表现对学生进行评价，并将其保存好，作为本次活动课的保存资料。

五、广西民族地区中学历史活动课中的家国情怀教育的实施建议

（一）转变传统观念，重视家国情怀的培养及活动课的运用

新课改要求进一步改变教学方式、学习方式和评价机制，将教、学、评有机结合，促进学生的自主学习、合作学习和探究学习，提高学生的实践能力，培养学生的创新精神。中学历史活动课是学生非常喜欢的一种课型，具有激发学生的主动性和创造性、发展学生各方面能力及改变课堂教学模式的作用，更有利于培养学生的家国情怀素养，达到家国情怀教育的目的。

（二）注重民族文化资源的开发

家国情怀教育的一个重要内容就是要让学生认同国家、认同家乡、认同优秀的传统文化，理解中华民族多元一体的形成历程。广西少数民族人口众多，历史文化带着鲜明的民族特色，民族文化丰富且灿烂。崇左地区有世界文化遗产花山岩画，有壮族天琴艺术，还有南路壮剧等。现今中越边境的友谊关见证着中国与外国冲突与交往的历史，这种具有国家意味的历史遗存能够激发人们的家国观念。将广西边境民族地区丰富多样、适合进行家国情怀教育的资源运用到历史课堂上，能够增强学生对家乡的自豪感，激发学生热爱家乡的感情，因此历史活动课必须将其有效利用起来。

（三）注重发挥学生的主体作用

活动课的目的是增强学生体验。在进行活动课时，教师切不可一手操办，在确定活动主题后，要让学生选取自己感兴趣的内容和喜爱的形式来进行。例如学生在展示花山岩画的相关内容时，可以采取表演的形式，将岩画上骆越人的祭祀舞蹈再现出来，学生在表演时通过肢体的动作，能够深切体会古人在进行祭祀时的虔诚，从而更深刻了解壮族文化。同时，岩画上还有很多器物，例如铜鼓、铁刀、短剑等，学生可以对这些器物进行仿制，体会古人高超的铸造工艺和聪明智慧。学生在活动课之前的准备中也需要充分发挥主动性，每个活动小组按照分工发挥各自的作用，例如访谈小组的成员，他们在找访谈对象时可以利用本小组内的资源，如访谈小组成员的亲属、师长，或者利用小组成员所在的社区等寻找访谈的对象。在访谈时，各小组成员共同商议，确定好访谈的提纲、访谈时的分工以及访谈后的整理工作等。在亲身实践之后，学生会对

获得的材料有更深刻的印象，能对家国情怀有更深刻的体会。

（四）注重发挥教师参与者、促进者的作用

在以家国情怀教育为主题的历史活动课中，教师的作用不可忽视。在活动开始前，教师要做好准备工作，给学生提供几个活动选题，并就这些选题的可行性进行研究，准备好这些选题涉及的史实史料，以验证和保障学生活动的真实性，在学生展示时及时予以补充或在出现错误时及时予以纠正。要时刻关注不同角色的学生准备工作的进展，并恰当地给予指导。在活动实施过程中，教师也要参与其中。例如在古迹小组进行展示时，教师可以分享自己的感受，引发学生的讨论。在活动结束后，教师也要对本次活动进行及时的总结和反思。

结语

历史活动课是一种能有效体现学生主体地位、发挥学生主动性的课程，也是新课程改革所提倡的课程。家国情怀素养是学习和探究历史应具有的人文追求，体现了对国家的高度认同感、归属感、责任感和使命感。探究历史、产生情感体验最好的方式就是进行历史活动课。广西边境民族地区的家国情怀资源丰富，以家国情怀教育为主题的历史活动课，应转变传统观念，注重民族文化资源的开发，注重发挥学生的主体作用，注重发挥教师的参与者、促进者的作用等，方能促进对学生家国情怀素养的培育。

批判性思维在高中历史教学中的应用研究

魏学苗*

一、绪论

（一）研究缘起

批判性思维是提升创新能力、培养创新型人才和高素质公民的关键要素。《普通高中历史课程标准（2017 年版 2020 年修订)》强调了对唯物史观、时空观念、史料实证、历史解释和家国情怀五大历史学科核心素养的培养，明确指出："学生的历史学科核心素养不能凭空形成，也不能只靠灌输形成，只有通过以学生为主体的活动，在做中学，进行自主学习、合作学习、探究学习，在认识历史的过程中联系和运用知识，掌握探究历史的方法和技能，逐步学会全面、发展、辩证、客观地看待和论证历史的问题，才能使学生的核心素养得以提升和发展。"[1]这些表述体现了培养学生批判性思维的重要性。

历史学科批判性思维主要以教会学生理性、全面、客观分析历史问题、看待历史人物从而构建科学的历史价值观为基本要义。本文即以如何在中学历史教学中培养学生的批判性思维为研究主题。

（二）学术史回顾

"批判性思维"的英文是"Critical Thinking"。批判性思维最早起源于苏格拉底，他倡导探究性质疑，即通过向学生提出问题，引起学生思考，引导学生不盲从权威，学会自主探究。这种教学方式的实质是学生在认真审视问题并加以思考之后获得知识。苏格拉底这种教育方式成为批判性思维发展的源泉。

---

* 魏学苗，广西民族大学民族学与社会学学院 2016 级学科教学（历史）专业硕士研究生，现就职于北京市昌平区北京师范大学亚太实验学校。

① 普通高中历史课程标准（2017 年版 2020 年修订）［M］. 北京：人民教育出版社，2020：50.

20 世纪初，杜威在《我们如何思维》一书中首次论述了批判性思维的基本概念以及培养批判性思维的途径和方式，为批判性思维的发展、成形提供了重要的理论依据。1990 年，46 位美国和加拿大专家在其共同发表的《批判性思维：一份专家一致同意的关于教育评估的目标和指示的声明》中指出，批判性思维的核心为：解释、分析、评价、推论、说明和自我调节。理查德·保罗在 2013 年出版的《批判性思维工具》一书中将批判性思维的定义修正为："批判性思维是一种无论思考什么内容，思考者都能通过分析、评估、重构自己的思维来提高自己的思维水平的思维模式。"[①] 谷振诣、刘壮虎在《批判性思维教程》一书中认为："批判性思维是面对相信什么或者做什么而做出合理决定的思维能力。"[②] 这些定义都突出了批判性思维的核心以及思维过程。

在历史教学界，批判性思维是一个研究重点，如程修凡在《美国特级教师的历史课：批判性思维的养成》[③]、楼卫琴在《中学历史批判性思维教学》[④] 中均有论述。另外，赵亚夫认为应该将批判性思维融入历史教学之中，使学生在学习、思考方面变被动为主动、变接受为探索[⑤]。洪淑媛[⑥]论述了批判性思维教学的原则和具体方法，认为批判性思维的教学主要分为思维技能取向和批判意识取向。陈良利用调查问卷的形式对当前中学历史课堂以及学生批判性思维进行基本考察[⑦]。张玉珂强调了教师培养自身批判性思维对于开展教学的必要意义，并且运用大量教学案例指出历史教学中培养学生批判性思维的具体步骤[⑧]。张军涛提出中学历史教师批判性思维培养的策略，并强调建立适当的教学评价体系以引导批判性思维的培养[⑨]。此外还有李军志[⑩]、马瑶瑶[⑪]等的研究。以上成果均为本文的写作提供了重要参考。

综上可知，国外学术界对批判性思维这一论题开展研究的历史比国内学术

① 理查德·保罗，琳达·埃尔德. 批判性思维工具 [M]. 侯玉波，姜佟琳，等译. 北京：机械工业出版社，2013：6.

② 谷振诣，刘壮虎. 批判性思维教程 [M]. 北京：北京大学出版社，2006：1.

③ 程修凡. 美国特级教师的历史课：批判性思维的养成 [M]. 厦门：鹭江出版社，2017.

④ 楼卫琴. 中学历史批判性思维教学 [M]. 桂林：广西师范大学出版社，2019.

⑤ 赵亚夫. 批判性思维决定历史教学的质量 [J]. 课程·教材·教法，2013（2）：71.

⑥ 洪淑媛. 批判性思维教学的理论与实践初探 [J]. 广州大学学报（社会科学版），2003（2）：85.

⑦ 陈良. 历史教学中"批判性思维"培养 [D]. 南京：南京师范大学，2005.

⑧ 张玉珂. 论高中历史教学中培养学生的批判性思维 [D]. 重庆：西南大学，2006.

⑨ 张军涛. 中学历史教学中批判性思维培养研究 [D]. 济南：山东师范大学，2016.

⑩ 李军志. 浅析高中近现代史教学中批判性思维的养成 [D]. 北京：首都师范大学，2014.

⑪ 马瑶瑶. 中学历史教学中的批判性思维研究 [D]. 武汉：华中师范大学，2014.

界要更为久远，研究视角也更为多元。国内学术界对批判性思维的研究有待进一步深化、拓展。

（三）批判性思维的概念界定

在两千多年前的中国，孔子的教育思想之中已包含对学习进行自主思考、反思的基本论述——"学而不思则罔，思而不学则殆"。孔子所说的自主思考已经较接近于本文所说的批判性思维，不过仍有一段距离。学术界现在大多认为批判性思维最早可追溯到古希腊哲学家苏格拉底。苏格拉底提出了"美德即知识"的命题，倡导探究性质疑。这被称为苏格拉底法（Probing Questioning），其最显著的特色是苏格拉底诘问（Socratic Questioning），即他表示自己一无所知，向别人提出问题，让别人说出自己的观点，然后通过讨论问答甚至是辩论来揭露对方论述中的谬误和漏洞，从而加以质疑和驳斥，直到对方词穷理尽；自己作出假设或提出建议，或者立刻结束谈话。"他的特点恰恰在于，总是引发问题，不给结论，所以往往令交谈者很恼火。实际上，在这种反反复复的辩驳、纠错、再辩驳、再纠错的过程中，矛盾不断被揭露，认识不断接近真理，这就是辩证法。"① 苏格拉底通过这样的方式去引导人们认识自己的无知，去寻求真善美。他的一句名言是："教育不是灌输，而是点燃火焰。"在他看来，哲学家和教师不能只着眼于臆造和传播真理，而是要启发人们的心智、激发人们自行探索和求知求真的积极性。也正因为如此，学界多把批判性思维的源头归于苏格拉底。苏格拉底实际上并没有提出过批判性思维这个词，更谈不上定义它。

20 世纪初期，美国哲学家约翰·杜威（John Dewey）在 1910 年提出"反省性思维"（Reflective Thinking），认为"学习就是要学会思维"② 。具体来说，反省性思维是对自己的一种信仰或所偏爱的某种知识形式所依存的基础和可能得出的结论进行积极的和持续的审视。它的本质是对假说进行系统性的检验，主要是在问题定义的基础上，通过假设、实验分析、解释等方式进一步检验假说，这便是批判性思维的探究模型。

从 20 世纪 40 年代起，批判性思维获得广泛关注，并逐渐成为美国教育改革运动的主题与核心。到 20 世纪 70 年代，美国教育界开展批判性思维运动，后扩展到以英国等为代表的发达国家，如上述理查德·保罗对"批判性思维"的定义，以及其他学者的观点，均是主张在思考过程中要充分发挥思考主体的个人能动性。

---

① 王乐理. 苏格拉底的魅力 ［J］. 贵州社会科学，2013（2）：6.
② 杜威. 我们如何思维 ［M］. 北京：新华出版社，2010：71.

基于学界的主要观点，本文认为批判性思维是个体在辩证唯物主义和历史唯物主义的指导之下，通过大脑从多元的视角认知、加工所获取的信息，在独立思考之后，作出带有自身思维活动印记的认知活动。

二、批判性思维在高中历史教学中的意义

批判性思维具有问题性、逻辑性、综合性的显著特点。问题贯穿批判性思维运行的全过程。识别问题是批判性思维的开端，解决问题并作出合理的判断是批判性思维的基本任务。思考者运用假设、实验、观察、分析、判断等方式综合考察所思考的问题。这个过程需要严密的逻辑性。批判性思维的发展是一个思维系统运行的过程。随着问题研究的不断深化和扩展，思考者需要大量综合各种信息加以分析。作为一种科学性的思维习惯和不可或缺的思维品质，批判性思维在个人生活与社会发展过程中特别是在教育领域中扮演着重要的角色。

（一）批判性思维的特质

（1）要有怀疑精神。爱因斯坦曾说，发现问题比解决问题更重要。批判性思维本质上是发现问题并加以分析处理的一种思维方式。具有怀疑精神的思考者才能有效地保持思维的开放性，并从更多的视角去看待问题，进而深化对问题的理解与思考。在此基础上，批判性思维才能更好地生成、发展。

（2）要有探索精神。事物都是处于不断发展中的，利用批判性思维审视问题也是一个不断发展、深化的过程，探索精神是批判性思维运行的强大助力。在批判性思维大师理查德·保罗看来，这种探索精神即"思维勇气"，这是一种"敢于质疑自己信念的品质"[1]，"具有思维勇气就意味着个体能够公正地面对各种意见、信念和观点……为了确定信息的准确性……要具有思维勇气，要了解那些被社会认为是危险和荒谬的观点常常包含着一些真理"。[2]

（3）要有独立思考精神。批判性思维是一种对自己思维过程进行监督、约束的思维方式。在看待问题时，思考者不仅需要理清纷繁复杂的证据，也需要具有客观公正、独立自主的思考态度。

（4）要有包容精神。批判性精神的思考者在得出最终意见时，不仅需要检验自己的判断，也需要认真考虑他人的意见，切实站在他人的角度考察不同的

---

[1] 理查德·保罗，琳达·埃尔德. 批判性思维工具［M］. 侯玉波，姜佟琳，等译. 北京：机械工业出版社，2013：25.

[2] 理查德·保罗，琳达·埃尔德. 批判性思维工具［M］. 侯玉波，姜佟琳，等译. 北京：机械工业出版社，2013：17.

意见，从而作出修正。

总之，积极培养学生的批判性思维，才能更好地培养学生的发散性思维，提升学生自主学习、自主思考的能力，从而提升教育效率和教育质量。

（二）批判性思维在历史教学当中的价值

1. 能满足历史学科特性的教学需求

历史学科"过去式"的特性，对历史事件及人物的评述就易受记录历史的人主观意识的影响，除此之外，历史记载靠的是文字，而文字记录可能出现模糊不清的情况，容易导致人们在认识历史的过程中出现与历史真相不相符合的情况，而且面对众多的历史资料，我们无法作出合理的判断，这样就会造成认知上的失误。如在历史教学中只重视学生历史知识的积累，忽视批判性思维的培养，将难以促进学生进行独立思考和加深学生对历史知识的认识及理解。所以，杜威提到"只有开动智力而获得的技能才是可供智力随时利用的技能"①，而"开动脑筋"就是批判性思维里面的独立思考，只有经过独立思考获取的东西才是自己的东西。要弄清楚过去发生的事情，探究历史的本质和规律，须培养学生的批判性思维和创新思维，学会独立思考，学会自我判断和甄选历史信息。

2. 有利于实现历史学科核心素养的培养要求

批判性思维的核心特征是具有批判、怀疑和独立思考的精神。而与之最为契合的是历史学科核心素养，也重点强调独立思考和批判质疑的理性精神。

2017 年公布的新的历史课程标准中包含了唯物史观、时空观念、史料实证、历史解释和家国情怀五大核心素养。以"历史解释"素养为例，指的是"以史料为依据，以历史理解为基础，对历史事物进行理性分析和客观评判的态度、能力与方法"②。该素养水平包括四个层次：①能够发现、辨别历史解释，分析历史结论；②能够运用材料针对史事提出个人理解并用历史的角度解决现实问题；③能够辨别不同的历史解释并找寻其原因及对其进行评析；④利用史料，在独立思考的基础上，敢于探究以往的假说或者探寻新的解释。认真观察四个不同水平的核心词汇，便可发现几乎每个层次都包含着对思维水平提高的要求。比如"辨别""分析""独立思考""探究"等词汇，反映了批判性思维的特征。

再以"史料实证"素养为例，该素养是指对获取的史料进行辨析，并运用可信的史料努力重现历史真实的态度与方法。该素养的水平也包括四个层次的

---

① 杜威. 我们如何思维［M］. 北京：新华出版社，2010：43.
② 普通高中历史课程标准（2017 年版 2020 年修订）［M］. 北京：人民教育出版社，2020：5.

含义：①能够区分史料、获得史料并从中提取有效信息；②明确史料的价值，正确运用史料并使其作为论证自己观点的证据；③能够整理辨析史料，善于利用史料的长处互证所探究的问题；④能够在辨析史料作者意图的基础之上合理地利用史料对问题独立探究论证①。该素养的四个层次中的核心词汇，也都反映了批判性思维的特征，如"辨析""独立探究""论证""证据"等词汇，可见，批判性思维与历史学科核心素养的要求高度一致，批判性思维在高中历史教学中的应用有利于历史核心素养的建构。

三、批判性思维在高中历史课堂中的具体应用

科学合理地培养学生的批判性思维，不仅符合历史学科的特点，而且符合新一轮课改的要求。但由于地区和生源的差异，中国目前的教育仍存在城乡差别，在县级中学的历史教学当中开展批判性思维教学的情况如何呢？在研究前需要先作相应的调查，方能有针对性地提出批判性思维在高中历史教学过程中的具体应用建议。

（一）批判性思维在高中历史课堂中的应用现状

1. 问卷调查

笔者利用在广西一所中学实习的机会，对批判性思维在历史课堂中的应用现状作了相关调查，问卷有效填写是60人次。调查情况简述如下。

（1）"您是否了解什么是批判性思维"的调查结果显示：53.33%的教师"了解一些"；40%的教师"不是很了解，只是听说过"；6.67%的教师"不了解，没有听说过"。数据表明：随着新课改的实行和大量教研活动的开展，有近一半教师对批判性思维有一定的了解；但是也有40%的教师只是听说过这一概念，并没有作深入的研究，没有应用过这一思维，也就意味着学生没有经过这方面的训练。甚至有6.67%的教师可能因为所在地区和学校学生的实际学情状况较陈旧而根本就没有听说过这一概念，可见教师们对批判性思维概念的了解情况并不乐观，即教师培养学生批判性思维的意识还需进一步加强。

（2）"您是否在教学中实践过批判性思维"的调查结果显示：48.33%的教师"实践过"；51.67%的教师"没有实践过"。可见，对这一概念了解并实践过的历史教师并不多，实践过的教师比例还不到一半，批判性思维在高中历史教

---

① 普通高中历史课程标准（2017年版2020年修订）[M]. 北京：人民教育出版社，2020：42-43.

学中的应用现状令人担忧。

（3）"在历史常态课中，您主要的授课方式是"的调查结果显示：38.33%的教师"由于考试的压力，以传统的讲述为主"，60%的教师"为了培养学生的思维，教学以引导为主"，1.67%的教师"完全把课堂还给学生"。可见，很大一部分教师改变了以往的传统教授模式，教学主要以引导为主，这样有利于培养学生的批判性思维。但是也有一部分教师由于考试的压力，或者是考虑到学生的实际情况，教学还是以传统的讲述为主。当然，也许是学生的基础知识和学校的教学条件较好，教师把课堂还给了学生，以学生为主体。总体而言，教师们培养学生思维的意识逐步增强了。

（4）"针对历史课，您最重视的是什么"的调查结果显示：51.67%的教师重视"学生对历史知识的掌握程度"，10%的教师重视"学生的考试成绩"，38.33%的教师重视"对学生思维的培养"。可见，大部分教师还是比较重视学生对基础知识的掌握的，这也符合县级中学的实际情况，受传统思想的影响，教师最重视的还是学生对课堂知识的掌握，但是太过于注重学生的学习成绩，往往会导致忽视学生的主体地位和对学生思维意识的培养。也有部分教师是比较重视对学生思维的培养的，这符合新课标的要求。可见，教师对学生思维培养的力度并不是很大，大多还是重视基础知识的教授。

综上所述，批判性思维符合国家对人才培养的要求，有利于落实历史核心素养，所以，批判性思维走进高中的历史课堂是非常必要的，而现今的情况并不乐观。随着新课改的深入和教研活动的开展，教师对批判性思维这一概念有了一定的关注和了解，但是并没有对其进行详尽研究，再加上高考的压力和学生的实际情况，大部分教师主要还是以传授课本的基础知识为主，注重学生对课本知识的掌握和高考成绩，对学生思维模式的培养力度较小，在中学历史教学中应用这一思维教学的做法仍较少。

2. 个人访谈

笔者利用2017年9月9日至2018年1月30日在L中学进行顶岗实习的机会对一线历史教师进行了个别访谈，以加深对一线历史教师对批判性思维应用于教学现状的了解。该校历史教师共有三名，一名是教龄较长的老教师，另外两名是来该校实习的实习教师。针对该校批判性思维在历史教学中的应用情况，笔者对教龄较长的教师A和实习教师B进行了个人访谈。

访谈摘录：

笔者：您听说过"批判性思维"一词吗？对其是否有了解，在教学中是否注重过培养学生的这一思维？

教师A："批判性思维"这个词听说过，但是没有深入地了解，而且在咱们学校的教学中由于学业水平测试和高考的压力，老师们还是比较重视对学生基础知识的教授，而且我觉得思维的养成是一个循序渐进的过程，所以教学中并没有刻意注重过批判性思维的培养。

教师B：听说过，但未有针对性地辅助教学。

笔者：您在教学过程中有没有遇到过学生提出质疑的情况，针对这种情况您都是怎么处理的？

教师B：因为咱们学校的实际教学能力有限，学生的基础也一般，所以一般不会遇到这种情况，但是偶尔遇到这种情况的时候，如果我对这方面有所了解就会当堂对学生所提问题进行简单解释，如果对这方面了解得不是很多的话，就会很委婉地拒绝学生，课下研究后再和学生讨论。

笔者：请问您在备课时使用的都是什么资料？

教师A、教师B：一般就是课本、教参，还有网上下载的PPT。

笔者：您在备课的过程中有没有对教材或者是教参等书提出过质疑？有的话，都是如何解决质疑的？

教师A：刚开始入职的时候，备课经常会质疑课本或者是教参，遇到这种情况我就会上网查一些资料或者向一些比我年长、有经验的老教师请教，但是后来也就不怎么上网查询了，质疑的也就少了。

教师B：我的教学经验不多，目前还做不到批判性看待教参。

笔者：我发现您在课堂中用的史料并不是很多，这是什么原因呢？

教师A：我教授高二和高三年级，因为咱们的学生的基础知识较差，所以我一般很少在课堂中运用史料，就算是用了他们也不懂，这也算是从学生的学情出发吧，但是我在高三运用史料的情况较多，毕竟他们有了一定的基础，而且史料也是高考必考的形式。

通过简单的访谈，了解到受学业水平测试和高考压力的影响，该校教师主要的教学模式还是传统的应试教育，在备课和教学当中很少有培养学生批判性思维的意识，对学生批判性思维意识的培养力度较弱。

课堂的构成包括两个主体，即教师和学生，批判性思维课堂的生成也不单靠教师来完成。为了充分了解批判性思维在教学当中的应用情况，笔者亦对该校的学生进行了访谈。

访谈摘录：

笔者：你们是否怀疑过历史教材内容的真实性？当你质疑的时候你会通过什么途径去解决你遇到的问题？

学生A：经常会怀疑，但是也不知道如何去解决。因为在上课的过程中，如果提出了一些质疑，一般会遇到两种情况，一种是老师置之不理，另一种就是老师尴尬地回答不上来，还会受到其他同学的责备。所以也就不怎么质疑教材内容了，以老师讲述的为主。

学生B：一般不会怀疑，因为课本上的内容应该大体上都是正确的，即便是怀疑了，也没有很好的途径解决，而且学习历史只要能背老师画的重点就可以了，无须多此一举。

笔者：同学们是否尝试过多角度地评价历史人物，比如说你认为李鸿章是一个什么样的人物？

学生C：李鸿章签订了很多丧权辱国的条约，他是卖国贼。

（以上观点得到多数同学的支持）

笔者：你们认为学习历史课程是否会引发你对现实问题的一些思考？

学生D：当我学到历史中的某些事件时，也会相应地联系现实生活，虽然并不能很好地读懂悟透，但是总能感觉到它有一定的关联性。

由此可见，批判性思维在该校高中的具体应用现状并不理想，大多数学生也是很自然地认为学习历史就应该遵循教师的讲授和教材，不应过多质疑，认为学习历史最好的方法就是背诵记忆。

（二）高中历史课堂中批判性思维的养成

1. 教师应成为批判性思维课堂教学的引领者

教师和学生是教学活动的两个主要参与者。教师在学生学习过程中扮演着领路人的角色。教师自身是否具有批判性思维影响着对学生批判性思维的培养能否成功。教师强化批判性思维这一问题意识，应该从以下方面着手：

（1）转变传统教育观念，积极进行自我教育。

在新一轮的教育改革浪潮之中，时代呼唤着会思考、爱思考的高素质人才。教师作为知识的传授者，应该首先进行自我教育——培养和强化批判性思维。教师的综合素质主要包括学术研究素养和教学能力素养两个方面。就学术研究素养而言，教师要深化自己对历史知识的认知；在教学能力素养方面，教师要有运用现代信息技术的能力，比如图片加工、幻灯片制作、视频剪辑等能力，更为重要的是，锻炼自身批判性思维的能力，以及把批判性思维传递给学生的能力，包括语言表达能力、提问的能力、多角度思考问题的能力、课堂组织能力、教学理论研究能力等。

（2）将批判性思维融入备课环节。

备课是教学活动的开端。教师备课，就是对历史课本进行深加工，将自己的综合性思考融入自己的教学设计。

比如在讲授人教版必修三第五单元第十四课《从"师夷长技"到维新变法》时，笔者根据课程标准和对教材学情的分析之下确定以严复的个人经历为主线，通过严复几次命运的转折来讲述中国学习西方、寻求变革和思想不断解放的过程。第一部分通过三坊七巷来引出严复的老乡林则徐，讲述林则徐在鸦片战争前后对英军看法的变化和《海国图志》在中日两国的不同遭遇，说明西学传播之艰难，但还是开启了西学之风，促进了启蒙思想的萌芽。第二部分通过严复第一次命运的转折——洋务运动，讲述"中体西用"的思想内涵。第三部分通过严复的第二次命运的转折——甲午中日战争，讲述甲午惊雷后严复的惊醒及其极具启蒙的维新思想。这样"主题化"的教学设计就突破了学生常规的思维，尤其是讲述林则徐鸦片战争前后对英国军队看法的转变，使学生之前学习的相关知识更加细化，让学生知道林则徐并不是一开始就积极学习西方的，这样就避免了学生对林则徐的盲目崇拜，也能体现出本课的主题——"学习西方的不易"，这是对传统观念的一种批判，也是对学生批判性思维的培养和逐步渗透的体现。

在思维的培养过程中，"提问"或"师生对话"是思维碰撞和形成的主要方法。笔者在对第二部分进行讲述的时候，基于学生在初中时学习过洋务运动的相关内容，可采取提问法，首先向学生出示严复的照片和生平资料，紧接着向学生依次提出如下问题：严复报考的"福州船政学堂"是谁创办的？为何而办？学生回答后，追问：除了左宗棠外，还有谁也做了同样的事？他们被称为什么派？都做了哪些事？洋务运动的目的是什么？他们的主张是什么？笔者通过层层设问，回顾洋务运动的相关知识，进而引出洋务运动的思想主张，培养学生的逻辑思维。

最后在讲述第三部分时，针对维新变法的原因、内容和影响等内容，笔者出示了众多材料，并采用了小组合作探究的方法。探究一：他们宣传维新思想，主张维新变法，那变法的理由是什么？探究二：针对不得不变的情况，他们又是如何宣传维新思想、开启民智的？探究三：康有为和梁启超在1898年的戊戌变法中实践了他们的维新主张。不过，变法运动如昙花一现，很快就失败了。那么维新变法思想也如昙花吗？它对近代思想有什么影响？学生之间的合作对话会引起彼此思维的碰撞。在探究维新变法思想的时候，学生们的回答是有见地的：

学生E：维新变法思想是对之前所有学习西方的思想的一个继承，就如我们之前所学的那样，一种思想并不是凭空形成的，它定是有继承也有发展的，所以我认为维新变法思想不仅继承了之前学习西方的思想，而且还开启了新一代的思想解放潮流。

学生F：维新变法思想是以后思想的基础，以前学习时，书上总是写着"基础"二字，可我并不是很理解它的意思，但是通过本课的学习我才真的读懂了"基础"二字的内涵，在当时，我们备受欺辱，知识分子积极学习西方。尽管维新变法运动有些激进，但是维新变法的思想影响深远，让以后的思想运动都以它为样式，也正是这样的思想才能激起部分知识分子和国民的觉醒，所以我认为维新变法思想是中国近代思想的基础。

最后，教师总结维新派的变法主张，强调其虽然未能在实践中推行，但是他们反对封建专制，主张兴民权、提倡新学，仍然极大促进了人民的思想觉醒，是中国近代又 次思想解放潮流。

所以，整个教学设计当中都融入了批判性思维的元素，最为典型的就是"师生对话"和"生生对话"，这种教学方法会让彼此的思维发生碰撞和融合，双方思维发生碰撞之后在维护彼此观点的情况下，也会冷静下来认真思考对方的观点，这样就会形成新的认识，这就是在高中历史教学中培养学生批判性思维的价值所在。

2. 学生养成良好的学习习惯，学会自主学习和独立思考

教师在培养学生独立思考、提升学生思维品质的过程中，需要着重培养学生良好的学习习惯。基于笔者的实习经历，笔者认为学习习惯主要体现为三个侧面：对历史学科的习惯性看法、具体学习过程中的习惯性做法、认知历史知识的习惯性思维。这三个侧面都是需要历史教师加以观察和矫正的。

（1）调动学生的主动参与度，培养学生的自主学习习惯。

历史课前准备也是体现学生在具体学习过程中学习习惯的另一个侧面。笔者在实习过程当中进行了一次小型的教育观察。每周三上午的第三节课是历史课，这节课安排在数学课之后。第二节下课之后，有的学生还在认真解数学题，有的学生趴在桌子上睡觉，有的学生在吃东西，等等，很少有学生提前打开历史课本复习或者预习历史知识。上课铃响后，还有很多学生在翻找历史课本。这个小片段体现出学生们的自主学习习惯还有待养成。针对这种现状，教师在教学设计中应以增强学生自主学习意识、督促学生动手动脑为基本设计理念，突显学生学习引导者的角色定位。

如在做《太平天国》这一课的教学设计时，导入新课这一环节就可以体现引导学生自主学习的设计导向。课前准备要求学生小组合作活动，收集与太平天国时期有关的壁画图片，将收集好的壁画图片整理后，贴在主题栏上，创设教学情境。上课时教师引导学生思考关于太平天国壁画中没有人物壁画的原因，随后展示一段学者的观点，引导学生思考：

> 太平天国革命反对封建统治，就必然反对这些人物画……它利用宗教的形式，注入了革命纲领和政策的内容，不准绘人物只是利用宗教的说法反封建斗争的艺术表现形式，在本质上是为了反封建斗争服务的。
>
> ——罗尔纲《太平天国史迹调查集》

在这份教学设计中，教师引导学生开展课前自主性的学生活动，有效锻炼了学生收集资料的能力，并能自发地生成问题，从而激发学生主动探究的兴趣，真正让学生在"玩"中学、在学中思，把学生的自主性调动起来，有利于学生在学习过程中培养以自主学习、自主思考为突出特征的批判性思维。

（2）立足于思维的发展，设计不同层次的问题培养学生独立思考的习惯。

在中学历史教学方面，学生通过现实生活中的多种认知渠道对某些历史问题、某些历史人物形成一定的认识，甚至有的学生在课堂上仅仅根据一则材料就在脑海中为其贴上相应的标签。这种把历史脸谱化、标签化的习惯性思维，不利于历史教学活动的开展。这时就需要教师对学生加以引导，教师应该基于思维的发展，设计不同类型的问题，来帮助学生养成独立思考的习惯，突破之前的思维定式。

比如在讲授《新文化运动》一课中"新文化运动的内容之一：反对旧道德，提倡新道德"时，人们举起了"打倒孔家店"的旗号，讲到此处，教师一般都会提问：为什么要把斗争的矛头指向儒家的传统文化？"打倒孔家店"是为了否定传统吗？你又是如何看待这种现象的？但是三个问题的层次不一样，前两个问题属于基于事实的问题，也就是只有一个正确答案的问题。为了让学生更好地解答前两个问题，笔者在教育实习中作了尝试，出示相关史料，引导学生分析出两个原因。第一个是历史原因：阻碍当时社会的发展。第二个是现实原因：是袁世凯妄图利用儒家文化进行复辟。最后一个问题是属于基于偏好的问题，即问题随着个体的不同偏好而拥有不同的答案。为了解决最后一个问题，教师必须提供丰富多样的素材，促使学生为论证自己的观点，在众多的素材中学会选择、作出判断、得出结论。为此教师出示了当事人陈独秀、胡适和当代学者袁伟时对此的评价来帮助学生从多元的角度分析该问题。从笔者的教学实践的课堂反馈来看，学生的确从不同的角度对其进行了分析。

学生 G：针对这一现象，我没有很明确地判断，因为老师您总是告诉我们评价历史问题一定要站在当事人的角度来分析，所以，我认为当时新文化运动的倡导者的这一行为的发生也是当时社会现实的一个反应，如果我是新文化运动的倡导者，为了避免袁世凯的种种行为，我可能也会作出这种有点过激的行为。

学生 H：尽管我认为这一行为是可以理解的，就像是材料当中当事人的解释那样，但我还是认为从当时的社会环境出发，这种行为方式和效率过于激进，毕竟儒家文化是几千年在中国人心中根深蒂固的文化呀，行为的用意可以理解，但是手段过于激进。所以这就涉及政治老师给我们讲的如何对待中国传统文化的问题，我们应该取其精华，去其糟粕，不能太过激进。

笔者在讲述该课时，认真甄选了多则材料，了解问题的类型，并在此基础上设计了不同层次的问题，目的是鼓励学生去独立思考，进而加大对学生批判性思维培养的力度。

总之，教师应该着力引导学生形成独立思考、自主学习的良好习惯。无论是通过教学设计有目的性的思维导向设计，还是具体的材料展示，都能从不同方面、不同程度上促使学生形成良好的学习习惯，更加有益于学生理性思考、提升思维品质、形成批判性思维。

3. 采用史料教学，强化批判性思维

史料主要包括先前遗留下来的遗物、遗迹等可供历史研究的认识性线索。有的学者根据史料的形式将其分为文字史料、图片史料、实物史料、音像史料。总而言之，史料的具体形态不计其数，历史档案、碑刻铭文、名人日记、回忆著述等文字形态，以及历史遗迹、漫画、照片等，都是史料的有机构成。丰富的史料能够使历史课堂更加鲜活、更加立体，能够使学生对历史产生更加直观的认识。教师可以利用各种形态的史料辅助教学，丰富和深化学生对历史的认知，强化批判性思维。教师在选择史料进行史料教学时需要对史料进行加工和"提纯"，具体要坚持以下原则：

一是准确性。史料准确与否关系到所反映历史信息是否准确，关系到学生对历史知识把握的认知方向是否正确，甚至关系到历史价值观是否科学。在涉及具体的教学重难点时，必要、详细的史料补充是大有助益的。比如，在讲授"秦朝建立初期秦始皇采纳李斯的建议行郡县而废分封"这一历史论题时，教师

就有必要通过具体的史料呈现代表两种制度的两种政治论点之间的交锋，从而引出郡县制、分封制的异同这一教学难点。

在 L 中学实习之时，笔者发现学生对于为何实行郡县制而废除分封制这一问题一知半解，便采用了岳麓版历史教科书第二课——《大一统与秦朝中央集权制度的确立》末尾"解析与探究"板块一则出自《史记·秦始皇本纪》里李斯建议实行郡县制的材料，这则材料近乎还原了先前的历史场景，通过创设的具体情境，拉近了学生与历史知识的心理距离，也展现了历史发展的多种可能性。

二是全面性。在选取史料之时，教师不能管中窥豹、一叶障目，而要选择互为补充的史料进行解读，透过不同侧面的史料，多方面呈现原有的历史风貌，从而培养学生多角度、全方位思考历史的批判性思维。在学习《辛亥革命》这一课时，提到了袁世凯这个历史人物，学生们对他很感兴趣，有的学生还知道"袁大头"等称呼。有的学生认为他是个大卖国贼，扼杀了辛亥革命；有的学生认为他也有自己的贡献。笔者在教学中列举了一条史料来激发学生们的思考，清末新政之前，袁世凯提出："百年之计，莫如树人。古今立国，得人则昌。作善人才，实力图治根本。"他又说："多设学堂，务使僻壤穷乡，皆有庠序。"① 这则史料丰富了学生对袁世凯这一历史人物的认知。另外，如何认识辛亥革命也是本课的难点。针对"有的人认为辛亥革命成功了，有的人认为辛亥革命失败了"这一问题，教师如能补充展示一些史料加以佐证，也有助于教学活动的开展以及学生批判性思维的培养。

三是层次性。一方面，教师要考虑到学生对史料的理解性，单纯使用难理解的史料，容易使学生产生压力，而挫伤学生学习历史的积极性；另一方面，单纯使用简单的史料又不容易达到培养学生理性思维能力的教育目标。为此，把握史料难度的层次性就显得较为关键了。考虑到学生们更乐于阅读现代文而古文阅读能力偏弱这一实际情况，笔者在具体教学时，在史料运用方面便坚持现代文、古文混合的设计理念。在讲授太平天国这一部分知识时，教师选用古文、现代文混合的史料更加有益于锻炼学生的材料阅读能力，从而增强学生的批判性思维。

四是延伸性。在进行史料教学时，教师不能犯"本本主义"的错误。教材只是辅助教学的一个工具，教师还要拓展材料来源。在讲述《鸦片战争》这一课时，笔者选用了《近代中国社会的新陈代谢》里的一段文字作为补充："在两

---

① 天津社会科学院历史研究所. 袁世凯奏议：上册［M］. 天津：天津古籍出版社，1987：268. 转引自马芳. 浅谈袁世凯对中国近代新式教育的贡献［J］. 法制博览，2016（3）：294.

年多的时间里，中国调动了十多万军队，先后有一名总督（裕谦）、两名提督（关天培、陈化成）、七名总兵（张朝发、祥福、江继芸、郑国鸿、王锡朋、葛云飞、谢朝恩）、二名都统（海龄、长喜）以及数千名士兵死于战争。但英国远征军的战死人数据英方统计不足百人，这显现了中国与西方之间巨大的落差。"①学者的分析使得学生们直观感受到了中西方激烈冲突过程中显现出来的巨大差异。

再如，讲述林则徐时，学生的思维定式就是林则徐是虎门销烟的领导者，是"开眼看世界的第一人"，但是为了让学生更为全面地了解林则徐，笔者严谨地甄选了两则材料，第一则材料是道光帝派林则徐去镇压农民起义结果林则徐在半路病逝，第二则材料是林则徐对外国人需要中国茶叶的认识。这两则材料，让学生知道林则徐并不是一开始就学习西方的，他也是逐步开眼看世界的。这种多元史料的运用，对学生思维定式的冲击力很强，不仅提高了学生学习历史的兴趣，还进一步培养了学生的批判性思维。

在历史学科教育中，批判性思维的培养也需要教师认真把握好史料选用的原则，从而真正提升教学效果。另外，教师在日常教学过程中，更要多注意从多种渠道发掘史料。历史课本、史学著作、期刊论文甚至是纪录片、旅游照片等都可以作为历史课堂的基本素材，教师利用这些素材，有助于学生积极探究历史论题，形成自己的真知灼见进而强化批判性思维。

4. 综合多种教学模式，加强理性批判

批判性思维不仅是一种思维方式，还是一种价值导向。学生应该在理性判断的基础之上，采取行动，解决问题。教师在培养学生自主学习和问题意识的基础之上，在教学中应该结合多种教学手段、教学模式来帮助学生形成理性的判断。情境设置、问题探究和小组合作等方式是教学中最为常用的，也最有利于调动学生的积极性及培养其批判性思维。在具体的历史教学过程中，综合运用这些方式更加有益于全面提升学生的理性批判能力，从而提高学生的思维品质。

笔者在实习过程中，讲授《古希腊民主政治》这一课时便综合了多种教学模式。

首先分析学情，学生在初中阶段已经了解伯利克里时代雅典民主政治的基本状况，但对政治文明的内涵不够了解，对西方历史印象比较模糊。本课的内容较繁杂深奥，高一学生有了一定的史料阅读和思维能力，但逻辑架构能力、认知水平还不足，要达到课标要求，需要将知识化繁为简、化难为易，以合作

---

① 陈旭麓. 近代中国社会的新陈代谢（插图版）[M]. 北京：中国人民大学出版社，2012：54.

探究调动学生的学习积极性。本课涉及对民主政治的评价问题，要引导学生理性判断，避免学生产生片面理解或激进言论。基于以上学情和课标要求，笔者将本课的重难点分别设置为"三大改革的内容，雅典民主政治的特征"和"对雅典民主政治的评价"。为了突破重难点，笔者在教学方法上以探究教学法为主，融合情景教学和问题教学的特点。现将教学片段展示如下：

情境设置：现在，赋予所有同学雅典公民的身份，一半同学是贵族，另一半是平民，记清你们的身份，接下来会需要你们行使你们的公民权利。

教师：其中有一部分人是无法参与到我们课堂中来体验民主政治的，他们是谁？为什么？

学生：他们是奴隶、妇女、外邦人。因为他们不是公民，只有公民才可以参加民主会议。

（教师简述雅典社会中贵族和平民这一主要矛盾，要实现"人和"就必须解决它。第一位调停者梭伦的口号是：人人都有话语权。学生结合教材了解梭伦改革的内容并进行问题探究）

教师：（探究一）请各位公民分析一下梭伦改革前后你的政治权利有什么变化。

学生根据教材得出政治权力的变化，比如公民等级问题、权力机关的设置问题等。

教师：（探究二）请问各位雅典公民，梭伦改革的措施解决了你们的矛盾吗？他实现他的口号目标了吗？

学生：矛盾并没有彻底解决，只是缓解了，所以他的口号目标没有实现。

设置情境，让学生进入角色情境，可以更好地理解改革内容对双方实力的影响。笔者根据情景展示多个探究问题，由学生逐条总结、剖析改革内容，可以使他们更理解改革的内涵。每一位改革家对应一句口号，既可反映他们各自改革的深度，也可作为线索让学生将他们联系起来作比较，以表格的形式总结三次改革民主制度的演进情况，学生可以更直观地总结出三位改革家的口号也是民主发展趋势的一个线索。

对雅典民主政治的评价是本课的难点，为了突破这一难点，笔者向学生出示了芬利《古代和现代的民主政治》当中的材料，让学生思考雅典民主政治的历史作用，同时也出示了汉密尔顿《希腊的回声》里的部分内容和伯利克里时代雅典的人口构成图，让学生总结雅典民主的局限性，培养学生阅读史料和总结概括的能力，使他们理解古希腊民主政治对西方文明的影响；通过展示的民主施行的人口比例数据，直观反映雅典民主的局限性。文字材料直击奴隶制民主的实质，可以加深学生对雅典社会的了解。最后笔者通过回顾苏格拉底之死的故事，再结合选自《希腊史研究入门》里有关雅典民主政治的评述材料，引导学生思考该怎样全面客观地评价雅典民主政治，在教学实践中，学生们的现场回答亦颇有见地。

学生I：苏格拉底之死的故事引起了我极大的感慨，结合这个故事，我认为雅典的政治体制不是民主政治。因为参与审判苏格拉底的人中有很大一部分不了解苏格拉底的言行，有的人甚至不认识苏格拉底，这些人受到他人的干扰在没有进行理性思考的情况下就贸然投票处死苏格拉底，这显然是集体暴政。但如果我是那个时代的人，也许我也会对苏格拉底的判决作出和其他公民一样的选择，所以我不能只站在现代人的角度去评价当时的历史。

学生J：雅典当时的民主政治只能说是特定时期的特定产物，是对公民的最直接的政治，但是之后的继承者们也是在此基础上对民主进行了极大的改进。

学生分别站在所扮演的角色和现代公民的立场讨论雅典民主制度，能做到辩证客观地分析，思考那些对雅典民主政治的批判是否合理（开放性的问题），从不同立场出发评价雅典民主制度，有效锻炼了辩证思维能力。

5. 创建适当的教学评价形式，检验思维成果

学生和教师是教育过程的两个重要参与者。学生批判性思维的发展水平、教师教育活动的成效、未来教育活动开展的方式等重要的教育论题都需要适当的教学评价体系来衡量和检验。

教师检验学生思维成果的基本方式主要是课堂检测和课后检测。

（1）课堂检测。

课堂提问是教师在课堂上经常使用的检测学生思维成果的方式。通过提问，教师可以判断学生回答的答案是否合理、用语是否准确，甚至还可以重点考查学生的解析思路是否正确，并以此为基础加以指导和校正。在此，笔者以L中学的一堂示范公开课为例：

教师：请问哪位同学可以回答一下秦始皇实现大一统的意义或是作用。这位同学举手积极，你来回答。

学生：秦始皇建立秦国实现大一统具有重要的意义。第一，在政治方面，实现了中国历史上第一次大一统，结束了春秋战国以来长期的战乱纷争局面；第二，在经济方面，有益于各地区经济交流的进一步发展；第三，在文化方面，

实现了文化大一统，有利于中华民族文化体系的建立与发展。

教师：相当不错。但是，美中不足的是你的表述中有一个需要纠正的地方。那就是"秦国"这个表述。

（此时，学生示意想发言。）

学生：我认为这没什么区别，秦始皇是秦国的统治者，统一了六国，叫秦国没有什么问题。

教师："秦国"与"秦朝"是不一样的。"秦国"是秦作为一个诸侯国的国名。统一六国之后，秦始皇建立了中国历史上第一个大一统的中央王朝"秦朝"，此时我们应将其称作"秦朝"而不能叫作"秦国"。

这堂公开课有效展示了提问这项检测思维成果的独特艺术。在提问过程中，教师扮演着思维过程检测者的角色，合理运用这一方式，能够与学生展开直接的思维碰撞，从而进一步校正学生的思维过程。

（2）课后检测。

课后检测也是教育过程中检测教学质量、学生学习情况的重要方式。在中学历史教学实践中，课后作业以及各种考试都是检测学生思维成果的主要途径。笔者在批判性思维课堂的教学尝试之初曾做了一个实验，让学生写出自己心中的李鸿章是什么样子的？结果学生展示的都是"卖国贼、大汉奸""他签订了一系列丧权辱国的条约"等评价。而为期半年的实习结束之后，笔者让学生再次评价一下李鸿章，且可以在网上查一些辅助材料来论证自己的观点，不少学生的回答颇有意思：

学生K：最开始我对李鸿章的认识就是他签订了一系列丧权辱国的条约，害得我们国家丧失了大量的领土和金钱，加重了中国百姓的压力。但是现在看来，之前对李鸿章的评价太过于片面和激进。因为这一系列条约，并不是李鸿章主动申请去签的，只是因为我国战败，必须有一个人代表国家去签订这些条约，我们只是把对清政府无能的怨恨和抱怨集中到了一个人的身上，所以这种评价对李鸿章是不公平的，就算他不去签订这些条约，也会有第二个人去签订。所以，我之前对他的评价有些激进。

学生L：这两天我在网上查找了一些评价李鸿章的资料，再结合老师平常上课时经常讲的"不能苛求古人，要从社会现状去评价一个人的行为，也不要单面地评价古人"等话，感觉自己之前对李鸿章的评价太过于幼稚、激进。我在网上查到好多材料得知李鸿章在签订《辛丑条约》之时，被日本人打了一枪，他用他流的血和日本人讨价还价，才减少了中国的赔款。而且在《李鸿章》中我也看到他曾发誓"终身不履日地"。所以从这些材料来看，李鸿章不是我最初认为的"卖国贼"，而是一个爱国者。

虽然学生 L 的最后一句话显得有些武断，但其独立思考的成效跃然纸上。笔者通过对学生为期半年的批判性思维的培养，教会了学生全面客观地看待问题，利用多元的史料进行独立思考、辩证地看待问题，这说明笔者对学生批判性思维的培养有了一定的效果。

中学历史教师在建立评价体系检验思维成果时，应注意坚持如下两个基本原则：

一是区分性。一种适当的教学评价体系的建立要体现区分性。每个班的学情不同，学生对历史学科的兴趣、历史成绩、针对历史学科的学习方法都存在不同程度的差异，教学评价体系要首先考虑到这些差异。如笔者在 L 中学实习时，四个班的成绩明显存在差异。笔者在成绩较好的班上历史课，就以激趣为主，多作一些趣味性延伸，尽量丰富学生的历史知识，进一步激发学生学习历史的兴趣，这样方能提升学生学习的自觉性，帮助学生增强对历史基础知识的掌握。在历史学科成绩相对较弱，又有很多学习自律性不强的学生的班，则是加强对课堂上的提问的组织和掌控，努力营造良好的学习氛围。教师针对班级之间的不同情况，有区分性地因材施教，更能提升教学质量。

二是发展性。马克思主义哲学的基本要义就是以发展的眼光看问题。对学生的指导和检测也需要不断发展，不能止步不前，也不能只顾眼下。在实际教学过程中，教师更多地扮演着评价者的角色，而学生在受教育过程中也处于不断发展的状态。在教学评价体系中，教师应该避免评价的"一次性"，教育过程没有结束，评价就应该伴随始终。对于学习成绩偏弱的学生，教师应给予更多的关注和引导。

教师：一周前，咱们决定实行基础知识课间提问这一方案，你还记得三省六部制这个知识点的基本内容吗？

学生：三省六部制基本内容就是中书省、门下省、尚书省，六部是什么，我记不太清了。

教师：这个知识点你掌握得很不错，能再具体说说三省的职能吗？

学生：各自负责起草诏令、审核诏令以及执行。

教师：你和前几天的提问相比的确取得了进步，六部具体是吏、户、礼、兵、刑、工。不要着急，以后咱们继续深入，可不要松劲儿，继续加油！

在这一幕中，教师主要以提问方式检测学生对知识的理解程度。教师的关注是具有发展性特点的，不仅提问了之前的知识点，还以鼓励的方式顾及学生后续的学习过程，这样一种发展性、持续性的关注和检测，有益于学生对知识点进行复习巩固。

四、批判性思维在高中历史教学中的应用原则

（一）坚持辩证唯物主义原则

"批判性思维"从其字面来看，最主要的特点就是"批判"二字，但是"批判"并不等同于"批评"，美国批判性思维大师理查德·保罗曾说批判性思维是指"建立在良好批判的基础上，使用恰当的评估标准对事物的真实价值进行判断和思考"[①]。可见"批判"不是绝对的否定，而是有一定的评估标准。这种标准就是我们所说的原则，即辩证唯物主义原则。辩证唯物主义最本质的要求也就是要一分为二地看待问题。

在历史教学过程中，教师和学生是从两个维度接受历史教育的。就微观视角而言，教师和学生学习的是具象的历史信息，这些信息基本包括时间、历史人物和历史事件的原因、经过、结果、影响等。就宏观视角而言，每一个历史时期都不是孤立存在的，与之前后联系的其他历史时期也需要宏观把握。在历史长河中，研究者更加需要考察和把握历史发展的基本规律，以及所学的历史信息在历史长河中的确切定位和基本意义。因为，人的认识总是存在主观性，人对客观事物的看法以及思考也是处于不断变化之中的，我们在认识事物的时候更要坚持全面地看问题。在开展历史教育的时候，教师要抛弃原有的思维框架，反复重温历史线索，学生在初步接触历史信息的时候也需要从两个视角进行综合考察，这样才能形成较为全面、客观的认识。

比如在讲述《抗日战争》一课时，教师须联系实际对抗日战争进行评价，教师说："日本侵华战争是日本蓄意发动的非正义的、反人类的、法西斯的侵华战争。日本必须承担相应的责任，这场战争不仅给中国人民带来了很大的伤害，而且也伤害了他们本国人，比如广岛、长崎的日本人。"讲到此处时，有学生提出疑问："老师，我觉得他们国家死了那么多人是咎由自取，不值得同情。"对此，教师可出示陈怀民妹妹发给高桥妻子美惠子的一封信，引导学生思考这场战争是日本的普通百姓发动的还是军国主义者发动的，强调侵华战争的发动者

---

① 理查德·保罗，琳达·埃尔德. 批判性思维工具［M］. 侯玉波，姜佟琳，等译. 北京：机械工业出版社，2013.

是日本的军国主义者，顺势教育学生要学会辩证看待问题。

需注意的是，批判性思维的培养不是过度批判、否定一切，而应在辩证唯物主义的指导之下进行，这样对学生批判性思维的培养才是科学合理的，才符合课程标准和人才培养目标。

（二）坚持开放性原则

为了更好地培养学生的批判性思维，教师要依据历史课程标准、学生的认知水平发展规律、学生的学习特点以及所有相关的客观条件，在一定的教学理论及观念等科学方法的指导之下，在历史教学中坚持开放性原则。

开放性原则指的是教学方法、史学观点、成果展示等方面的开放性。在传统教学当中，教学方法比较单一，课堂只是教师的"一言堂"，忽略了学生的主体地位，虽然其有合理的价值，能让学生很好地记忆历史知识，却忽视了对学生思维的培养，也可以说只关注了学生短期的发展，而忽视了学生作为"人"的长远发展。随着教学的不断改革，教育教学注重人的全面发展，培养学生的核心素养，使其成为对社会有用的人。新课改下的新课堂要求关注学生素养和思维的提高，要坚持开放性原则来培养学生批判性思维，首先是教学方法的改变。在中学的历史课堂当中，教师应结合教学目标和学生的实际情况来挖掘出具有思维价值、能够引起学生兴趣的历史主题。

例如，笔者在讲授人教版高中历史必修三的第五单元第十四课《从"师夷长技"到维新变法》的第一部分"开眼看世界"时，注意到学生已有的认识是偏颇的，他们知道林则徐是开眼看世界的第一人，对其盲目地崇拜，觉得林则徐是最伟大的，别的士大夫都是迂腐的。基于学生的这种认识，笔者在课堂上展示了林则徐在主张学习西方之前对西方士兵的认识和被贬谪途中写给朋友的信中对西方兵器的认识这两则材料，然后让学生先根据材料比较林则徐对西方态度的变化，再尝试评价林则徐。当学生看到这两则材料时，他们的反应很吃惊，可能是因为这冲击到了他们已有的观念。随后，笔者进一步引导他们思考，让学生分析解读材料，并从中国近代学习西方这条艰辛的道路角度出发来评价林则徐，结果学生展示出极具价值的成果。

学生M：林则徐由最初的对西方强烈的反对，到接受西方，到学习西方的转变，只因经历了一场战争。那场战争是一场冷兵器与热兵器的对抗，林则徐发现自己的国家落后了，打了败仗，发自内心地想向西方学习，先进的技术是大清朝最需要的补品，大清朝垂危了，再不补的话就过时了。林则徐深知这一点，但他不是皇帝，他能做的只有让更多的人了解中国的现状，让更多的人一起改造中国。林则徐用自己力所能及的正确方式，引导着那个黑暗、腐败的时代的人走向光明。装睡的人永远叫不醒，许多人认识到了，但并没有去改变现状，反而是变本加厉，如顽固派。

学生N：林则徐在第一眼看到西方人时看见他们的穿着和不娴熟的击刺步伐，便认为他们不能上岸，即使上了岸也无作为，可见林则徐对西方的不了解，但当真正和西方人打起来，林则徐才知道自己错了，轻视敌人是致命的根本。至此他认识到了西方技术的先进，态度发生了改变，所以，林则徐是一个能正视自己错误的人。正是因为他这种态度的转变，他才成了开眼看世界的第一人。

由于该校学生的基础较差，在教学过程中笔者还是以传统教学为主，并不敢大胆地放手，但是为了符合新课改的要求，在学生的极力配合之下，选择学生感兴趣的历史问题作为研究主题一起探讨，也是很有成效的，通过课下询问得知学生也很喜欢这种教学模式，因为对他们来说，这是一种思维的冲击。所以，通过教学实践，笔者认为批判性思维的培养和学生的基础能力有关系，但是关系并不是很大，最重要的是教师的把控能力。当然，在培养学生批判性思维时坚持的开放性原则并不是随意的开放，而是在辩证唯物主义和历史课程标准指导下的开放。

除此之外，在讲到魏源的《海国图志》时，笔者播放了一段《海国图志》在中日两国不同境遇的视频，让学生描述这两种境遇并谈一谈感受，有两位学生侃侃而谈：

学生O：魏源的思想在中国并没有掀起多大的热潮，国人都觉得《海国图志》这本书没有多大作用，是因为认为当时中国的实力强大，不需要学习西方。但是魏源的思想在日本受到了热捧，当时日本正受到美国的侵略，日本的知识分子拼命想挽救局面，《海国图志》的传入对他们触动很大，这也在一定程度上解释了两个国家思想的不同。近代清政府的无知造成了清朝无可挽回的局面，日本从《海国图志》中受到的启发使他们国家越来越强盛。说明清朝时期的中国人思想还是很封建的，也有点以自我为中心吧，要想真正强大，就应该借鉴别人再融汇自己，不能太过于封闭。

学生P：视频中魏源撰写的《海国图志》在中国并不受欢迎，却在国难当头的日本受到了欢迎，在当时的中国，人们不认为魏源的思想能救国，而认为被撤职的林则徐只要能回来任职，中国就会有出路，就能强大起来，这说明当时的人的思想很保守封建，不愿意接受新的知识。而日本就比较开放，在国难当头之时学习了西方救了自己的国家。我从中体会到了不管是哪个国家的知识，只要是好的、优秀的，我们就应该去研究它、学习它，这样我国才能更强大。

这些例子显示学生注意到了《海国图志》一书在中日两国的境遇不同，但是大多数学生都在责怪当时的人们思想的落后、士大夫的保守，这样学生的认识就会陷入极端，所以，教师并不是马上去纠正学生，而是提出了另一个问题：如果你是当时三百多万名儒士当中的一位，你会读这本书吗？如果当时的三百多万名儒士都读了此书，中国的社会状况又将如何？

学生Q：假如是我的话，我肯定会带着好奇心翻开这本书，发现这其中的奇妙之处。这体现我们学习西方先进文化应该要有不懂就要学的态度，挑战不可能，把它变为可能，这就是奇迹。

学生R：如果我是当时的一名儒士，我不会读。因为大家都不读，我愿意跟随大众，随波逐流比较好。

学生对于此类开放性的情景问题的回答显示出他们的思维发生了很大的变化，不再苛求古人，所以，教师在教学中可以大胆尝试这种开放性思维训练，但一定要注意开放"度"的把握。

（三）坚持合作性原则

合作性原则是指教师在培养学生的批判性思维的同时，要坚持一种师生、生生相互合作的态度，来营造一种民主、自由、合作的课堂氛围。"合作学习提供了认知和元认知发生的情景。小组成员之间的口头和人际交流、成员之间相互冲突的观点以及结论所引起的理性质疑，都促进了批判性思维、高级推理以及元认知思维的发展。"① 合作学习是学生学习和通过独立思考获取知识最好的方法，因为这种方法会使学生之间的思维观点发生碰撞，并在碰撞后根据别人的观点来权衡自己的观点是否要修正。

在合作学习当中，教师应该关注如何优化学生的学习能力、如何调动学生的积极性以及培养学生批判性思维的能力。首先，教师可以告诉学生合作的重要性。合作会使学生之间的不同观点发生碰撞，各自又会在认真聆听别人意见的基础之上斟酌自己的意见，这不仅可以培养学生宽容的心态，也有利于培养学生独立思考的习惯和批判性思维。其次，让学生了解到合作的形式是多种多

---

① 霍尔特，凯斯尔卡. 教学样式：优化学生学习的策略［M］. 沈书生，刘强，等译. 上海：华东师范大学出版社，2008：175.

样的。在历史教学中我们可以通过小游戏或者情景扮演等形式实现合作，这样就可以调动学生参与合作的积极性。比如在讲授人教版必修三第二单元第 5 课《西方人文主义思想的起源》时，为了让学生更好地理解苏格拉底"美德即知识"的思想，教师可让学生进行"广场上的谈话"一幕的角色扮演。同样，在讲授"雅典的民主政治"时，为了让学生更好地理解雅典的三个改革，笔者便采取了角色扮演这种合作学习的方式，把全班学生分为公民、贵族角色，以使学生身临其境地体会三次不同的改革是否彻底解决了平民与贵族之间的矛盾，而实现最终的"人和"。学生们不仅配合很默契，还达到了合作学习的目的。

批判性思维本质上是对自我思考进行约束、监督的过程。在具体的历史教学过程中，学习小组探究就是一种经常被提及和运用的典型教学方式。从本质上来说，这种方式与批判性思维类似，都具有培养学习者思维习惯、提升学习者思维品质的作用。具体来说，学习小组本质就是通过合作探究来培养学生合作学习、交流思维的精神与习惯。在看待历史问题或者理解历史试卷上的错题之时，学生之间充分交流，寻找证据以表达自己的观点，甚至会出现改正原本错误的观点从而形成新的认知的情形。学生通过合作性探究，不仅加深了对问题的思辨性理解，而且激发了思考的积极性和自主性，从而实现了"教学相长"的良性效用。

（四）坚持一定的广度与深度原则

就历史教学中批判性思维的培养而言，浩如烟海的史学材料是教学中取之不竭的宝贵资源，若拘泥于手中的一个教材版本，就很难为学生提供不同的史料支撑以及新颖的思考方向，不利于丰富学生对历史知识多视角的认知。多样化的史学观念也广泛存在，教师在培养批判性思维的教学过程中，让学生广泛了解这些史观，对于构建学生基本的史学价值观也有益处。现今，在史学研究中，跨学科研究的趋势日益明显，研究历史的方法和视角也多种多样。教师在历史教学中要积极拓宽历史课堂的视野，开阔学生与历史学科的接触面，提升学生的思维品质，进而培养批判性思维。

在历史教学中，批判性思维的培养也需要建立在对历史深入了解和深入思考的基础之上。在实际的实习教学过程中，某些教师对历史的解读偏重于知识的传递，也就是单纯的历史教学任务的完成，并没有对历史知识本身进行深入挖掘。在新一轮课程教学改革中，历史教学的主要任务就是带领学生观察历史、了解历史、思考历史，探寻历史本真的面目。而"史学研究的目的恰巧是尽可能地向人们呈现和展示历史的真实"①。在把握引入学术研究成果的过程中，教师也需要对成果进行甄选，要尽量选取符合学生认知水平的，具有时代性、社会性的研究成果，对历史知识的挖掘进一步深化，这样将更加有益于学生批判性思维的培养。

结 语

新一轮的课程教育改革对学生核心素养、综合能力等各个方面都提出了新的要求。在新的时代背景下，批判性思维培养与发展值得每一位历史教育工作者的重视。批判性思维在改变教师和学生的思维方式、增强思考者思维能力等方面起着不可替代的关键作用。

在培养批判性思维的过程中，教师首先要进行自我教育、树立批判性思维的基本理念，进而转变传统的教育理念。在教育过程中，教师不能只引导学生学习具体的知识，而要进一步引导学生形成良好的学习习惯，真正成为学生学习的引领者、引路人。教学相长是教学过程中交互式关系的突出表现。学生在受教育过程中也需要变被动为主动，形成自主学习、独立思考的良好习惯。教师只有树立科学的教育理念、转变传统的教育方式、提升学生的思维品质，才能不负时代对教育的期盼。

---

① 贺英. 论史学研究成果在中学历史教科书中的运用与反思："以鸦片战争"为例［D］. 长沙：湖南师范大学，2013.

新媒体背景下中学历史教师专业阅读研究

杨佳帅*

一、绪论

（一）研究缘起

专业阅读是中学历史教师提高业务水平的重要途径之一，有助于教师积累专业知识，在教学中更精准地围绕着历史学科核心素养进行教学。

"互联网＋"时代，数字化阅读越来越普及。数字化阅读材料大多篇幅较短、内容短小精悍，能使人在有限时间内快速完成浏览，短时间内获取自己想要的信息。这一系列优势使得教师群体的阅读途径逐渐从传统纸媒转向新媒体平台，以便在短时间内扩大阅读范围，高效获取自己所需的知识。

史籍浩如烟海，历史教师该如何适应新时代下数字化阅读的潮流，更高效地利用"碎片化"的时间，实现专业阅读，提升专业素养？笔者希望通过本次调查研究，发现当前中学历史教师在专业阅读上存在的问题及了解其对新媒体阅读的使用程度，并针对现状分析其形成原因，进而提出解决策略，力求为促进教师专业阅读提出可操作性的建议，吸引更多人群关注并加强对此类问题的研究，也为教育行政管理部门对这一领域的研究提供些许参考。

（二）研究综述

教师专业阅读是发展教师专业技能、提升教育质量的最强助力，是落实新课程改革的必经之路，国内众多学者都聚焦于此。为了解国内教师阅读的研究现状，笔者在中国知网以"教师阅读"为关键词对 2008 年至 2018 年的文章进行了检索，共检获期刊论文 261 篇、学位论文 26 篇。可见对于教师阅读的研究，

---

* 杨佳帅，广西民族大学民族学与社会学学院 2017 级学科教学（历史）专业硕士研究生，现就职于渤海船舶职业学院。

学者关注度颇高且总体呈上升趋势。

近年来，社会各界在开展相关教学实践活动试图促进教师在专业阅读方面的成长。朱永新①在主持新教育实验时探索了新的教师专业发展模式，提出同一学科的教师应该在不同的发展阶段阅读不同的书目。的确，教育学习也是一个循序渐进的过程，同一个书单并不一定符合每位教师的阅读需要，教师也需要看清自己的位置，对自己职业发展有一个比较清晰的界定，才能真切明白自己需要看哪些书、如何看这些书，如此才能得到真正的成长。

由中国新闻出版研究院组织实施的"全国国民阅读调查"项目在 2017 年发布的"全国国民阅读调查"报告结果显示，我国成年国民中，全年阅读量超过十本的仅有 10.2%，人均纸质图书阅读量为 4.66 本。② 我国人均阅读量远低于其他国家，国民阅读量整体偏少。即便是整体文化素养较好、受教育水平层次较高且有较大阅读量需求的教师队伍，阅读状况也不容乐观。2017 年，郑持军③在《全民阅读视角下中小学教师阅读的现状与发展》中对教师群体阅读现状作过调查，有超过两成的教师已经很少阅读；每天阅读时间在一小时内的教师人数占总调查人数的 45.6%；31.3% 的中小学教师根本没有阅读习惯。就调查整体状况而言，教师的阅读状况实在令人担忧。

教师阅读状况越来越引起相关学者的重视，出现不少研究成果，在不同方面都推动了教师阅读研究的发展，丰富了教师阅读的理论研究，有助于指导教师的阅读行为，但大多成果偏向理论，还存在有待丰富完善的地方，仍有很大的研究空间：一是现有的关于教师阅读的调查研究多是未经细分学科或人群的，今后的研究可以有针对性地指向某一学科、某一类人群进行研究；二是当今时代飞速发展，数字化平台为我们提供的便利性可以使我们有针对性地进行学习与运用，因此我们应加强数字化阅读平台的作用的研究。

为此，本文通过对中学历史教师阅读现况的调查研究，分析影响中学历史教师阅读的因素，尝试提出解决方法，为后续研究提供参考。

---

① 朱永新. 阅读之难：教师专业阅读漫谈 [J]. 天津教育，2007 (6)：12 – 13.

② 董琦. 第十五次全国国民阅读调查成果发布会 [EB/OL]. (2018 – 04 – 19). http://www. cbbr. com. cn/article/121178. html.

③ 郑持军. 全民阅读视角下中小学教师阅读的现状与发展 [J]. 出版发行研究，2017 (11)：77 – 79.

二、新媒体背景下中学历史教师专业阅读的机遇

（一）新媒体时代下的阅读

阅读是人类获取信息的认知过程。阅读有广义与狭义之分，看待阅读的学科角度不同，对其含义的解读也有差别。本研究所指的专业阅读是在历史学科教学的视角下进行的阅读，故而把历史教师的专业阅读定义为：教师在掌握基本的历史发展线索、搭建历史学科的专业知识框架上，运用已有的知识和方法，通过多种阅读载体对阅读对象进行解读，以获取知识的活动。

随着全球经济文化进程的迅速发展，数字技术在各个领域的广泛运用，阅读形态显现出多样化、敏捷性的特征。许多资源平台利用信息技术抓住读者的阅读需求和习惯变化进行移动终端的革新，通过互联网与各大高校、企业单位联合，提供信息资料的数字化服务，例如在学术文献数据库方面，中国知网、维普资讯、万方数据和龙源期刊等都推出了相应的移动版 App，便于读者使用。

新媒体是指依赖于电子技术搭建的、用于传输信息的新兴媒介，也被称为数字化媒体，包括微博、微信、推特、脸书等一系列网络信息媒介。照目前趋势来看，新媒体应用范围仍在不断扩展。以这种现代信息技术为平台、互联网为媒介进行大规模传播的时代，我们称之为新媒体时代。

阅读从某种层面上反映了国民文化素质，在普及科学知识、建设精神文明的过程中起着无可替代的作用。专业阅读是教师专业成长的必经之路。如果历史教师不关注史学理论、人文社科类知识、教育教学前沿动态等，只聚焦在课本、教参上，难免会导致知识面狭窄、教学方法老旧，很难满足中学生日益发展完善的认知需求，也不可能促进自身的专业成长。

（二）新媒体助推历史教师的专业阅读

1. 新媒体为历史教师在数字化阅读与搜集上提供海量资料

借助新媒体，历史教师可以大规模地搜集专业资料进行广泛参考，精选研读，把握最新的学术研究动态，拓宽学科领域的知识，将其与历史学科课程标准紧密结合，提升历史课堂的教学质量，让学生对历史产生"新奇感"，愿意主动投入到学科学习中来。例如，历史教师可以利用建模、动态图片等更直观性的工具让学生对古代建筑布局等偏于冷门的学科知识形成一定的了解，激发学生的学习热情，同时丰富历史课堂。同时教师在各个专题的知识搜集过程中可以做到择优选取，多方面、多角度搜集资料，多方验证，不断丰富自己的专业

知识。

历史教师要保证历史教学的专业性良性发展，就需要及时更新自己的专业知识，尤其要密切关注史学相关的前沿发展，广泛搜集、提取史学研究成果和优质课程资源，并在教学中合理运用。教师可以搜集近期史学相关的新材料、新观点，融合进常规课堂中吸引学生，还原历史现场，借助史料引导学生，培养其分析、理解历史材料的能力。数字化阅读材料对于中学历史教师而言，易于检索，相较于纸质图书更好携带，可以随时随地浏览，且可以通过信息技术将其存储于数据资源库重复利用，或是与其他教师、学生分享，对教师积累史料素材、解读历史现象有积极作用。

2. 新媒体为历史教师的专业交流、跨域研讨提供便利

互联网为现代社会创造了一种新的社交化交流模式，微信公众号、微博的信息传播使得历史教师群体可以通过评论转发这一模式对自己感兴趣的内容发表观点，并超脱空间束缚与志同道合者交流，从而获得有效信息，拓宽个人专业视野，进而推动自身专业理论与学科素养的提升。

与传统阅读途径相比，数字化阅读以互联网技术为载体。电脑或手机等移动终端的出现，使得历史教师的阅读形态更加多样化。通过网络，历史教师可以更为精准地获取相关史料，如经史子集、地方图志等文字史料，绘画、壁画等图像史料，录音、回忆录等口述史料等。数字化阅读给中学历史教师带来了更便利的专业化知识学习渠道和阅读体验，与其他群体交流越频繁，教学思维也更易于碰撞出火花，从而激发教师的创造力，提升教学资源的开发与利用能力，促进教学质量的提升。

三、中学历史教师专业阅读的问卷调查与个案访谈分析

为深入了解中学历史教师专业阅读现状，特别是他们对数字化阅读的看法以及数字化阅读具体应用的情况，笔者开展了问卷调查与个案访谈。

（一）问卷调查概况及数据分析

1. 问卷调查概况

调查意在了解当前历史教师专业阅读现状及对数字化阅读在专业阅读上的应用情况。为此，在设计问卷时，笔者主要从中学历史教师对专业阅读的态度与动机、阅读的内容与方法、阅读书籍的数量与倾向上出发去设计问题。问卷先对个人基本情况进行调查，在对基础信息进行初步整合后，再分成两方面进行探究。第一个方面主要从中学历史教师对专业阅读的态度与目的，阅读书籍

的数量、方向与层次的选择倾向，阅读时间与方式途径等进行统计，共 22 题。第二方面主要是针对历史教师对传统纸质书、数字化新媒体资源的运用状况进行调查。最后笔者还设置了一道开放题，试图了解中学历史教师对专业阅读更深层次的看法。

2. 数据分析

本调查通过问卷星 App 向全国历史学科网交流群等历史教师聚集的专业群组进行无记名问卷调查，回收有效问卷 230 份。须先说明的是，本次调查结果仅代表受访的在职历史教师人群的状态。本文仅研究中学历史教师的阅读情况，是以历史教师为主体的实践活动。

（1）受访者基本情况结构。

其中初中历史教师 124 名，高中历史教师 106 名；男女比例分别是 37.0% 与 63.0%，即男性中学历史教师 85 名，女性中学历史教师 145 名。女性历史教师数量远超男性历史教师，存在些许比例失衡。30 岁以下的历史教师有 83 人，占总人数的 36.0%；年龄在 30~40 岁的有 43 人，占总人数的 18.7%；41~50 岁的有 47 人，占总人数的 20.4%；50 岁以上的历史教师共计 57 名，占总人数的 24.8%。可见，在历史学科的教学中，年轻教师数量占比较大，他们大多思想活跃，在教学方案的设计与实施上较其他年龄段教师更有创新性。

从教龄来看，工作时间在五年以内的教师人数最多，有 109 人，占近一半比例；51 人有十年以上的工作经验，占 22.2%；剩下约三成的教师都有 20 年以上的工作经验。这说明后备师资队伍中年轻教师后劲十足，而青年教师的教学技能相对弱一些，经验老到的教师对教材的理解程度更为熟稔，在教学效果上会有更稳妥的发挥。

根据本次调查，大部分中学历史教师都是本科毕业，占总人数的 66.09%；专科与研究生学历的则相对少，前者仅有 27 人，占一成比例，后者有 51 人，占22.2%。由此可见，目前的历史教师都接受过常规的历史学科知识及教育学相关理论教育，具备最基础的历史教师职业素养。

从职称看，职称为中学三级教师的有 26 人，占 11.3%，人数最少；84 人为中学二级教师，人数最多，占 36.5%；职称为一级教师的有 71 人；除此之外还有高级教师 49 人，占总人数的两成。在被问及从教前是否历史教育专业出身时，175 名教师予以肯定答复，他们占受访教师人数的 76.1%。受访的历史教师授课学段基本持平，124 人为初中历史教师，106 人为高中历史教师，故而在数据分析上无显著差异区别，不会对调查结果造成太大干扰。

（2）历史教师的专业阅读态度。

为调查中学历史教师对专业阅读的态度，笔者设计了以下 7 个问题。

①"您喜欢阅读吗?"该问题主要考查历史教师的阅读意愿。统计数据显示,大部分中学历史教师都对阅读本身抱有好感,这类人群占75.2%,占绝大多数;不喜欢阅读的占17.0%;对阅读持可有可无态度的只是一小部分人,占总人数的7.8%。这说明绝大部分教师本身对阅读有很大兴趣,在条件允许的情况下,会主动进行阅读,充实自己。但也存在部分人员对阅读本身持抵抗情绪,这也需要后续研究者关注。

②"怎样看待阅读的意义?"该问题主要是考查历史教师对专业阅读的看法。仅有10%的教师认为专业阅读"没什么实际价值",有53.0%的受访教师认为"对解决教学困扰提供一部分帮助",66.1%的受访教师认为"对提升自身专业文化素养有很大助益",58.3%的受访教师认为这是"历史教师自身职业发展必不可少的"。可见,大部分教师意识到阅读对教师专业成长具有不可取代的作用。

③在回答"进行专业阅读的主要目的"时,55.7%的受访教师都选择了"出于个人意愿,提升自身专业素养",这说明历史教师都能明确意识到专业阅读对自身能力素质的提升所起的促进作用;另外33.5%的受访教师是为了"解决教学实践中遇到的难题"而进行专业阅读,以增长自身知识;6.1%的受访教师是出于"学校的强制性要求"而阅读专业书籍;另有4.8%的受访教师表示将专业阅读视为"毫无目的,纯粹娱乐消遣"。从这种角度来看,仍有近一半受访教师并没有视专业阅读为教师实现自身价值的途径,应该在此处多下功夫。

④"专业阅读与学生成绩是否存在关联?"该问题主要调查教师在专业阅读方面的成长与学生学科成绩是否存在关联。认为两者存在"紧密关联"的为59人,占比为25.7%;选择两者"有直接关联"的为66人,占比为28.7%;认为两者有"间接关联"的为82人,占比为35.7%;只有23人认为两者"没有关联",占比为10%。可见,大多数历史教师都认为自身在专业阅读方面的成长与学生学科成绩之间存在关联,只是关联程度不同。

⑤在回答"是否进行大量专业阅读"时,有27位受访者表示从不进行专业阅读,占比为11.7%;有91位受访者表示是在公开课前后进行专业阅读,占比为39.6%;有83人选择在"教学比赛前后"进行专业阅读,占比为36.0%;有29人选择在"考试周前后"进行专业阅读,占比为12.6%。由此可知,大部分历史教师(共计174人)表示在公开课或者教学比赛等专业性活动前后会进行大量阅读,借突击性学习来拓展自己的知识,更有针对性地面对专业活动;部分教师在考试周前后会进行大量专业阅读,以应对设置试卷等一系列问题。可见历史教师的专业阅读有着明确的目的。

⑥在统计中学历史教师愿意参与专业阅读活动的原因时,选择"职业生存

需要"的占 56.5%；选择"教学需要"的占 65.2%；选择"学校要求"的占 27.4%；选择"自身发展需要"的占 62.2%。可见，超过半数的历史教师出于工作或职业成长的需要选择专业阅读，认识到自身发展需要与专业阅读难以分割。教师这一行业的特性也让历史教师有继续学习充实自身知识结构的必要，但仍有近三成的教师是基于学校的要求而学习，处于被动阅读状况的。

⑦"是什么原因在阻碍教师进行专业阅读?"对此，受访教师的看法很多元。有 76.52% 的受访者表示是因为"教育教学任务过重，无暇给自己充电"。有 42.6% 的受访者表示是因为缺乏理论指导，阅读收获达不到预期效果。有 35.2% 的受访者表示是因为缺乏阅读氛围，孤军奋战，无以为继。有 34.4% 的受访者表示是知识储备足以应对日常教学，懒怠之心渐长。有 20.4% 的受访者表示是因为自己的职业认同度低，缺乏学习动机。

通过以上的数据反馈来看，大部分教师并不排斥阅读，也认同专业阅读对教师自身文化素养、作用于学生学业上的重要作用，但出于各种原因，历史教师进行专业阅读的积极性还没有被充分调动起来，仍需要正规制度的扶助。

（3）历史教师对于专业阅读的时间安排。

在调查教师进行专业阅读的时间与阅读数量时，笔者主要从历史教师在什么时间段进行专业阅读、每天用于专业阅读的时间、每年主动阅读专业书籍的数量和每年主动购买专业书籍的数量等角度设计了 4 个问题。

①在回答"在什么时间段进行专业阅读"时，有 35.7% 的教师会利用"空课时间"进行专业阅读，这意味着部分教师在下班后没有机会进行阅读活动，这也是四个选项里选择人数最多的；22.6% 的教师认为阅读不需要区分时间地点场合，只要条件允许，随时随地可以翻开书本为自己"充电"。选择利用"课间休息"或"下班时间"进行专业阅读的人数持平，都占总人数的 20.9%。这也从侧面说明了教师教学任务繁重，有更大阅读需求的教师只能利用自己的休息时间进行。

②然而即使教师愿意在授课任务外再主动抽出闲暇时间提升自身业务能力，进行专业阅读的力度还是不够。在回答"每天用于专业阅读的时间"一题时，58.3% 的受访教师选择进行专业阅读的时间都控制在 1 小时之内，基本不进行阅读的有 16.1%，3 小时之内的有 18.3%，另有 7.4% 的受访教师表示自己每天的阅读时间为 4 小时以上，说明这部分群体已经养成了好的阅读习惯。但总的来说，大部分中学历史教师还没有养成良好的阅读习惯，整体阅读时间偏短。

③在被问及年阅读书籍的数量时，有 27.7% 的受访教师表示自己很少阅读，最多每年两本。有 44.4% 的受访教师表示自己每年阅读专业书在 5 本以内；16.1% 的受访教师认为自己年阅读量在 10 本以内，有 12.17% 的受访教师的年

阅读量超过 10 本。总的来说，很少进行专业阅读、阅读量最多两本的居然高达受访教师总人数的近三成，情况不容乐观。

④在被问及专业书籍年购买量时，教师年均购买数量在 5 本之内的高达53.0%，占一半以上比重；购买 10 本之内的比例次之，占 28.3%；9.1% 的教师购买数量在 15 本之内；购买量在 15 本以上的有 9.6%。由此看来，历史教师购买书籍的意愿不强，或是由于主动阅读的意愿不强，或是由于规划投入书本的金钱有限，而大部分专业书籍售价较高，限制了历史教师的购买欲望。总的来说，仅有部分教师愿意自掏腰包购入书籍，改善阅读处境。

（4）历史教师进行专业阅读选择倾向的反馈数据。

调查中学历史教师的阅读倾向有助于了解实际情况，并适当对结果进行分析，找出其存在的问题。为此，笔者设置了 2 个问题：

①"教师为了工作会更偏向哪类专业书籍？"选择教辅资料的教师人数占比为 65.7%；选择"中学历史教学期刊"的教师为 48.7%；选择"人文社科类"的教师为 38.7%；选择"史学著作类"的教师为 47.0%；选择"其他"的教师为 16.1%。可见，在受访的历史教师当中，大部分都会将教授班级的历史学科成绩的提升放在首位，多以在短期收获教育教学类相关知识为目的进行专业阅读。

②"教师认为哪类阅读对自己助益最大？"有 40.9% 的受访教师选择了史学类专业书籍，24.8% 的受访教师选择了教育心理学类书籍。有 19.1% 的受访教师选择教育技术类书籍，另有 15.2% 的受访教师选择人文社科类书籍。由此可见，本学科内涵知识在教师进行专业能力的继续学习中有举足轻重的地位，而教育心理学可以将心理学知识与研究应用到教育教学中，也受历史教师群体关注。

（5）历史教师进行专业阅读的方式途径。

笔者在调查教师阅读方式途径里设置了两个问题，即"教师通常会采用哪种阅读方式"和"教师培养自身专业阅读的途径"。

数据显示，在数字信息飞速发达的当下，有 52.6% 的受访教师选择传统纸媒阅读，有 51.3% 选择"纪录片"，有 65.7% 将传统纸媒和新媒体紧密结合起来，随时随地为自己所用。使用传统纸媒的人数仍稍微超过利用新媒体进行阅读的人数，这也从某种角度反映了大数据背景下，教师们都已经通过电子化信息与传统纸质书本进行学习，并通过观看纪录片、关注微信公众号等多方面综合途径搜集信息，方法较纸媒更多元。纸质书中无法直观展现的音频、视频等动图或纪录片类影像资料，在新媒体上都可以获取，这对教师专业知识积累有一定的助益。

（6）历史教师的新媒体阅读应用情况。

近年来各类移动终端普及后迅速形成的数字化大环境，让电子阅读具有不拘于时空局限和方便快捷的特点，对传统阅读造成了强烈冲击，使得阅读人群使用移动数字阅读的时间长度超过了传统书本阅读。为此，笔者针对历史教师运用新媒体进行专业阅读的行为设计了4个问题，具体调查数据如表1所示。

表1　历史教师运用新媒体进行专业阅读的调查数据简表

问题	选项	人数	比例
您有过利用新媒体阅读的经历吗？	A．有	187	81.3%
	B．没有	43	18.7%
您是否使用过新媒体对历史学科相关公众号进行关注？	A．是	193	83.9%
	B．否	37	16.1%
使用新媒体进行关注时，您会集中在哪些内容？（多选）	A．专门史研究	124	53.9%
	B．人文历史研究	143	62.2%
	C．历史教学研究	125	54.3%
	D．国外教育研究	63	27.4%
	E．教学素养研究	91	39.6%
您通常会对在新媒体上较为感兴趣的专业阅读信息作出怎样的处理？（多选）	A．过眼即忘	60	26.1%
	B．点赞收藏以便日后细读	147	63.9%
	C．分享给同事朋友一起研究	103	44.8%
	D．有感而发做笔记，并持续追踪	65	28.3%

根据调查可知，超过八成的历史教师已经自发地使用新媒体以求获得最新的学科讯息。而在通过新媒体对相关学科进行关注时，大部分教师选择进行广泛阅读，最被推崇的是人文历史研究，其次是历史教学研究与专门史研究，前两者都能够通过学习及时运用到教育教学中，对历史教学工作有比较显著的作用。相形之下，教师对教学素养与国外教育的研究关注度稍显薄弱，应更加注意。另外，教师在利用新媒体进行专业阅读时，习惯点赞收藏以便日后细读的人数最多；还有教师学习热情较为饱满，会将自己感兴趣的专业知识分享给同事朋友一起研究，扩大其传播范围，做到真正的资源共享；还有一部分教师态度极为端正，对学习到的新知识会主动做笔记，并保持持续关注，真正贯彻了

终身学习的教育宗旨。

教师对运用新媒体进行专业阅读的态度如表 2 所示：

表 2 教师对运用新媒体进行专业阅读的态度调查数据简表

问题	选项	人数	比例
您认为未来历史教师运用新媒体进行专业阅读的趋势如何？	A. 影响力会逐渐减弱	41	17.8%
	B. 会保持现状	41	17.8%
	C. 会逐步增强	122	53.0%
	D. 会完全取代传统阅读方式	26	11.3%
在新媒体环境冲击下，您是否觉得自己的阅读现状发生了改变？	A. 是	186	80.9%
	B. 否	44	19.1%
您觉得使用数字化阅读的好处是？（多选）	A. 便于携带，随时随地可以进行阅读	158	68.7%
	B. 文章短小精悍，适合快速阅读	142	61.7%
	C. 更新速度快，与学科前沿问题接轨	136	59.1%
您认为新媒体对比传统纸媒在教师专业阅读上有何优点？（多选）	A. 更具时效性	166	72.2%
	B. 种类繁多	118	51.3%
	C. 便于搜索查询	130	56.5%
	D. 交流互动性更强	122	53.0%
	E. 节省花费	94	40.9%
	F. 方便迅捷	120	52.2%
您认为利用新媒体进行专业阅读有哪些劣势？（多选）	A. 内容良莠不齐，思维极端化	152	66.1%
	B. 权威性较差	105	45.7%
	C. 不便于深入学习	97	42.2%
	D. 深度性不足，缺乏理论支撑	83	36.1%
您对新媒体阅读所持有的态度？	A. 应用不便	39	17.0%
	B. 可以应用	85	37.0%
	C. 对发展教师专业阅读有助益	106	46.1%

由表 2 可知，超过八成的历史教师表示自己的阅读习惯已经发生改变；超过半数的教师认为未来历史教师的专业阅读在新媒体运用上比起传统阅读的趋

势会一步步增强，这是因为数字化信息资源通常具有便于携带、更新迅捷的特点，且文章篇幅通常都不长，内容凝练集中，更适合碎片化阅读。这也为事务繁忙、教学任务重的中学历史教师提供了便利。

移动新媒体时代的到来的确使教师的阅读现状发生了极大改变，更具有时效性，又有节约物力、财力的优点。但是依赖网络技术进行的电子资源阅读也存在弊端，有66.1%的教师表示通过电子信息平台发布的信息有时会呈现内容良莠不齐、思维极端化、权威性较差的缺点，这样会对正确信息造成干扰，且理论性不足，缺乏理论支撑，教师不可过度依赖、大幅度用于深入学习。最后，多数中学历史教师认为新媒体平台有利亦有弊，但的确对教师的专业阅读有促进作用，可以使用。

（二）中学历史教师专业阅读现状的个案访谈

1. 个案访谈基本情况

本个案访谈主要对中学历史教师在新媒体平台上阅读的范围、类别、程度及对新媒体运用于教师专业领域阅读的态度进行调查，试图更加具体地了解当前一线教师使用新媒体数据阅读的现状。

个案调查的内容主要有七类：①受访教师基本信息；②教师是否会选用新媒体进行专业阅读，具体是哪几类；③教师通常会利用新媒体进行哪些方面的专业阅读，哪种最有帮助；④用新媒体进行专业阅读的目的何在；⑤平时使用新媒体进行专业阅读的频率高低；⑥相较于传统纸质资源，利用新媒体进行专业阅读有何优势，对历史教师教育教学工作有何帮助，新型阅读方式又对自身生活有何影响；⑦中学历史教师对使用新媒体这样的阅读方式有何评价，是否会推荐其他历史教师采用同样方式学习。

2. 个案访谈结果与分析

个案1：初中历史教师A老师，入职不足一年。

作为新教师，A老师目前面临着繁重的备课压力，她表示纸质书还是平日阅读的首选，在备课的时候都会对本课所讲的史学专业书籍进行研读；同时，也会读一些史料教学的资料书，找寻一些能够丰富教学的史料。除了备课前集中阅读，在平日里，她会在每天晚上睡前利用一到两个小时相对集中的时间去阅读一些课例、教学札记之类的文章，以拓展自己的视野，丰富自己的教学方法。除此之外，她也会使用移动数字端在中国知网上阅读历史教学类的期刊。为了充分利用零碎时间阅读，她还会选择方便携带的Kindle阅读器，随时在上面阅读一些通史类的书籍。随着微信阅读的流行，她也会关注一些"中学历史教学园地"之类的历史教学公众号，在上面阅读课例、教学教研类的文章。

她认为历史专业阅读确实让自己受益匪浅，在日常备课中总是能通过专业书籍找到新的教学切入点以及丰富的史料，同时，在专业阅读中，她也能让自己沉淀下来，去钻研，去享受读书的时光，以此不断积淀自己的历史学专业知识、教学能力，为以后成为研究型教师作准备。

个案 2：高中历史老师 B 老师，入职半年。

B 老师表示自己有利用新媒体资源进行阅读，因为自己的空闲时间不固定，而移动数据便于携带，随时随地可以阅读。B 老师主要是利用手机端阅读电子期刊和微博微信推文，他关注了大量历史学科相关的公众号，因此获得了很多在学校学习中被忽略的历史知识，除此之外，他也能够把所学的教学理论应用于课堂实际教学，这样便达到了更好的效果；但唯一不足的是因为阅读时间有限而资源较多，会担心自己看得比较杂乱、不够专业，希望新媒体资源能够分类或提供更明确的指导。他表示新媒体阅读对提升自身能力有很大帮助，能够有效地补充史学知识，进而和实际课堂结合，使得教学效果更佳；阅读中学杂志类可以接触学术前沿，了解高考动向；阅读公众号推文可拓展教学视野。他觉得自己越来越喜欢阅读。同事们也称赞他知识储备丰富，遇到不了解的专业知识时便向他咨询。除了带给自己小小的满足和优越感之外，他也进一步提高了深入阅读的积极性，这对实际教学很有益处，提高了教学质量，也提高了学生学习历史的积极性。

个案 3：高中历史老师 C 老师，入职三年。

C 老师认为历史教师的专业阅读对职业发展有很强的推动作用。他平时会通过微信微博关注一些历史学科相关的公众号，例如历史教育家、历史研习社、口述历史、世界历史放映室、武大世界史学术茶馆、史学研究等。他认为史学理论与史学史的研究对中学历史教师帮助最大，如《史学月刊》《史学理论》等，但是学校图书馆并没有此类期刊，即使有，更新换代也不及时，只好自掏腰包订购。他喜欢握着期刊著作等纸质材料阅读，也习惯使用手机或其他移动终端在互联网上进行更广泛的阅读。他认为数字化阅读更有助于与他人进行交流辩论。很多现今还没有合适答案的疑难问题，身边同事或许没有对此感兴趣的，但在网络上他可以找到志同道合者，可以跨越空间在网络上进行思想交流。另外，他提起一些高校社团组织成立的公众号，也认为它们有值得借鉴的地方。

个案 4：高中历史老师 D 老师，入职四年。

D 老师认为运用新媒体阅读方便快捷，费用低，信息传播快，能使教学资料更充实、自身的知识储备更丰富。他认为新媒体阅读有利有弊，其推广性比较强，也方便传输，种类多，及时性强；弊端也是有的，比如运用手机微信阅读，难免会被网文当中的广告推送干扰，影响阅读的进度和质量。此外，一些优质著作，网络上是没有资源的，仍需要购买纸质版进行阅读。虽然如此，D老师表示仍会推荐其他历史教师使用这种途径进行专业阅读。D老师所在的学校对历史教师本身有阅读要求，制订计划让教师在一个学期内阅读大量书籍，要求定时打卡，或写一些读书心得体会，这也是对教师的平时测评。在时间碎片化的工作环境下，新媒体阅读是一种极有效的方式。

个案 5：高中历史老师 E 老师，入职五年。

E 老师表示平时会运用新媒体进行专业阅读和资料查找，比较关注历史学习微信群、QQ 群、历史教学网页、历史期刊等电子文献、B 站等。他使用微信的时间会多一点，历史类的微信公众号目前是他阅读最多的，如"国家人文历史""历史园地""历史微讲堂"等，以及一些高校历史网站。她认为相对于纸质书来说，新媒体阅读更方便快捷，可以随时查询。她认为，教师要不断成长，不能落后于学生。为此，她会从网上获得的电子书籍、学术论文、前沿理论、网页电子资源中选择一些有助于专业知识积累的内容进行阅读，如通识类的、历史学科素养或者一些比较新的前沿性的文章或者著作书籍。她每天都会抽出大概一小时的时间来阅读，在平时备课的过程中，读书需要的时间会更久，因为课程涉及的不仅仅是课本中的内容，还会有一些课外的人物故事等，现在的学生接触到的历史知识也很丰富，要考虑到他们的接受程度和他们的兴趣所在。她还提到身边的教师也会每天进行专业阅读，其中有一位从业 20 多年的老教师仍每天坚持阅读，还写读书笔记。

个案 6：初中历史老师 F 老师，入职七年。

F 老师作为一名具备较丰富教学经验的教师，阅读主要是出于备课需要。F老师平时会经常性地浏览历史教学网站，会在需要下载课件时浏览"中学历史园地"等网站进行课件搜集，备课期间也会进行相关阅读。她表示新媒体提供了大量素材，易于搜索，所以她备课时更习惯利用新媒体，但要提升专业素养还是要看纸质书籍和前沿论文。

个案 7：高中历史老师 G 老师，入职九年。

G 老师比较喜欢阅读，会依照自己的兴趣爱好关注一些学科相关的微信公众号，尤其是考古学，比如"社科院考古所""中国考古网""考古资源""考古探秘"等，G 老师对还原历史现场很感兴趣，2016 年，海昏侯墓发布纪录片，G 老师从头追到尾，还将网上截取的出土文物图片如竹简、成套编钟、排箫、青铜镜、马蹄金等和学生分享。但随着入职年份的增加，他发现所看书籍并不能及时转化为系统理论并且学以致用，简单来说就是看完之后不吸收，没有办法教给学生知识，感觉自己在做无用功，又慢慢意识到学生在考试压力下不能分出过多时间给历史这一学科，只要巧妙运用技巧，让他们知道答题套路就可以了，不需要一味研究学科知识。他还表示自己身边同事阅读状态也比较懒散，手边放着随时翻阅的基本只有教参及辅导书。

个案8：初中历史老师H老师，入职十二年。

作为带班班主任，H老师无奈表示，最初想要教好一门学科的愿望逐渐被现实击碎，他已经不记得上次自己优哉游哉地看专业书是什么情景了，初中历史课程对于他这样有较多教学经验的历史教师而言基本不存在教学疑惑，一旦真的遇到困扰也会直接求助于教参及辅导书，这样指向性更强，一击必中，既节约时间又能对教材有更新的印象，在教学中更有效率。他没有阅读的习惯，而且据他观察，身边的教师也很少有人专注于阅读，闲暇时间也想放松一下，用手机刷刷微博、知乎。如果要说历史教师对于数字化阅读的应用，他比较喜欢登录学科网站来下载一些课件，在原有基础上针对自己的课程设计进行修改，例如"历史学科网""中学历史教学园地"，他还提及其中有一些新增的重难点，如汇总的必考考点、试题汇编、模拟预测、导学案发布，都有同行教师大方分享过，对节约备课时间有很好的帮助，而且通常质量较高，略作修改就可以应用于课堂。

个案9：初中历史老师I老师，入职十一年。

I老师没有固定的阅读习惯，但是会利用微博、微信等在闲暇时间进行广泛浏览，看看有没有新材料可以应用到课堂教学中，让学生耳目一新。比起新兴阅读途径，I老师表示自己还是更喜欢书本阅读，虽然笨重些，但是可以随意涂抹、标注，手机阅读久了会感觉有些疲惫，他偏好阅读纸质书。他承认微信在使用上更便捷迅速，但他认为电子阅读不适用于深入阅读，虽然它对阅读广度很友好。

个案10：高中历史老师J老师，入职十六年。

J老师表示，他习惯通过微信公众号、微博、历史教学网页进行阅读，主要通过手机看电子书籍，个人偏好历史学类（中国通史、世界通史）或是微信公众号的推文，对学术论文、前沿理论涉及较少，会对史料有比较多的搜集，因为史料整理后可以直接用于课堂，帮助学生多角度理解历史。现在进行专业阅读，主要是靠兴趣维系，因为入职年份越久，对课程设置就越有清晰明了的判断，知道重难点应该如何去讲解。他还表示他作为一个入职时间长的教师也面临着家庭琐事以及职业倦怠情绪的困扰，在使用微博或微信公众号进行阅读学习时，为了提高阅读效率会制定一个比较具体的阅读时间表：前10分钟进行史料图片的搜集，可以通过微博关注的各大博物馆官网挑选有代表性的文物、史料原图进行保存，以便日后展现给学生看；后半小时利用搜索引擎对教学内容进行第一手的史料挖掘，再有针对性地分享给学生。他认为利用数字化阅读，教师必须有挑选内容的能力，阅读的内容要同自身需求、认知发展相契合，要具体细化，切忌漫无目的地阅读。

从以上个案访谈情况来看，有几点共识。一是教师们新媒体阅读的目的性很强，主要是针对备课、备考等刚需进行，偏向现学现卖，就授课内容进行专门的阅读并将其充实进自己的教学设计中，甚至有教师喜欢套用别人制作的课件，这种行为是不可取的。历史教师只有通过自己阅读，从中收获真知，才能对历史事件与人物有更清晰客观的看法，提升自己的专业水平，才能对课本教材的相关背景有更客观精准的认识，在课堂教学中才能更有"底气"，才能正确地培养学生的历史学科素养，引导学生参与到历史教学活动中来。

二是年纪越轻的老师新媒体阅读的时间越长。刚入职的年轻教师更有活力，更愿意通过各类新兴平台扩大自己的阅读面，而经验老到的教师会更多地利用自己的教学技巧处理问题。

三是受访者多认为新媒体阅读有助于提升自己的专业能力。有教师认为专业阅读训练也应该属于工作任务的一种，毕竟通过阅读使自己专业能力得到提升后，能直接影响课堂授课效果，对教学本身是"看得到"的效果。大部分教师都在不同程度上使用新媒体进行阅读，尤其是关注微信公众号、微博账号，就能随时随地看到新发布的专业知识，普遍认为新媒体应用在专业阅读上对提升自身专业能力有一定助益。受访者都能说出具体的历史学科相关公众号名称，说明他们在闲暇时间都会进行浏览，只是时长不同而已。

就整体的访谈结果来看，大部分历史教师都能认识到掌握多角度多层面的专业性知识对自身专业发展的重要性，虽然有教师表示教学任务过重、学校事务在某种程度上干扰了自己的阅读积极性，但多数历史教师仍能抽出时间进行专业阅读，以巩固充实自己。

（三）基于问卷与访谈的中学历史教师专业阅读总体情况分析

如上所述，受访历史教师的专业阅读状况令人担忧。究其原因，固然有外部环境的制约，但教师自身也存在某些需要改进的方面。

1. 教师阅读的行动力不足，阅读有明显倾向

问卷结果显示，绝大部分教师每天进行专业阅读的时间都控制在 1 小时之内，整体阅读时间偏短，形势并不乐观。即便大部分教师已经意识到专业阅读对教师职业素养的形成与发展有明显的推动作用，但还是很少有人切实扑进知识的海洋，踏实地学习。有超过半数的教师在进行专业阅读书目的选择时仍会下意识将教辅资料、中学历史教学期刊作为阅读首选。他们也知道从长远考虑应该厚积薄发，对知识进行广泛的搜集与学习。然而从现实出发，中学生花在

历史学科的有效时间太少，教师不得不屈于现实压力，对课本或教参进行剖析以便在短时间内帮助学生提升成绩，阅读书目的选择也因此受限。教师做不到博览群书、将其他学科知识融会贯通。

繁重的教学任务量是导致教师远离书籍的主要原因之一。据悉，当地一名普通中学历史教师要负责5～6个班级，每个班级每周至少要上两节课，其中还有艺体班、普通班和重点班，艺体班一周四节课，其他班一周两节课，由于学情各不相同，课业进度、讲授深浅也不一样。教师需要兼顾班级间的差异，根据每个班级学生的知识储备情况分别备课。因每个班级学生在基础和需求、认知结构上的差异，准备同一层次的课程、使用同一种教学方法是行不通的。教师需要花费大量的时间和精力来备课，或是在提升学生成绩方面下功夫，以致疲惫不堪，闲暇时间多会选择放松自己，使给自身"充电"变得心有余而力不足。当前中学历史教师任务繁重，不光要保证课堂质量、提升学生学习成绩，部分教师还要承担班主任的工作。参加工作不满两年的L老师表示，成为班主任后，她每天早晚要看学生自习，清晨六点就要起床，与学生同步，"完全是重新念一次书"。她无奈地表示，"学校还有相当多的教案布置和听课记录本需要检查，而这些本身耗费了很多无用功——我几乎忙得没有时间备课了，制作课件也只能利用自己的休息时间"。据她说，自己在参加工作前是个非常喜欢阅读的人，而真正走上工作岗位之后，阅读量反而减少了，倒在学生管理工作中倾注了非常多的心血。她阅读时会下意识地把更多精力集中到课标上。她上星期刚买了本《5年高考3年模拟》，下班后挑灯夜战，把自己代入为学生，尝试用新角度分析看待问题，在日常上课时为学生提供新思路，以期学生在考试中获得更好的成绩。

另外，在各种压力下，教师缺少阅读动机。比起看新近学术期刊论文等一系列较为深奥、需要细细研读的资料，大部分教师更愿意学习教参，围绕学生的考试内容进行选择性阅读，为教育教学服务，阅读功能趋于实用性，倾向于见效较快、立竿见影的谨慎型快捷阅读。这导致教师逐步远离专业知识的阅读，难以从深层次上提升教育教学理论水平和教育理念。

2. 周边阅读氛围不强

调查显示，对专业阅读这一块教师群体缺乏相应的鼓励机制，极少有具备一定学科号召力的人来组织有关教师专业阅读的活动，也没有外因诱导教师主动加强自身专业能力的提升，教师阅读的积极性没有被充分调动。大部分历史教师认为达成教师专业阅读成长最好的方式就是及时地自我反思与追踪研究，这说明当今教师群体更喜欢单独阅读而不是集体阅读。此外，教师本身不想读书，或缺少主动学习的动力也是影响其阅读的重要原因，还有一部分教师本身就对所教授的学科缺乏热情，将教育工作视为职业而不是事业，很容易产生职业倦怠。笔者认为，独自阅读的确有利于自由挑选书籍进行深入研究，但是想持之以恒用这种方式将阅读坚持下去，则取决于教师个人的意志力，不与他人进行交流就得不到及时反馈、鼓励与支持，久而久之兴趣将逐步衰退，更不利于教师发展。

3. 现实因素造成阻碍

大多数教师明确表示，教育教学任务过重是造成专业阅读无法进行的主要因素。历史教师要从现实出发帮助学生提升成绩，在考试压力下，学生对历史学科的理解流于表面，习惯梳理知识网络后有选择性、挑考点进行识记，不愿从深层次进行学习，这从某种意义上也降低了教师进行专业阅读的积极性。

学校要求教师提升专业能力以帮助、引导学生取得学业上的更高成就，却无法在实际工作中给予确切的帮助与物质性奖励，这也使得教师进行专业阅读时缺少动力。有些学校虽然多方面推进教师阅读，但落实不到位的现象还是存在。

四、提升中学历史教师专业阅读的途径

教师被誉为太阳底下最光辉的职业，实际上从事教育的教师们普遍认为工作与想象大相径庭，付出的心血与收获的回报难成正比，也得不到社会应有的尊重与认同，教师群体的教学耐心和幸福感被逐渐消磨。针对这种现象，笔者建议：

（一）教师个人方面

1. 正确认识专业阅读的重要性，提高阅读自觉性

阅读的本质在于通达，阅读专业书籍不太可能使人的生活发生立竿见影的改变，但会影响人们看待问题的视野与角度，启发思考，使人们产生情感、认知与思想上的共鸣。故而教师通过持续不断的进修来提高自己的专业知识和教学能力，才能提升教学效果，满足学生的求知欲望。阅读作为历史教师专业成长最重要的学习形式之一，无论何时何地都不应遭到遗弃。只有博览群书，让自己的知识体系不断得到充盈，源源不断供给，教师才能拓展自身知识储备，实现教师专业的发展。

2. 合理制订阅读计划

每位教师的实际情况不同，身心发展程度、学习能力、知识储备各不相同，要根据自身情况制订阅读计划。计划的制订一般要符合这三个原则：具体、合

理、循序渐进。

3. 相聚而论，携友同行

在教师队伍中，以专业发展为导向进行同行阅读，自发组建阅读小组，创设良好的阅读环境，结成阅读学习共同体，加强彼此的交流，相互分享阅读体验及阅读经验。同行阅读的精髓在于交流，在于思维方式的互补、专业观念上的切磋。增强教师之间的协调和合作是同行阅读的重中之重。微信新推出的打卡阅读小程序就是很好的途径。笔者个人认为打卡阅读最大的优点就是可以通过微信平台设置打卡阅读任务时间线，互相监督，更具激励作用，在打卡的同时还需要对个中内容加以补充说明，在这种要求下教师对内容会看得更细致、更具体化，阅读的效率也会提高。在分享交流时，教师还能取长补短，自我完善。

同行阅读比传统个人阅读更加灵活便捷，及时填补了历史教师时间不宽裕、阅读行动力不足的窘境，能高速运用碎片化时间促进自身专业能力的发展，更将历史教师的专业阅读社会化传播扩散，让更多的同行加入其中，提供了更多可资借鉴参考的对象，对彼此的专业能力发展都有促进作用。

4. 以读带写，知行合一

学习与思考是如影随形的，阅读与写作亦是如此。教师需要边读书边思考，要培养自己以书中知识去解决实际生活问题的能力，才能促进知识的消化吸收。阅读是大脑接受知识灌输的过程，写作是将知识融合吸纳后，经过自己逻辑处理后输出的过程，更能训练人的思维能力。历史教师在阅读上不应当做无用功，要真正做到有所收获，能将收获化为己用，将阅读与写作有机结合在一起，来获得更好的阅读效果。

（二）教研团队方面

1. 建立教师专业阅读团队，分享阅读经验

创建一支学高身正、热情饱满的高素质专业化师资队伍，对加强学科建设、促进制度改革有着显著价值。近年来，国家在教师专业发展问题上倾注了大量心血，对中小学骨干教师进行优质培训以提升他们的整体素质，如国培计划、教师培训团队等。但从目前这些培训项目的关注点来看，培训的重点是在理论及经验层面引导优秀教师进行自身专业发展，而忽略了对教师专业阅读规划的长远要求，故而在专业阅读领域，绝大多数教师仍是单枪匹马过独木桥的状态，在阅读过程中遇到的困惑也没有得到确切的解答，效率不高。由此可见，教师专业阅读团队的建立至关重要。

笔者认为，应以自愿为前提，以分享为核心，让具有一定的学科指导能力、

管理能力和敏锐的洞察力的教师主动参与进来。他们大都乐于探究、善于实践，同时具备很强的交流与合作能力，让每一位参与者都处于一种自觉又自由的团队文化氛围中，一起阅读，相互交流，教师们敞开心扉，对话研讨，大大提升了专业理解能力，自然而然地将阅读的成效渗透到常态的课堂教学当中。

历史教师之间开展阅读交流，能促使彼此积极思考，相互学习，有助于教育、教学质量的提高。为促进阅读能力的提升，团队可以定期组织读书成果交流会，让每一位成员从近期研读了哪些专业书籍和所读书籍对课堂教学的启发这两方面谈自己的感受，分享自己是如何利用阅读来促进自身成长的。也可以定期举办各类阅读活动来激发教师的阅读兴趣，比如邀请历史学科知名专家作读书讲座，向大师学习作为一名合格的历史教师应该看哪些书、该怎样看；针对当前热点专业问题进行专题讨论；组织观看文史类纪录片，举办观后征文活动；在校内官网上建立读书活动的专栏，发布书单推荐教师阅读；还可在学校开展读书汇报协会等阅读活动，组织教师针对学科热点展开讨论，分享心得。在团队协作的推力下，开放性地进行阅读成果的交流互动，更能刺激教师的专业成长。

2. 指导教师阅读，推荐书目名单

教师自身的专业进修学习也需要权威的精准指导。当前几乎没有哪位颇具名望的教育者针对中学历史教师的特点对其书目阅读作出指导。很多教师的阅读意识模糊，对如何进行有效的阅读一头雾水。他们翻开一本书，却对如何从这本书里获得自己想要的知识没有清晰明确的认识，这也恰恰是导致很大一部分教师对阅读兴味索然的主要因素之一，对此，需要敏锐的历史教师团队悉心研究，或依靠专家指导，从新课程改革理念出发，着眼于历史教师的专业成长，立足于历史教师不同的发展阶段，通过搜集整理挑拣，列出较能为广大历史教师接受的专业阅读书目。随着新思想不断涌现，书目也要及时更换，如此才能体现出历史教师专业阅读书单的即时性和必要性。

3. 运用新媒体技术锁定固定历史教师组团学习

数字化交流模式打破了空间上人类对信息传播的局限性，阅读不再是专业人士的专属，而逐渐为普罗大众接受，对人的成长性思维方式有良性的促进作用。

教研组织可以运用媒体平台将历史教师聚集在一起，分享阅读经验。比如运用微信的打卡功能进行专业阅读训练，挑拣历史教学设计、历史教学案例研究、历史课标解析、史料研习等相关书目抱团阅读。教研团体可以向连续打卡60天并每日在朋友圈分享的教师赠送学科专业相关书籍以作鼓励。

（三）师生互动方面

近年来数字化媒介的突飞猛进使得学生搜集、接受信息的能力远远超出教师的想象，而在中学课程中，历史学科作为一门综合性较强的学科，知识体系庞杂，信息量庞大，单单依靠教师利用课堂时间给学生灌输学科知识是远远不够的。教师在课前准备阶段可以引导学生利用新媒体资源自行搜索相关文献史料，对授课内容有个初步的了解。此举可以让学生主动参与课堂活动，在繁多杂乱的史料中挑拣自己需要的内容，提高对史料鉴别的能力，同时还有助于培养学生理解历史、解释历史的能力，大大提高了课堂效率。对于当前正在深入进行基础教育课程与教学改革的广大工作者来说，传统的"老师讲学生听"的教学模式正在逐步转变。有些学校率先使用翻转课堂的模式进行试验教学，使得课堂变成师生、生生交流沟通的场地，从长远来看，这对培养学生历史学科核心素养有举足轻重的意义。

1. 转换阅读方式，引领学生多样阅读

教师的本职是教书育人，专业阅读也要专注于学情，适当选择更为基础的历史知识转化为新的教学内容。阅读这一概念在科技高速运转的今天早已不再拘囿于从书本中获取知识，在视听方面有越来越多新奇、充满趣味的应用衍生，访谈中提到的听书 App 喜马拉雅，视频网站优酷、B 站等以其新奇独特的特点也逐渐为教师群体所用。笔者认为历史教师可以与学生沟通，选取学生更感兴趣的内容，选取可利用的如纪录片（《国家宝藏》）、个人公众号（"历史启示录""假装生活在 1984"）之类进行关注，筛选截取较短且有代表性的片段跟学生一起分享。教师在大量搜集教材资源的过程中会以新的方式获得新的教学思路，将其融合进教学中。用新媒体进行二次学习并加以运用，对教师本身而言也是一种专业性的知识积累。

2. 阅读同行，互帮互助

历史教师可以通过推荐书目的方式，带领学生研读同一本书，要根据学生认知结构发展的阶段选择大多数学生都能接受又有兴趣的书籍进行阅读，例如初中生可以从较为通俗易懂、趣味性十足的《明朝那些事儿》或是文字生动流畅、图片丰富的《全球通史系列 10 册》（少年彩图版）、《世界小史》（*A Little History of the World*）这类畅销史学读本入手；高中生则可以通过《中国近现代经济史》（赵德馨）、《世界文明史》（马克垚）、《近代中国历史进程概说》（张海鹏）、《中国古代史》（朱绍侯）等名家著作进行阅读。教师可以抽出时间与学生交流，还可以定期组织学生开展读书经验交流会，指导学生多角度思考问题。这个活动战线不用拉得很长，但要有"仪式感"，培养学生的阅读意识，学

生才能把阅读内化成渴求性的自我行为，从而达成教育目的，指导学生最大效率地利用时间，从书本中获益。以较为新颖、形式多样的读书活动为载体激发学生的阅读兴趣，使学生乐读；指导阅读方法，使他们会读；养成读书好习惯，提高读书能力，让读书渐渐成为学生的一种学习方式，为其终身学习打下基础。

3. 开启"书本学习、线上交流"的新模式

中学历史教师可以通过微信搭建"师生共读群"，组织学生每周抽出一个小时来进行阅读心得体会的分享与汇报；可以以学号为序由每位学生轮流担任主持人，确保每位学生都能参与，并每月开展系列活动展示成果，如学生手写观后感，绘制相关历史事件、人物的漫画，用照片记录自己阅读时做的标记、摘抄的段落等。

组织学生开展读书汇报活动，对培养学生历史思维能力的过程起到一个监控作用，并能及时给予调控。师生认知发展、阅读经验等方面的差异，彼此的观念认知或多或少都会产生偏差，教师通过这类活动对学生心理发展有一个更全面、更新的认识，同时还可以评出优秀学生成果，对优秀学生进行奖励并在微信圈中进行记录，向家长朋友展现，让他们更清楚直观地看到学生综合能力的不断提升。教师通过学生阅读状况的反馈，可以在专业教师组群内有针对性地展开阅读。在同一本书中，同一班级的历史教师和学生、不同班级的历史教师们从中都收获了哪些灵感，根据每个班级的学情进行处理，以达到最佳教学效果。教师之间可以写小论文互相传阅，对彼此教育教学和阅读能力有更清晰的认识，可以互相写评语以作激励，并在微信群中保存下来。

（四）学校建设方面

外因是事物发展的重要条件。如果学校的策略实施是有指向性的、积极的，则能在很大程度上推动教师专业阅读的发展。

1. 阅读硬环境建设

阅读环境对教师的阅读起着至关重要的作用，丰富的图书资源是教师进行大量专业阅读必备的物质支持，学校理应提供，这也是保障教师阅读的基本条件。历史教师阅读书籍的选择与采买是一门学问。在进行采买书籍前，学科带头人可在组内召开会议拟定书目推荐清单，再由图书馆管理人员筛选，根据各大媒体网站上历史专业书籍的评价讨论采买热门书籍文献，提升专业书籍的利用率。前沿热点著作，应摆放在借阅室的醒目位置，引导读者阅读此类好书，并鼓励已经阅读过的教师对书籍进行评价。此外，学校应大力加强对电子信息资源的利用，打造数字化图书馆藏，建立电子书库，为历史教师随时随地下载史料、保存历史图片资源提供便利。

2. 阅读软环境建设：设立科学理性的阅读激励机制

合理有效的激励机制的建立可以很大程度上唤醒历史教师参与阅读的积极性，强化教师的教学能力，增强学校的内部凝聚力，实现学校与教师的协同发展。例如，学校可将中学"教师专业阅读计划"纳入教师年度工作计划，制订具体可行的实施方案，以开展教师专业阅读活动；可在每次开学初期，制订学年计划，将本学年的专业书目阅读任务发布下去，让历史教师把读和写结合起来进行训练，纳入年度任务。对于阅读活动完成度较好的历史教师，学校可设置一定的物质奖励和精神激励奖项。

结语

历史教师的专业阅读是促进教师专业成长的必由之路，更与学生的历史学科核心素养培育息息相关。在繁忙的教学重压和时间碎片化的现实下，时效性、互动性更强，利用率更高的数字化专业阅读越来越受到教师们的关注。数字化阅读本身依赖网络技术生成，在获取信息这一特性上与纸媒无异，却能大大降低历史教师阅读内容的获取成本，广泛又交互的信息资源大大提高了教师对文本资源的利用率，充分满足了教师群体的阅读需求，能更好地提升教师专业能力。

深度学习视角下中学历史主题教学研究

陈思睿[*]

一、绪论

（一）研究缘起

新课改以来，历史教学界持续关注课堂教学中学生的学习状态，提出用"一课一中心""一课一灵魂""教学核心目标""教学立意"等相对"聚焦"的整合方式系统整合教学内容，寻找课堂教学的"中心"，以实现课堂教学"有深度""有灵魂"；同时也积极开展用情境创设、主题讨论、"神入"历史等方式促进学生"沉浸"式学习、深入思考的教学实践，注重对学生情感态度价值观的培养，以实现"有温度""有价值引领"的课堂教学。这些教学方式其实也已经趋向于"主题教学""深度学习"的教学。"深度学习"理论强调以学生学习为中心、内容统整、引领学生围绕具有挑战性的学习主题进行学习，并开展持续性的评价；而主题教学也因其教学内容聚焦统整、教学逻辑严密、系统性的特点被视为一种有效的教学模式。二者都能促进学生的学习，指向学生核心素养的培养。为此，应将"深度学习"理论、主题教学模式与历史学科核心素养结合起来思考，寻找三者之间的内在联系，开展深度学习视角下的中学历史主题教学研究，以优化课堂教学，为历史学科核心素养在历史课堂上的"落地"寻找路径。

（二）相关概念界定

1. 深度学习

随着研究的不断深入，学者对深度学习的概念提出了几种不同的理解。"深

---

*　陈思睿，广西民族大学民族学与社会学学院 2017 级学科教学（历史）专业硕士研究生，现就职于重庆市涪陵高级中学。

度学习"既可以理解为一种学习状态，1978 年，瑞典哥德堡大学的教授马飞龙·马顿（Ference Marton）和罗杰·萨尔乔（Roger Saljo）基于对学生学习过程的研究，将"深度学习"描述为一种区别于"浅层学习"的学习状态，认为"浅层学习处于较低的认知水平，是一种低级认知技能的获得，涉及低阶思维活动；而深度学习则处于高级的认知水平，面向高级认知技能的获得，涉及高阶思维活动"①；又有研究机构将"深度学习"理解为一个学习过程，美国国家研究委员会在《为生活和工作而教育：培养21世纪可迁移的知识和技能》的报告中指出"深度学习就是为迁移而学习的过程，能够让学生将从一个情境中习得的知识应用到其他情境中"②。

"深度学习"还可以理解为一种学习理论，即我国教育部基础教育课程教材发展中心"深度学习"教学改进项目组对深度学习的定义："在教师引领下，学生围绕着具有挑战性的学习主题，全身心积极参与、体验成功、获得发展的有意义的学习过程。在这个过程中，学生掌握学科的核心知识，理解学习的过程，把握学科的本质及思想方法，形成积极的内在学习动机、高级的社会性情感、积极的态度、正确的价值观，成为既具独立性、批判性、创造性又有合作精神，基础扎实的优秀的学习者，成为未来社会历史实践的主人。"③ 本文倾向于采用上述定义。

2. 主题教学

主题教学，从表层意思来看，就是围绕主题展开的教学活动。随着新课改后教学方式变革的不断深入，学术界对主题教学也有了更多的关注和更深入的研究，对主题教学相关概念的讨论不断丰富起来。窦桂梅④、袁顶国⑤、李祖祥⑥等都将主题教学定义为一种有效的教学方式、教学模式，是一种在鲜明主题引领下，教师充分整合教学内容、教学资源，设计教学环节，引导学生围绕主题开展探究学习的教学模式。历史主题教学就是对主题教学的进一步细化。众多学者也结合历史教学的特点，对历史主题教学进行了深入解读，如：包启昌的"一课一中心"、李惠军的"一课一灵魂"、夏辉辉的"核心目标"，此外还有"教学立意""教学灵魂""核心思想"等观点，总结起来都是认为课堂教学

① MARTON F, SALJO R. On qualitative differences in learning: i-outcome and process [J]. British journal of educational psychology, 1976 (1): 7 – 8.
② 刘月霞，郭华. 深度学习：走向核心素养 [M]. 北京：教育科学出版社，2018：19.
③ 刘月霞，郭华. 深度学习：走向核心素养 [M]. 北京：教育科学出版社，2018：32.
④ 教育部师范教育司组. 窦桂梅与主题教学 [M]. 北京：北京师范大学出版社，2006.
⑤ 袁顶国. 从两极取向到有机整合：主题式教学研究 [D]. 重庆：西南大学，2008.
⑥ 李祖祥. 主题教学：内涵、策略与实践反思 [J]. 中国教育学刊，2012 (9)：53.

要"聚焦"，要有"核心"。综合各家观点，笔者认为历史学科的主题教学是以教学文本整合中生成的核心观念或思想为中心，教师引导学生围绕中心，对重要历史事件的发展变化、重要历史人物的活动进行探究学习，从而掌握历史史实，把握历史发展特征，揭示历史发展规律，形成自己的历史认识，发展历史思维的教学方式。

3. 深度学习视角下的中学历史主题教学

当前，学界对深度学习视角下的中学历史主题教学尚没有明确的定义，笔者试对深度学习视角下的中学历史主题教学作出如下定义：深度学习视角下的中学历史主题教学是指以学生的学习为中心，师生以学科"大概念"为核心，融合学科思想、学科核心素养的历史学习主题、统整的学习文本，在相对真实的历史情境或社会情境中进行知识建构，完成具有挑战性的学习项目，开展持续性的评价与反思，指向学生历史学科核心素养发展的教学过程。在这个过程中，历史知识被赋予社会意义和现实意义，通过情境化的方式呈现，学生能够去感受、去发现历史现象背后蕴含的人类丰富的情感态度价值观、人文底蕴，生发更为丰富的内心体验，形成更深刻的历史认识，把人类历史认识成果转化积聚成自身的精神力量、发展能量，从而实现历史教育本身的人文价值。

（三）研究现状

1. 关于深度学习

随着世界各国对学习科学的广泛关注与深入研究，对"深度学习"理论的研究逐渐丰富起来。澳大利亚学者比格斯（Biggs）和柯利斯（Collis）对"深度学习"的学习结果的研究，提出了包括进阶发展的五级水平的"可观察的学习结果结构"，认为多点、关联、拓展抽象的学习结构层次是"深度学习"的学习结果[①]。而威金斯（Wiggins）和麦克泰（McTighe）则认为深度学习是一种学生基于理解的学习，并提出了"为理解而教"[②]的观点。近几年，不少学者开始关注对"深度学习"学习策略的研究，以助推学生关键知识与能力的培养。例如，艾瑞克·詹森（Eric Jensen）等在《深度学习的 7 种有力策略》[③]中提出了深度学习的七个教学步骤，这七个教学步骤也被称为"深度学习环"（Deeper

① BIGGS J，COLLIS K. Evaluating the quality of learning：the SOLO taxonomy［M］. New York：Academic Press，1982.

② WIGGINS G，MCTIGHE J. Understanding by design［M］. 1st ed. Alexandria，VA：ASCD，1998.

③ Eric Jensen，LeAnn Nickelsen. 深度学习的 7 种有力策略［M］. 温暖，译. 上海：华东师范大学出版社，2010：11.

Learning Cycles，DELC）；美国更是在 2011 年前后形成了各类深度学习联盟，以开展基于项目的学习（Project Based Learning，PBL)①。多数实践研究表明："深度学习"比传统"传递—讲授"模式的教学更受学生欢迎，也更为有效，学生更愿意在相对真实的情境中去解决现实问题②。

"深度学习"概念引进国内的时间相对较晚，但随着我国"核心素养"培养目标体系的提出，我国也与世界同步，积极展开了深度学习相关项目的研究，主要集中在概念、内涵与特征③；与核心素养的关系④；策略及评价⑤，研究成果颇丰。2014 年，我国教育部基础教育课程教材发展中心开展了"改进教育教学，指导学生进行深度学习"的"深度学习"教学改进项目，并在全国 15 个实验地区的学校推广，形成了《深度学习：走向核心素养》⑥ 等系列教学改进丛书，指导学生"深度学习"的教学改进实践的开展。

2. 关于主题教学

普遍认为主题教学的起源可以追溯到 18 世纪的德国，教育学家赫尔巴特提出整合课程理论，用主题将不同学科的教学内容整合起来，围绕学生的"思维圈"进行教学设计，以促进学生的学习⑦。进入 20 世纪，主题教学以其统整的教学内容、系统的教学环节，开始受到欧美国家的广泛关注，美国芝加哥大学教授莫里逊（Morrison）就曾提出"单元教学法"，倡导将相关内容整合成学习

---

① LARMER J, MERGENDOLLER J R, BOSS S. PBL for 21st century success：teaching critical thinking, collaboration, communication, and creativity ［M］. Novato：Buck Institute for Education, 2013：5 - 6.

② ZHANG, ANDERSON, MORRIS, et al. Improving children's competence as decision makers：contrasting effects of collaborative interaction and direct instruction ［J］. American educational research journal, 2016（53）：194 - 223.

③ 何玲，黎加厚. 促进学生深度学习 ［J］. 计算机教与学, 2005（5）：29 - 30；郭元祥. 深度学习：本质与理念 ［J］. 新教师, 2017（7）：11 - 14；张浩，吴秀娟. 深度学习的内涵及认知理论基础探析 ［J］. 中国电化教育, 2012（10）：7 - 10；郭华. 深度学习及其意义 ［J］. 课程·教材·教法, 2016, 36（11）：25 - 32.

④ 康淑敏. 基于学科素养培育的深度学习研究 ［J］. 教育研究, 2016, 37（7）：111 - 118；郑葳，刘月霞. 深度学习：基于核心素养的教学改进 ［J］. 教育研究, 2018, 39（11）：56 - 60.

⑤ 张诗雅. 致力于素养培育的深度学习：理念与模式 ［J］. 课程·教材·教法, 2018, 38（3）：68 - 73；何玲，黎加厚. 促进学生深度学习 ［J］. 计算机教与学, 2005（5）：29 - 30；张浩，吴秀娟，王静. 深度学习的目标与评价体系构建 ［J］. 中国电化教育, 2014（7）：51 - 55.

⑥ 刘月霞，郭华. 深度学习：走向核心素养 ［M］. 北京：教育科学出版社, 2018.

⑦ 赫尔巴特. 普通教育学 ［M］. 李其龙，译. 北京：人民教育出版社, 1989：34.

单元，在几天或者一星期这样相对固定集中的时间引导学生去完成一项学习活动或解决一个学习问题①。美国学者苏珊·科瓦利克（Susan J. Kovalik）等人则强调用一个具有综合性的主题去整合所有学科与之相关的内容，为学生提供相对真实的问题情境、现实情境，以获得真实的学习体验②。欧美学者对主题教学展开过丰富的探索与实践，皆认为主题教学对课堂教学效率的提高、学生学习的深入具有重要意义。

近十年来，随着新课改的不断深入，我国学者对主题教学的研究也开始丰富起来。赵中建认为以核心知识为主要内容的主题教学是未来教学的发展趋势，并客观分析了其优势及局限性③。蒋曦和曾晓洁运用多元智力理论对主题教学产生的缘由及理论特点进行了梳理分析，并将主题教学分为"单学科""多学科""跨学科"三种模式，并结合国外的课例进行了比较分析④。耿春霞认为主题教学模式以其开放多元的教学过程、互动探究的学习方式对学生终身学习、可持续发展能力的培养具有重要意义⑤。不少一线教师开始将主题教学运用于各科教学中，进行实践研究。如窦桂梅⑥、于卫卫⑦、陈良豪⑧等均总结了自己的教学实践经验，成为本文写作的重要参考。

3. 关于历史学科的主题教学与深度学习

"历史主题教学"研究在近十年逐渐崭露头角，黄牧航⑨、齐健⑩等学者与

① 玲如. 莫里逊单元教学法 [J]. 上海教育科研，1985（5）：30-43.
② KOVALIK S J, MCGREENHAN J R. Integrated thematic instruction：from brain research to application [M] //REIGELUTH C M. Instructional design theories and models：a new paradigm of instructional theory（Vol. Ⅱ）. Mahuah，NJ：Lawrence Erlbaum Associates，1999：371-396.
③ 赵中建. 主题教学：合科教学的一种有效途径 [J]. 全球教育展望，2002（2）：34-35.
④ 蒋曦，曾晓洁. 多元智力理论与主题教学 [J]. 比较教育研究，2005（4）：51-57.
⑤ 耿春霞. 以"主题教学模式"培养学生可持续发展能力 [J]. 中国校外教育，2012（27）：72.
⑥ 窦桂梅. 窦桂梅与主题教学 [M]. 北京：北京师范大学出版社，2006.
⑦ 于卫卫. 主题探究教学模式在高中思想政治教学运用研究 [D]. 上海：上海师范大学，2015.
⑧ 陈良豪. 基于地理核心素养的主题教学策略探析 [J]. 大连教育学院学报，2018，34（4）：27-29.
⑨ 黄牧航. 论中学历史主题教学的三个层次：兼论 2005 年来广东省高考历史科命题的主题选择 [J]. 中学历史教学，2011（4）：112-115.
⑩ 齐健. 走进高中历史教学现场 [M]. 北京：首都师范大学出版社，2008.

众多一线教师[①]从理论设计、课例实施两个角度对中学历史主题教学展开了深入研究，为主题教学在历史学科的应用提供了路径。对于历史学科的深度学习研究在近几年才开始出现，并且都集中于教学设计[②]、策略[③]以及对学生核心素养的培养[④]方面。

综上所述，前人学者及一线教师对主题教学、深度学习的研究，成果比较丰富，涉及学科领域较多，研究的范围和角度较广。作为教育教学领域逐渐备受关注的教学理论与模式，深度学习、主题教学模式研究具有广阔前景和现实意义。已有的历史学科主题教学研究，研究者多为一线教师，视角多为概念界定、主题确定、策略实施以及价值分析，探究内容大致相近且较为笼统，对历史主题教学的课堂教学设计、具体课例分析及实践研究涉及较少。对于深度学习来说，结合具体课例，在课堂教学中开展具体的教学实践研究成果还较少，在中学历史学科中进行促进学生深度学习的实践研究更是少之又少。而将深度学习理论、主题教学模式、历史学科结合起来的研究几乎没有。

故本文以此为切入点，将深度学习与主题教学结合，从历史学科角度出发，以培养学生历史学科素养为目的，探究深度学习视角下的中学历史主题教学的特点，开展以"学习为中心"、主题整合、内容聚焦、过程开放、评价多元、价值引领为特征的深度学习视角下的中学历史主题教学设计，进行课例对比分析、教学实践及实施效果测评，探索促进学生深度学习、指向学生学科核心素养培育的历史主题教学"新路径"。

---

① 谢芳洁，孙斌. 立足历史主题彰显核心素养 [J]. 中学课程资源，2018（8）：51 – 52；张羽丰. 高中历史课堂实施主题教学的有效策略 [J]. 中学历史教学参考，2015（14）：36 – 37；付秀先. 高中历史主题教学实施策略探讨 [J]. 课程教育研究，2017（25）：57 – 58.

② 汤晓珊. 初中历史"深度学习"视角下的教学设计探索 [J]. 中国校外教育，2018（2）：22. 丁慧敏. 优化问题设计，促进高中历史深度学习 [J]. 中学课程资源，2018（6）：33 – 34.

③ 周云华. 促进学生历史深度学习有效策略研究 [J]. 中学历史教学参考，2015（1）：14；李丹阳，赵蒙成. 基于深度学习的初中历史教学策略 [J]. 现代基础教育研究，2015，18（2）：192 – 197；朱文军. 博闻·善思·明理，迈入深度学习：以《东晋南朝与江南的开发》一课为例 [J]. 中学历史教学，2018（2）：14，32 – 34.

④ 季建红. 高中历史深度学习与学生核心素养的培养 [J]. 中学历史教学参考，2017（4）：64 – 65；宋波，陈良. 历史深度学习应关注的五个关键能力：基于培育历史学科核心素养的有效路径探寻 [J]. 中小学教学研究，2016（10）：47 – 49.

二、深度学习视角下中学历史主题教学研究的基本认识

深度学习视角下的中学历史主题教学，以"深度学习"理论为指导，以主题教学为基本教学方式，指向学生历史学科核心素养的培养，具有高阶目标、立场转变、内容统整、过程开放、评价多元的特点。它以学科"大概念"为核心，融合学科思想、学科核心素养的历史学习主题，引导学生在相对真实的历史情境或社会情境中进行知识建构，完成具有挑战性的学习项目，开展持续性的评价与反思，对优化历史课堂教学、促使学生"真实学习"、帮助素养在历史课堂中"生长"，具有重要意义。

（一）深度学习、主题教学与历史学科核心素养的关系

新课改背景下的课堂是旨在促进学生深度学习、培养学生学科核心素养的高效课堂，追求教与学的有效性成为深度学习、主题教学与核心素养的最好契合点。深度学习、主题教学、历史学科核心素养之间也有其内在的理论关联。

1. 培养历史学科核心素养是历史教学的追求目标

2017年，《普通高中历史课程标准》正式颁布，提出了唯物史观、时空观念、史料实证、历史解释、家国情怀五个方面的历史学科核心素养。培养历史学科核心素养成为当前历史教学的目标，成为当前历史教学改革的"指南针"，更成为教师树立新教学理念、转变教学方式、开展"素养本位"的课堂教学探索的"新方向"。

2. 深度学习是学科核心素养"落地"的重要路径

核心素养以培养"全面发展的人"为根本出发点和最终归宿，对新时期的教育提出了新要求、新目标。为实现这一目标，课堂教学观需要实现从知识本位到素养本位的根本转变，从而带动课堂教学方式、学习方式的根本变革。

"深度学习"理论坚持"素养本位学习"，转变传统的认识观和学习观，提倡"以学习为中心""为理解而教"，通过积极的"参与式学习"去解决"真实情境"中的问题，更关注学生的学习过程，习惯养成过程，品格、能力与素养的培育过程，而这个过程也就是核心素养在课堂中"落地生长"的过程。

对于历史学科而言，在"深度学习"过程中，学生能进入"真实的"历史情境，理解人类历史的发展演变，在与社会生活紧密联系的历史学习项目中，拓宽历史视野，发展历史思维，用历史发展的眼光去认识历史现象、社会事物，树立正确的历史观、世界观、人生观。

3. 主题教学促进学生"深度学习"

主题教学的最大特点就是教学内容和环节的统整性、系统性，强调以学科

"大概念"为核心,融合学科思想、学科核心素养的历史学习主题,实现对知识的"深度学习"。对于历史学科而言,教师通过对历史知识的解构和统整,将孤立、碎片化的历史知识整合成系统的、有层次性的、有意义关联的知识群和知识网,展现历史事件、历史人物之间的内在联系,让历史知识能以相互联系的状态储存进学生的大脑中;通过对教学材料、教学资源的意义整合,赋予历史知识丰富的学科思想和内涵,让知识变为"鲜活的"、有温度的学科思想方法、学科价值观,促进学生对知识的内化及意义建构;通过情境创设,使学生进入相对真实的历史情境和社会情境,进行思考学习、探究实践,促进学生对知识的长时记忆及迁移运用。就教学环节而言,在历史主题教学中,学生能在"情境导入—主题探究—主题升华"这样环环紧扣、不断深入的教学环节中由浅入深地实现知识认知,思维、情感的不断升华,伴随教学活动的不断深入,去感受、去发现历史现象背后蕴含的人类丰富的情感态度价值观、人文底蕴,从而生发自己的历史感悟,形成自己的历史认识,将历史知识转化为自己内在的精神力量,实现"深度学习"。

(二)深度学习视角下中学历史主题教学的特点

相比传统的历史主题教学,深度学习视角下的历史主题教学以"深度学习"为理论指导,以主题教学为主要教学方式,以核心素养为主要价值追求,具有高阶目标、立场转变、内容统整、过程开放、评价多元等特点。

1. 高阶目标:培育历史思维,涵养核心素养

深度学习视角下的中学历史主题教学将培育学生历史思维与关键能力作为教学出发点和落脚点,强调课堂教学目标应是素养教育指向的"分析、评价、创造"等较高层次的认知目标,引导学生从具体史实出发,透过现象看本质,理清历史发展脉络,认识历史事件、历史现象之间的联系,揭示历史发展的客观规律,总结历史经验,从而使学生对历史知识的认知由感性逐渐上升到理性,形成自己的历史认识及历史思维视角,实现历史时序思维、历史理解、历史分析及解释等关键能力的综合发展,并能运用这些思维和能力去分析、解决现实问题,做到"博古鉴今"。在这样的高阶目标引领下,学生的学习才会"有广度""有高度""有深度"。

2. 立场转变:以学习为中心,关注"学生立场"

教学是师生在课堂中的双边互动,深度学习视角下的中学历史主题教学更多关注的是以"学生素养发展"为教学出发点,充分尊重学生学习的主体地位,搭建帮助学生知识建构、情感发展的可视化支架,展现"学生学会什么""何以学会"的学生立场。

在这样的立场中，历史教师不再是课堂的主导者，知识的掌握者、传递者，而是学生历史学习的引路人、同行者。教师从学生已有的学习生活背景、知识经验出发，站在学生成长、发展的立场来思考教育供给，在学生疑难处、困惑处、认知冲突处搭建学习支架，引导学生"回到"特定的历史时空、进入历史情境中，借助真实史料去探寻历史的真实，在教师的引导下全身心地体验历史知识复杂丰富的内涵和意义过程，从而生发更为丰富的内心体验、精神境界，体会到更深刻、更丰富的情感以及学科思想方法。

3. 内容统整：聚焦"关键概念"，升华历史学习主题

深度学习视角下的历史主题教学强调教学内容的"统整"，不仅体现在知识点的"整合"——体系化，更体现在教学的"统一"——聚焦。以学科"大概念"为核心，融合学科思想、学科核心素养凝练历史学习主题，按照历史学科知识的内在逻辑、学生学习规律整合组织核心教学内容，选择有利于培养学生学科核心素养的教学方式和情境素材，设计学习目标、学习活动与学习评价，使得主题教学下的"教—学—评"达成一致，教学逻辑更加严密、紧凑。而这里的"学习主题"必定是反映历史发展规律、历史知识本质的"核心概念"与历史学科思维方法、学科价值的融合与升华；是史实、史观、史感的交集点、黏合点；是对历史教学文本的合理再造，对历史学科素养、思维深度解读后凝练而成的课堂教学的"聚焦点"。围绕这样的学习主题，学生能在相对聚焦的学习中对关键历史事实、历史观念进行认知，把握历史发展的阶段特征，从而形成自己的历史认识、人生感悟，从而升华了历史学习主题，使得教学有深度、有立意、有灵魂。

4. 过程开放：在项目学习与情境体验中感悟历史

深度学习理论视角下的主题教学强调教学过程的"开放性"，体现在：学生的学习场所从课堂的狭窄范围扩展到社会生活的广阔空间；学习内容从静态的、零散的文字符号转变为"鲜活的"（有温度的）、整合的学科思想、学科价值观；教学手段由"传递—接受"式的单一传递转变为"探究—发现"式的双向互动。在这样的学习中，"学生'好像'进入人类历史实践过程，把握了历史进程的脉搏与节奏，与历史事件、人物在一个频道上共振，与社会历史进程中的亲历者一样，仿佛'亲身''参与'了历史的过程"①。通过历史主题项目的学习，学生能够"进入"历史知识的发现过程，"参与"人类的历史实践，采用历史的思维方式去理解历史的发展与变迁；伴随活动去感受、去发现历史现象背后蕴含的人类丰富的情感态度价值观、人文底蕴，并将其活化为学生正确认识世界的

---

① 刘月霞，郭华. 深度学习：走向核心素养［M］. 北京：教育科学出版社，2018：42.

世界观、人生观。

5. 评价多元：持续性评价与反思

教学评价是教学过程中不可缺少的一部分，对教师的"教"和学生的"学"起着诊断、激励、引导、调控的作用。深度学习视角下的中学历史主题教学注重融入教学各环节、贯穿学生学习始终、以学生学习为中心、以学科核心素养发展为导向的立体性、综合性评价。

就评价主体而言，深度学习视角下的中学历史主题教学强调教师评价、同伴互评、学生自评（反思）等多元化的结合。就评价内容而言，其主张课堂学习内容与项目实践活动的有机结合，不仅考查学生对学科基础知识与技能的掌握程度，更关注学生在学习项目实践中的参与度、学习习惯、情感态度以及探究实践能力的综合情况。就评价方式而言，其将形成性评价与终结性评价相结合，将专业性的评价任务（如课堂问答、历史情境展示表演、历史学习项目调研报告、小论文等）设计进教学过程中，教师能够随时关注学生的课堂表现情况、监测学习目标的达成状况，以便及时调整教学状态，促进学生的深度学习。就评价标准而言，其强调量化评价与质性评价相结合，以分数、等级与描述性评语共同反馈学生对知识的掌握程度与学生的学习状态。

三、深度学习视角下中学历史主题教学设计分析

深度学习视角下的中学历史主题教学设计是围绕历史教学主题而设计的教学方案，是深度学习理论倡导的"大主题""大概念""大项目"理念下体现历史学科核心素养的重要形式①。在教学设计中，教师要遵循教学设计的基本原则，深刻领会课标要求，准确解读课程内容，把握好学科核心素养与学科核心内容之间的关系，凝练教学主题、提炼核心目标、设计教学情境和活动、设计评价任务，环环紧扣，使学科核心素养能够在历史课堂教学中"落地"，实现历史学科的育人价值。

（一）深度学习视角下中学历史主题教学设计的原则

1. 科学性

历史学科是我国基础教育体系中的一门基础学科，它承担着爱国主义教育、民族精神教育、优秀文化传统教育、人格教育等重大教育责任。在进行深度学习视角下中学历史主题教学设计时：

---

① 尤小平. 学历案与深度学习［M］. 上海：华东师范大学出版社，2017：79.

首先，要坚持课程标准的科学导向。课程标准体现了国家对学生学业水平以及学科核心素养发展的要求。对于历史学科而言，教师在进行教学设计时，必须深刻领悟新课改精神，认真研读课程标准，全面理解、把握学科课程性质与基本理念、课程结构与教材编写思路、课程目标要求与实施建议，依据课标科学定位教学目标，凝练历史教学主题，使教学设计能够体现思想性、人文性，凸显历史学科特有的育人功能。

其次，要体现历史学科的学科特点。教师必须深刻理解历史学科对学生发展的独特育人价值，准确认知历史学科的学科本质、内涵与意义，清晰把握历史学科的体系结构、基本内容、核心概念，以确定合理的教学内容、适宜的教学方法，开展恰当的教学评价。除此之外，教师还要注意历史学科的严谨性与价值引领性：以唯物史观为指导，坚持史论结合、论从史出的原则，对历史人物、历史事件进行客观评价，教学史料准确严谨、教学逻辑科学严密，坚持正确的价值引领，帮助学生树立正确的人生观、世界观和价值观。

最后，教学设计要科学合理。教学内容要符合历史本身的逻辑，符合知识的逻辑；教学过程要符合学生认知特点，符合学生认知逻辑；教学环节要符合教学一般程序，符合教学逻辑，由浅入深、环环相扣，系统、整体地进行设计。

2. 适切性

学生是历史课堂教学的主体，读懂学生，是教师开展课堂教学的第一步。"以学生学习为中心"，从学生的学习出发，以学定教，促进学生的学习与发展。教师可在备课前先进行一个简单的"预评估"，了解班级学生的学情，搜集影响"教与学效果"的关键学情信息，找出学生对本课知识内容的兴趣点、矛盾点、疑惑点以及有助于学生未来学习、发展的重要生长点，然后结合教材与课程标准，开展教学设计，以使教学主题符合学生的关键能力与必备素养的培养，指向学生的未来发展；教学内容要符合学生的认知特点，问题设置要符合学生的思维逻辑，课堂活动设计要符合学生的心理特征，遵循学生的身心发展规律。教师在教学中针对学生的学习反馈对教学内容进行及时调整，对学生学习进行适时干预与引导，增强教学的针对性、适切性。

如笔者在进行统编版八年级上册《人民解放战争的胜利》一课的设计时，就曾在备课前进行了一个小调查，有接近一半的学生表示对本课中战争部分的内容不感兴趣，但有一个学生提出了这样一个疑问：解放战争前，国民党的兵力、装备都远胜过共产党的军队，为何共产党最终能取得人民解放战争的胜利呢？笔者一边感叹于这个学生在课前良好的预习情况、丰富的知识储备，一边思考从这个点出发进行教学设计的可能性。笔者结合课程标准对本课的要求，以"人民的选择"为主题，选择解放战争中众多人民中的一员——一个划船送解放军战士过江的小姑娘进行历史情境创设，同时提出问题：小姑娘为何会作出这样的选择？小姑娘当时的年龄与学生的年龄相仿，更容易引起学生的"同理心"，学生的好奇心与学习兴趣一下子被调动起来，在教学情境中根据小姑娘的经历主动展开了探究。而在三大战役、南京解放等战争的学习过程，笔者设置了"战地简报"等小组活动，结合地图讲述，给予学生展示的平台，从而调动起学生的学习兴趣，课堂气氛也很快被调动起来，取得了良好的教学效果。

3. 整体性

课堂教学本就是一个包含各个教学环节、教学要素的整体系统。教师进行深度学习视角下中学历史主题教学设计时，要坚持整体性原则，不仅体现在教学内容的统整性，教学环节的整体性、系统性，更体现在教学中对学生学科核心素养培养的整体性。

教师要对教学内容进行合理整合，梳理学科知识脉络，形成学科知识体系；在横向上，将课堂教学内容放入课程单元、教材乃至历史学科内容体系结构中去整合、去构建，找寻单元学习内容间、学科知识体系间的内在联系，在课程内容中对本课内容进行合理定位，在内容聚合中对教学主题进行凝练，在史学贯通中对核心内容进行聚焦，围绕历史"大概念"对教学内容、教学材料进行选择取舍、统整加工，形成历史知识体系。教学环节要符合教学一般逻辑，体现"教—学—评"的一致性。教学目标引领教师教学、学生学习的方向，教学过程指引学生达到学习目标，评价任务则诊断学生学习任务、学习目标的达成度。三者只有统一设计、默契配合，才能实现教学效益的最大化。

（二）深度学习视角下中学历史主题教学设计的步骤及方法

按照教学设计的一般步骤，结合"深度学习"理论、主题教学的特点，深度学习视角下中学历史主题教学设计要经历"凝练主题—提炼目标—搭建学生学习'支架'—设计与目标匹配的评价任务"四步骤，以使教学主题引领教学主要内容、教学评价贯穿教学全过程。

1. 凝练历史教学主题，生成教学"灵魂"

教学主题是统摄教学内容的"中心"，是引导教学过程的主线，更是引领课堂教学思想内涵的灵魂，在课堂教学中居于核心地位。凝练历史教学主题是历史教师构建课堂教学设计的第一步，是历史教师在对教材的深入解读、历史知识的理性认识上对教学文本的合理再造，对历史事件、历史现象本质和规律的深入发掘，对历史兴衰成败、更迭变迁的经验总结，对历史人物精神、历史文化内涵的深刻揭示。

在凝练教学主题之前，教师要从课程维度对课程标准进行深入解读，深刻领悟课标精神，全面把握课标要求，理解内容标准；继而在史学维度上对本课内容进行定位理解，从教材维度对本课内容进行细致分析，把握单元各课时内容之间、本课各部分内容之间的内在联系，发现教学文本背后所蕴含的学科思想、观点与方法。进而参考促进学生"持久性理解"[①]的观点理论，找出"规律性、决定性、有影响力"的教学内容（即体现历史学科特点的核心观念，具有超越课程本身的持久性价值的内容，居于核心地位的内容，促进学生生活经验与学科知识意义联结、能为学生提供成长活力的知识），进行主题的凝练与构建，凝练出有利于展示历史发展脉络、促进学生未来发展、能够将教学内容的原生价值转化为教学价值和学习能力的主题。

例如，以历史核心概念为切入角度，教师可围绕历史"大概念""关键概念"进行主题凝练，引导学生在掌握历史知识的基础上，认识历史现象的本质、把握历史发展规律。在设计人教版必修一第13课《辛亥革命》时，我们就可以将隐藏在辛亥革命历史意义当中的"民主共和"观念提炼出来，从辛亥革命对国家制度、政体的政治民主化探索角度进行立意，将教学主题凝练为"开创民主共和，追求政治民主化"，并将教学内容构建为"民主之路——走向共和""民主之果——共和建制""民主之光——共和未来"，展现辛亥革命艰难的民主之路、有局限的共和制以及意义深远的民主化探索。以历史核心精神为切入角度，教师可以从历史知识的内在关联入手，把握核心内容，发掘具有持久价值的核心精神。

以学生情感态度价值观培养为切入角度，教师可关注历史教学主题的价值取向，凝练有深度、有灵魂，能启迪学生未来发展的教学主题。例如，在人教版七年级下册《君主集权的强化》一课的设计中，就可以抓住君主专制极端强化给清王朝带来的政治保守、思想落后、失去世界发展大潮的历史机遇等不利影响来立意，将主题凝练为"集权专制是发展的桎梏，民主创新是进步的灵魂"。

教师在主题凝练时还需充分考虑学生的学情，可在课前做一个"预评估"或"小调查"，了解学生的知识基础、学习兴趣，进而针对学生的关键知识"衔接点"、知识"盲点"、知识"矛盾点"和兴趣点进行主题设计，并结合教学实际进行适时调整，避免出现主题定位不适切的情况。

2. 提炼核心教学目标，把握教学"核心"

教学目标是课堂教学的灵魂，是课堂教学活动的出发点和最终归宿，它引

---

① 格兰特·威金斯，杰伊·麦克泰. 理解力培养与课程设计：一种教学和评价的新实践 [M]. 么加利，译. 北京：中国轻工业出版社，2003：56.

领着教学的方向，指导着教学的全过程，并为学生的学业评价提供标准和依据。凝练出本课的教学主题后，教师应结合本课主题，在准确把握本课课标要求、整体把握本课教学内容的基础上，对教学目标进行系统设计，并提炼出本课的核心教学目标。核心教学目标的提炼一定是站在培养和提高学生历史学科核心素养的高度，是基于本课教学"最有价值的"知识与思想的深度之上的，对本课的历史教学起着价值引领作用。

例如，在人教版必修一（政治史）第 6 课《罗马法的起源与发展》的设计中，就可以抓住"罗马法是古代世界最系统完备的法律，是古罗马留给人类社会的灿烂文化遗产，其蕴含的平等、民主、公正、正义、理性、秩序等法治精神影响后世、熠熠生辉"① 这一"最有价值"的知识与精神，将本课主题凝练为"探寻法治渊源，感受法治精神"，并提炼出本课的核心教学目标及目标体系是了解罗马法的演进发展历程，认识罗马法对后世的深远影响，感受尊重契约、追求公平正义的法律精神，认识到法治是现代国家治理最合理的方式。

有了核心目标，历史课堂教学才有了航行的"灯塔"，从而指导课堂教学，提高课堂的教学效率，实现历史教学的育人价值。

3. 创设历史情境与研究性学习活动，搭建学生学习"支架"

人类历史不断向前发展，其过程是不可逆的。如何拉近历史与学生的距离，与社会现实相结合，真正让历史走进学生的内心世界，走进学生的现实生活？这就需要历史情境与历史研究性学习活动的"助力"。历史情境的设置能让学生把自己融入历史时空，置身于历史场景中去观察历史，在相对真实的历史情境中进行思考与辨析，多角度看待历史事件，发展历史思维。

在凝练出一课的教学主题，设计好教学目标后，教师还需围绕主题搭建好学生学习的"支架"——学习情境或学习活动。这个支架必定是搭建在学生学习的"前认知"与"潜在发展区"之间，让学生在教师的引导下沿着一个个支架不断"攀爬"，最终到达目标的山顶。例如，在讲授"巴黎和会"这部分的内容时，一位老师以"我的 1919"为主线，相继展示了我国外交家顾维钧、法国总理克里孟梭、美国总统威尔逊、一个德国士兵等不同人物的 1919 年，结合当时的历史背景、各国情况，引导学生走进不同历史人物的内心世界，去认识巴黎和会给战胜国、战败国、半殖民地国家带来的不同影响，从而理解外交的博弈也是各国实力与利益的博弈这一观点。

同时，历史情境的设置还能突破时空限制，将真实的历史场景、鲜活的历史人物故事铺展开来，展现给学生，让学生感受历史人物身上的人性光辉、人

---

① 郑林. 基于学生核心素养的历史学科能力研究 [M]. 北京：北京师范大学出版社，2017：267.

文情怀，以达到"同情之理解"。如在《抗日战争》一课的教学中，笔者设计了"读抗战家书·感家国情怀"的教学情境，引导学生一起品读抗战时期爱国将领、华侨华人、普通民众的抗战家书，一起走进烽火岁月下万千同胞的内心世界，感悟全民族同仇敌忾、共赴国难的家国情怀。在信件中，学生可以看到赵一曼烈士在生命最后一刻"盼儿子赶快成人""用实行教育儿子"① 的歉疚之语、左权将军对妻女散发着温情与爱意的嘱托，感受母亲对儿子的深深歉疚之情与拳拳爱子之心、父亲对女儿的温柔目光与深切期盼；看到戴安澜将军"决以全部牺牲，以报国家养育"② 的绝笔、张自忠将军与兄弟"为国家民族死之决心，海不清，石不烂"③ 的共勉，感受爱国将领"抱定牺牲"为国家、民族而战的爱国情怀与使命担当。一封封抗战家书，将抗战烽火岁月中的信仰情怀、人性光辉一幕幕铺展开来，展现在学生眼前，使学生感受到家与国的时代共振、民族的强大内聚力。

历史研究性学习活动的设计能最大限度地拉近历史与学生现实生活的距离，让学生能在历史中寻找现实生活的影子，能在现实中发现"身边的历史"。如在人教版高中历史必修一第五单元"中国近现代社会生活的变迁"的单元主题设计中，教师可从"生活变迁""交通发展""通信及传媒发展"三方面对学生进行分组，让学生去生活中、博物馆、图书馆找寻历史发展变迁的"证据"，探寻历史变迁的轨迹与原因，并在主题活动课上进行小组汇报。在这样的历史研究性学习活动中，学生的史料证据意识、史料鉴别能力、历史思维能力、合作探究能力将得到很大提升，而历史核心素养也在这个学习探究过程中得以"落地生根"。

当然，在设计中，教师要紧紧围绕本课的学习主题、学习目标进行，避免出现脱离教学核心的情境与活动；要充分预设好活动与情境开展的时间，避免出现活动"喧宾夺主"的情况；更要适时进行调整、反馈，以使情境、活动更符合学生的学习实际。

4. 设计与目标匹配的评价任务，进行学习反馈

教学评价是一切教学活动都不可缺少的基本环节，没有评价就没有理想的教学。深度学习理论提倡持续性评价与多元化评价结合，这就要求教师在教学设计时围绕教学主题、教学目标，结合学生的实际情况，预设学生学习的达成

---

① 中共中央宣传部理论局. 纪念中国人民抗日战争暨世界反法西斯战争胜利 70 周年纪实文章选 [M]. 北京：学习出版社，2015：114.

② 中共中央宣传部理论局. 纪念中国人民抗日战争暨世界反法西斯战争胜利 70 周年纪实文章选 [M]. 北京：学习出版社，2015：154.

③ 中共中央宣传部理论局. 纪念中国人民抗日战争暨世界反法西斯战争胜利 70 周年纪实文章选 [M]. 北京：学习出版社，2015：140.

状况，设计评价任务。

对于需要理解掌握的重点内容，教师可设置一两道检测题进行检测评价，了解学生对这一内容的掌握情况。对于思维容量较大、层级丰富的学习难点或核心学习活动，教师可制订表现性的评价方案，如设置历史情境展示表演、小组汇报等活动，对学生的表现进行描述性评价。在课后，教师也可设置小论文等开放性的作业，拓展学生的思维。同时，教师也可以采用同伴互评、学生自评等多元评价方式，为学生建立历史学习成长档案，让学生看见自己的学习足迹，从而激发学生的元认知以及自我学习驱动力。

例如，在讲对外开放的影响时，笔者设置了"改革开放40年家乡的变化"主题研究性学习活动，并制定了评价量表，如表1所示。

表1 "改革开放40年家乡的变化"历史主题活动调研报告评价量规表①

项目	分数	学生表现及赋值			自评	他评	师评
		优秀	良好	需努力			
主题	20分	主题鲜明，能体现改革开放给家乡（城市风貌、居民生活、经济交通、文化教育）某一方面带来的显著变化	主题比较明确，能体现改革开放给家乡带来的变化	主题观点不太明确			
资料搜集整理	20分	资料来源于博物馆、档案馆、社区家庭等实地走访调研；资料来源途径多样、种类丰富、真实可靠；对资料进行合理分类、整理，选取典型史料，能说明主题论点	资料来源比较可靠，资料种类在一种以上，在一定程度上能说明主题论点	资料来源单一，未进行分类整理，没有典型性，不能很好地说明主题论点			
观点内容论述	35分	观点明确，调研数据、史料客观、充分，充分体现论从史出、史论结合	观点比较明确，调研数据、史料较为充分，能体现史论结合	观点不明确，内容与主题不够吻合，史论结合不够			

① 本表改编自：王耘. 义务教育阶段学业标准与评价：初中历史［M］. 北京：北京师范大学出版社，2020：55.

（续上表）

项目	分数	学生表现及赋值			自评	他评	师评
		优秀	良好	需努力			
文字表述	15分	调研报告体例规范，语言表达准确、流畅，渗透积极的思想感情，富有感染力	调研报告体例较为规范，语言表达基本准确、流畅，有一定的思想感情	调研报告体例不够规范，语言不够准确、流畅，缺乏感染力			
小组合作	10分	小组所有成员积极参与，有合理的调研计划与组内分工，组员积极建言献策，体现较强的团队精神	小组大多数成员参与，有简单的计划与分工，有一定的团队意识	只有小部分成员参与，没有计划与分工，调研全程由一到两个核心成员完成，缺乏团队意识			

学生评语（课后反思）：
①在此次调研活动中我增长了哪些知识，提升了哪些方面的能力？
②我认为自己在哪些方面表现最好？在哪些方面还可以做得更好？
③在活动中，我感受到了改革开放40周年家乡的哪些变化？有何感想？

教师评语：

（三）深度学习视角下中学历史主题教学的分类

主题教学从设计的范围来看，可以划分为课时主题教学、单元主题教学、学科主题教学、学习领域主题教学；从立意方向来看，可以划分为知识立意、能力立意、情感态度立意三类。参考以上划分方法，结合典型案例，本文从教学内容的角度对深度学习视角下中学历史主题教学进行划分，划分为以历史概念为中心、以情感态度价值观为中心、以历史线索为中心、以历史研究性学习活动为中心四类，分别指向对学生唯物史观、家国情怀、时空观念以及史料实证、历史解释核心素养的培养。

1. 以历史概念为中心

深度学习理论强调在贯穿该学科的"大概念""关键性"问题下组织教学，核心素养也倡导"以大观念为抓手落实核心素养"。对于历史学科而言，人们认识历史一般要经历这样一个过程：历史现象—历史概念—历史线索—历史规律。

认识历史现象仅是历史认知的第一步，更为重要的是要把握历史现象之间、历史事件之间的联系，理解历史的发展与联系、延续与变迁，从而揭示出历史规律。而"历史概念是处于历史表象和历史线索、历史规律之间，处于历史认知从具体到抽象、从感性认识到理性认知的关键节点，起到承前启后的作用"①，是形成历史思维的关键。学生只有在对历史概念深入理解、准确把握的基础上，才能透过历史现象认识到历史的本质，把握历史规律，形成自己的历史认识。所以，在深度学习视角下的历史主题教学中，教师可以抓住在历史知识中处于重要地位、影响学生历史思维发展、具有核心影响力的历史概念，以历史事件、人物为载体，进行以历史概念为中心的主题教学。

例如，笔者进行统编版八年级上册第 4 课《洋务运动》的教学设计时，就抓住"近代化"这一历史核心概念，展开设计：

课例一：统编版八年级上册第 4 课《洋务运动》

【教学主题】洋务运动——中国近代化的第一步

【设计思路】《洋务运动》是"近代化的早期探索和民族危机的加剧"主题单元中的第一课，洋务运动本身也是中国历史上的第一次近代化运动，是中国在"三千年未有之大变局"下探索近代化迈出的第一步，具有深远意义。了解"近代化"的概念，理解洋务运动对中国近代化的深远意义，就成为本课学习的关键。本课设计以"近代化"历史概念为中心，围绕"洋务运动——中国近代化的第一步"这一主题，从什么是"近代化"、为何"近代化"、怎样"近代化"、我看"近代化"等四个问题展开探究，呈现洋务派在中国近代化探索中的艰难历程，让学生认识到洋务运动是中国近代化探索的第一步，对中国近代化探索具有深远意义。

【核心目标】了解"近代化"的历史概念，认识洋务运动是中国近代化探索的第一步，对中国近代化探索具有深远意义。

…………

2. 以情感态度价值观为中心

历史学科作为一门人文学科，它的起点和归宿都指向了"人"——历史上的"人"，课堂上的"人"和社会生活中的"人"，用历史上的"人"丰富的情感和高尚的精神品格去影响课堂上的"人"，即学生，使他们成为兼具历史眼光和世界视野、家国情怀和人文情怀、民族精神与时代精神的社会生活中的

---

① 马宁. 新课程背景下加强历史概念教学的策略分析［J］. 新课程研究，2008（6）：33 – 35.

"人"，即社会公民。所以，注重对学生情感态度与价值观的引领，实现知识学习与品格塑造、智慧启迪与心灵滋养的有机统一，是历史教育的应有之义。

教师要充分挖掘能够引起学生情感共鸣、启发学生价值判断的历史教学资源，开展指向培养学生情感、塑造学生品格的历史主题学习。如引领学生在灿若星辰的古代科技文化中感悟人类的智慧；在儒家的思想流传中学习"仁、义、礼、智、信"等传统美德；在博大精深、源远流长的五千年文明中体会中华传统文化的基本精神；在近代民族危机、奋起抗争中感受个人、家庭、国家命运的紧密相连。引导学生在知识意义的深入理解、情感的深度体验中"与历史对话，与心灵共鸣"，学会用历史的眼光看待事物的发展与变迁，体会历史文化的深沉与厚重，从而形成正确的人生态度与价值判断、深厚的民族情感与人文情怀、开放的态度与世界意识。

例如，笔者在进行《两汉的科技文化》一课教学设计时，就抓住两汉科技文化中的核心精神，从情感态度价值观角度切入，进行设计：

课例二：统编版七年级上册第15课《两汉的科技和文化》

【教学主题】探寻文化精神，感悟家国情怀

【设计思路】两汉时期是我国作为统一多民族国家初步发展的历史时期，更是我国科技文化发展奠基的重要时期，这一时期文化多元、科技领先、中外交流频繁，奠定了中国文化大发展、大繁荣的基本格局，更体现出中华传统文化的基本精神和深厚底蕴。本课即以"探寻文化精神，感悟家国情怀"为主题，将教学内容整合为"一纸泽芳——尚勤""悬壶济世——施仁""秉笔直书——求真""参禅悟道——弘善"四部分，引领学生去发现两汉时期杰出历史人物身上的"家国情怀"；去感悟蔡伦以及一代又一代古法造纸传承人勤劳、充满智慧、不断钻研的"工匠精神"，司马迁秉笔直书的求真精神，张仲景、华佗悬壶济世、救死扶伤的仁医精神，古代佛教、道教的崇善精神；从中国优秀传统文化精神及核心价值观中汲取成长的养分和动力，增进文化认同，传承文化血脉，培养家国情怀。

【核心目标】了解两汉时期科技、文化成就的基本史实，探寻两汉文化中"勤、仁、真、善"的文化精神、文化力量，感悟两汉时期人们对美好精神品格的追求，学习杰出历史人物的家国情怀。

【教学环节】

（引入主题）引导学生结合之前学的关于两汉时期的内容以及自己课外阅读获得的知识，谈谈"你印象中的两汉时期"，对两汉时期的政治、经济、对外交往相关内容进行回顾，进而指出两汉时期政治上的"大一统"、经济上的繁荣发展为两汉时期科技文化的发展提供了条件，切入主题。

…………

3. 以历史线索为中心

历史知识浩如烟海，历史现象纷繁复杂，但每一个历史事件、历史现象在历史长河中都不是孤立存在的，它们之间有着千丝万缕的联系。因此，教师在历史教学中，"提要钩玄"地找出历史事件、历史现象间的联系，梳理出历史的基本脉络与发展线索，搭建学生的学习框架，填充进丰富的史料和细节，引导学生在历史学习中找出历史发展的规律和阶段性特征就显得尤为重要。例如，笔者就以时间为线索，归纳中国社会主义经济建设过程的阶段特征，对《中国社会主义经济建设的曲折发展》一课进行了如下设计：

课例三：岳麓版必修二第18课《中国社会主义经济建设的曲折发展》

【教学主题】 曲折与发展

【设计思路】整体把握时间脉络，按照历史不同阶段，分别以"冷静、激情、狂热"三个关键词，将教学内容整合为"冷静中的艰难起步（1949—1956）""激情中的曲折探索（1956—1966）""狂热中的重大挫折（1966—1976）"三个板块，分别对应我国社会主义经济建设的三个历史时期，即社会主义过渡时期（1949—1956）、全面建设社会主义时期（1956—1966）、"文化大革命"时期（1966—1976），引导学生了解我国社会主义经济建设的探索过程和取得的成就、探索过程中的巨大偏差和失误，体会20世纪50年代至70年代中国社会主义经济建设的曲折历程，总结历史经验，认识事物发展的规律，养成尊重客观规律和实事求是的历史治学态度，培养唯物史观；客观评价20世纪50年代至70年代中国社会主义经济建设的经验教训，认识历史学习的价值，增强历史洞察力和历史使命感，提高历史素养。

【核心目标】了解我国社会主义经济建设的探索过程和取得的成就，探索过程中的巨大偏差和失误，体会20世纪50年代至70年代中国社会主义经济建设的曲折历程，总结历史经验，树立尊重客观规律和实事求是的历史意识。

【教学环节】

（引入主题）展示中国社会主义经济建设的时间线索图，从纵向上把握中国社会主义经济建设的发展阶段。

…………

4. 以历史研究性学习活动为中心

深度学习理论认为基于探究、基于项目、基于挑战等具有创造性和实践性的学习方式，能够有效促进学生的深度学习，发展学生学科思维，让学生学会学习。历史项目研究性学习、综合实践课不断发展，对于一些与现实生活联系紧密、可以在现实生活中寻找到学习资源的教学内容，教师可以设计一些历史主题研究性学习活动，指导学生围绕学习主题，去博物馆、图书馆、历史遗迹、名人故居等身边的"史料库"中搜集资料、整理资料，对历史问题进行研究、论证；指导学生走访历史亲历者，开展口述史学习；指导学生开展社会调查，了解社会变迁。丰富的历史研究性学习活动，能够激发学生的历史学习兴趣，开拓学生的历史学习视野，让学生在辨析史料中感受严谨的历史考证精神，培养学生关切社会现实的人文情怀。

如在教授人教版必修一第 13 课《对外开放格局的形成》时，笔者设置了"改革开放 40 年家乡的变化"主题研究活动，引导学生在课后通过调查、访谈、查阅资料等方式了解改革开放对家乡带来的影响，并在课堂上谈谈自己的收获，分享改革开放带来的变化，加深认识改革开放对中国的深远意义。

课例四："改革开放 40 年家乡的变化"历史主题活动课

【设计思路】让学生在课堂学习的基础上，走进博物馆、社区、档案馆，进行资料搜集、文物访寻，从城市风貌、居民生活、经济交通、文化教育四个方面了解改革开放 40 年来家乡的变化，并进行小组汇报展示；通过切身感受改革开放给家乡带来的变化，增强对改革开放伟大历史意义的认识，树立开放意识，增强历史使命感。

【核心目标】从城市风貌、居民生活、经济交通、文化教育四个方面了解改革开放 40 年来家乡的变化，认识改革开放对中国的深远意义。

【活动过程】

①教师介绍活动主题及基本内容、社会调查的基本方法及活动要求。

②学生可按城市风貌、居民生活、经济交通、文化教育四个调查方向自行组成小组，进行小组讨论，拟订调查计划并提交给老师以获得建议与指导。

③学生按照调查计划深入博物馆、社区家庭、档案馆、规划馆进行实地调研，收集资料，并对社会调查的数据、访谈记录以及相关资料进行分类整理、理解分析，形成小组调查报告。

④学生在课堂上通过 PPT 的方式展示自己的调查成果，师生共同对各组的调查成果展开评议，并评选出"优秀调查小组"和"优秀调查报告"。

在这样的主题项目活动中，学生不仅锻炼了自己的史料搜集能力、史料整理分析能力、人际交往能力、合作探究能力，更了解了历史与现实的紧密关联，从而激发对历史学习的兴趣。

四、深度学习视角下中学历史主题教学实施分析

深度学习视角下的中学历史主题教学是指向学生历史学科核心素养培养的教学，而学生核心素养的培养并非一蹴而就，需要教师在长期的"素养本位"的历史课堂教学实践中如春雨般"润物细无声"，将核心素养点滴浸润在课堂中，浸润在学生的心田里。

（一）实施策略

深度学习理论认为："高投入""高认知""复杂环境"① 是学生进入"深度学习"状态的主要表征："高投入"即学生全身心、高度参与课堂学习活动，表现为专注、倾听以及坚毅的学习品质；"高认知"强调学生的深度理解、高阶思维；"复杂环境"是学生能够在具有挑战性的学习任务中与他人合作、进行学习。在课堂教学中，教师可在导入环节设置情境关联、前后连贯、逐层递进的问题链，调动起学生"高投入"的学习情绪；可在探究环节拓展推进主题深入的历史材料，以促进学生对学习内容的"高认知"；还可以运用历史细节，创设与现实链接的、相对真实的学习情境、学习活动，促进学生在相对开放、多元的"复杂环境"中提升学习能力。

1. 巧设"问题链"，引入主题

学起于思，思源于疑。问题是开启学生思维的智慧钥匙，更是推动学生学习的动力引擎。在深度学习视角下的历史主题教学中，教师可在导入环节设置情境关联、前后连贯、逐层递进的问题链，以引出教学关键问题，引入学习主题，为后续教学的开展埋下伏笔。同时，在思考、疑问中引发学生强烈的求知欲，调动学生学习的积极性，为进入"高投入""高参与"的学习状态作准备。问题链的设置可以针对学生新旧知识的连接点，以激活旧知识，生长新知识；可以针对学生在学习过程中可能产生的问题、困惑，对学生学习水平进行先期勘探，充分预设；也可以针对历史事件与学生现实生活的落差，形成认知冲突，以引起学生强烈的探究欲；还可以是历史情境、人物故事中的悬念制造，引发"同理心"，在对事件发展、人物命运的关切、期许中进入"高投入"的学习状态。

例如，一位老师在《七七事变与全民族抗战》② 的教学导入环节就展示了一

---

① 尤小平. 学历案与深度学习［M］. 上海：华东师范大学出版社，2017：79.

② 案例来自 2017 年广西初中历史教学优质课展示活动。

张来自中国人民抗日战争纪念馆的文物照片——一面"死字旗"的照片，旗的正中写着一个斗大而苍劲有力的"死"字，左右两侧写着这样的几行小字：

（右）我不愿你在我近前尽孝；只愿你在民族分上尽忠。

（左）国难当头，日寇狰狞。国家兴亡，匹夫有分。本欲服役，奈过年龄。幸吾有子，自觉请缨。赐旗一面，时刻随身。伤时拭血，死后裹身。勇往直前，勿忘本分！

学生顿时都被这面写着大大的"死"字的旗帜给震撼到了，接着这位老师用饱含深情的语言进行讲述："这是一位父亲送给他即将走上战场的儿子的一面亲笔写着'死'字的旗帜。'舐犊情深，爱子心切。'这是每位父亲对儿女深沉的爱；'儿孙绕膝，共享天伦'是每个中国人对幸福美好生活的期待，这是怎样的'国难当头'才使得这位父亲愿为'国家兴亡'把亲爱的儿子送上战场？"课前这一情境关联的问题设置，不仅快速吸引了学生的注意力，引发了学生的认知冲突，更将学生带入情境中，引发学生思考，引起学生对人物命运的关切，奠定了感情基调，让爱国情怀、民族使命感直抵学生的内心，以此引出"全民族抗战"的学习主题，为后面的学习埋下伏笔。

2. 拓展历史材料，深入主题

"史料为史之组织细胞"[①]，它是历史研究的基石，也是课堂教学的基础素材，学生推论"过去"、确证历史的证据来源。在深度学习视角下的历史课堂教学中，教师可以围绕主题整合核心史料，搭建学生历史探究的认知阶梯，引导学生在多角度、多类型史料的对比分析、归纳概括中，深入历史主题，探究历史发展，触摸历史真实，在对历史的理性思考与感性体悟中，更全面地认识历史、更深入地理解历史，促进学生对历史学习的"高认知"。

例如，在人教版历史必修一第16课《抗日战争》一课的教学设计中，笔者就展示了来自不同抗战群体的多角度史料，以突出"全民族抗战"这一教学主题。

材料一：中共为国共合作抗日作出的努力与牺牲

当此国难极端严重民族生命存亡绝续之时，我们为着挽救祖国的危亡，在和平统一团结御侮的基础上，已经与中国国民党获得了谅解，而共赴国难了……为求得与国民党的精诚团结，巩固全国的和平统一，实行抗日的民族革命战争，我们准备把这些诺言中在形式上尚未实行的部分，如苏区取消，红军

---

① 梁启超. 中国历史研究法［M］. 石家庄：河北教育出版社，2000：49.

改编等，立即实行，以便用统一团结的全国力量，抵抗外敌的侵略。①

——《中共中央为公布国共合作宣言》（1937 年 7 月 15 日）

材料二：国民党对抗战的态度

最后关头一到，我们只有牺牲到底，抵抗到底，唯有牺牲的决心，才能博得最后的胜利……如果战端一开，就是地无分南北，年无分老幼，无论何人，皆有守土抗战之责任，皆应抱定牺牲一切之决心。②

——蒋介石《对日一贯的方针和立场》（1937 年 7 月 17 日）

材料三："不朽的番号"——中国军队的英勇抗战

在从 8 月 13 日起的 110 天里，中国军队在上海人民的支援下，云集淞沪与日本侵略军展开了殊死的搏斗，前后参战的总兵力为 70 万人，参战的陆军是中国陆军总量的三分之一，中国海、空军几乎全部投入了战斗。战斗非常激烈，历时三个多月，共消灭日军六万多人，打击了日本侵略者嚣张的气焰。③

——魏延秋选编《当代学者论淞沪抗战》

"愿以此七尺之躯，报效国家。宁愿死，不投降！"④

——国民革命军第三战区 88 师 524 团团长谢晋元

"为国家民族死之决心。"⑤

——国民党第三十三集团军总司令张自忠

"跟着党抗战到底！"⑥

——八路军第三纵队回民支队司令员马本斋

材料四：民众的团结抗战

以中华人民之众，土地之广，人人必死之决心……外得国际之同情，内有民众之团结，继续抗战，必能达到维护国家民族生存独立之目的。⑦

——《国民政府迁都重庆宣言》

① 王德锋，傅炳旭. 中国近代史参考资料 [M]. 长春：吉林人民出版社，1993：391 - 393.
② 王德锋，傅炳旭. 中国近代史参考资料 [M]. 长春：吉林人民出版社，1993：405 - 407.
③ 魏延秋. 当代学者论淞沪抗战：上卷 [M]. 上海：上海科学技术文献出版社，2017：225.
④ 魏延秋. 当代学者论淞沪抗战：中卷 [M]. 上海：上海科学技术文献出版社，2017：4.
⑤ 中共中央宣传部理论局. 纪念中国人民抗日战争暨世界反法西斯战争胜利 70 周年纪实文章选 [M]. 北京：学习出版社，2015：139.
⑥ 中共中央宣传部理论局. 纪念中国人民抗日战争暨世界反法西斯战争胜利 70 周年纪实文章选 [M]. 北京：学习出版社，2015：136.
⑦ 王德锋，傅炳旭. 中国近代史参考资料 [M]. 长春：吉林人民出版社，1993：510.

同时，笔者还展示了学生军、工人、妇女、儿童、少数民族人民、文艺工作者团结抗战的图片。在反映不同群体团结抗战的多角度史料中，学生能跟随老师步步深入主题，感受到抗日战争中中华民族的空前团结、民族意识的空前觉醒——同仇敌忾、共赴国难、共御外辱，谱写了一曲"一寸山河一寸血"的壮丽史诗，体会到中华民族在血与火的考验中凝聚的伟大抗战精神，加深对"全民族抗战"主题的理解。

3. 运用历史细节，烘托主题

历史是由无数个历史细节构成的，叶小兵认为："历史细节往往是具体的、形象的，可以使已经逝去的历史重现出有血有肉、有声有色的原状，使学生感受到历史的真实。细节往往又是典型的、有特色的，可以以小见大，于细微处见精神，使学生更真切地了解和认识所学的史事。细节还往往具有启发性，通过细节可以引发学生的联想、想象等思维活动，加深对所学知识的认识。"[1]作为反映历史原貌的最小单元，历史细节可以展示历史人物的内心世界；聚焦历史事件的关键节点；折射历史事件发生的特定背景；定格真实的历史画面，以小见大，见微知著，穿透史实，洞察历史本质，勾连历史线索，从而烘托历史主题，提升历史课堂教学的品位。所以，教师在进行主题教学时，选取一些能丰富历史教学、烘托历史主题的历史细节，展现历史中的"人"和"物"，帮助学生更好地融入历史情境，感受历史的厚重感，使历史的情感直抵人心，震撼心灵。

例如，在讲《辛亥革命》一课中"革命志士奋斗"这一部分内容时，笔者就展示了在黄花岗起义中牺牲的革命烈士林觉民在革命紧要关头给妻子的绝笔信，并配上诵读音频：《与妻书》中开头的第一句"意映卿卿如晤，吾今以此书与汝永别矣!"[2]，瞬间将学生带入了革命志士与爱妻挚爱永别、万千眷念的情绪中。随着作者的深情讲述、艰难抉择、献身革命的宏愿的层层递进，革命志士的心路历程慢慢铺展开来。从"夫妻之爱"到"普天大爱"，从"个人幸福"到"天下永福"，每一笔、每一句都流注着这位年仅24岁的革命青年炽热的血液、对祖国人民深沉的爱。解读到这里，不少学生眼眶里已饱含热泪，眼神里透露出对这位革命烈士的钦佩、崇敬之情。接着笔者提问："这些革命青年为何要在如此青春年华的岁月写下这一封封绝笔书？是怎样的理想信念让他们用生命去追寻、去奋斗？"笔者进而展现革命烈士徐锡麟"重建新国，图共和之幸福"[3]的理想信念，让学生感受到辛亥革命中的革命青年心中的民族大义、家国情

① 叶小兵. 细节的重要 [J]. 历史教学，2005（9）：56–57.
② 陈翼周，贾国静. 再现世界历史之辛亥革命 [M]. 济南：山东科学技术出版社，2017：57.
③ 陈翼周，贾国静. 再现世界历史之辛亥革命 [M]. 济南：山东科学技术出版社，2017：55.

怀，直抵人心，震撼心灵，从而烘托本课的主题"探民主之路，寻共和理想"。

4. 历史链接现实，升华主题

英国历史学家爱德华·卡尔曾说："历史是现在与过去之间永无休止的对话。"[①] 在时间的长河中，历史的小船承载着民族或人类的集体记忆从过去驶往未来，将智慧与文明传递给我们，同时也将现实使命赋予我们。联系现实成为历史教育的必然要求，更成为实现历史教育社会功能的重要途径。在深度学习视角下的主题教学中，教师可围绕学习主题，结合社会现实，选取适当的教学素材，赋予历史知识现实意义，搭建历史与现实生活间的桥梁，使得历史教学主题在与学生的生活联结、在与现实链接中得以升华，也能启发学生"目光朝下"，在鲜活的"现实生活"中找寻历史的"影子"，知古鉴今，彰往察来。

如一位老师在以"文明的交流与互鉴"为主题的《沟通中外文明的"丝绸之路"》[②] 一课的教学中，就与现实链接，在主题升华环节播放了介绍"一带一路"倡议的视频，并指出"一带一路"倡议是新时代背景下的"文明交流与互鉴"的重要形式，它赋予了文明交流新的内涵：各国携手，共创美好未来！该教师还用一段话对本课内容进行小结、升华，使历史与现实链接，展望未来：

公元前 138 年，张骞从长安出发，沟通了中原与西域的联系，在此基础上丝绸之路开通，此后，中央政府管理西域，丝绸之路不断发展，它成为沟通东西方文明的桥梁和纽带。在这段历史中，我们看到了中国人开拓进取的精神，见证了文明的隔阂被打破，人类一步步走向交流与互鉴，并且共同创造了繁荣的时代。历史是最好的老师，今天我们推动"一带一路"倡议，古"丝绸之路"精神将焕发新的时代光芒，将对世界的发展作出巨大贡献。

（二）实施案例展示

为检测深度学习视角下中学历史主题教学的操作性以及实施效果，笔者选取了统编版八年级上册《人民解放战争的胜利》一课，对其进行了同课异构，设计了两份不同的教学设计：一份是结合一线教师常用的教参、教辅，进行知识点突出的常规课设计；一份是以深度学习为理论指导，进行深度学习视角下的中学历史主题教学设计。笔者将两份教学设计交由两位教龄、职称、教学风格相似的一线教师在两个学生学习基础、成绩层次、学习态度都相差不大的实

---

① 爱德华·卡尔. 历史是什么？［M］. 陈恒，译. 北京：商务印书馆，2007：11.

② 案例来自 2017 年广西初中历史教学优质课展示活动。

验班展开教学实践，并对教学过程、教学效果进行对比分析。因篇幅所限，仅将主题教学设计呈现如下：

【教学主题】以人民的选择为教学主题，以突显深度学习视角。

【设计意图】选取课文标题中"人民"二字，将本课的主题定为"人民的选择"，突出人民解放战争中人民对和平与民主的期望、人民的选择以及人民的力量。并对教材的两个子目进行意义建构，整合为"晴朗与乌云：解放区与国统区""破雾与待旦：三大战役与解放南京""黎明与新天：人民的期望与人民的选择"三部分，力图展现在解放战争这"翻天覆地三年间"，人民与中国共产党一起从"乌云密布"到"破雾待旦"再到"迎接黎明与新天"的艰苦斗争历程，体现战争中人心的变化、实力的转变、战争后方土地改革的红旗漫卷以及战场上的风云变幻。

【教学目标】核心目标：了解人民解放战争的基本历程，分析人民解放战争取得胜利的主要原因，认识到"人民群众是历史的创造者，是推动历史前进和社会变革的决定力量"。阶段目标：①了解土地改革的背景及基本内容，理解解放区土地改革的历史意义，认识到解放区土地改革为人民解放战争的胜利奠定了群众基础。②掌握三大战役及南京解放的基本史实，知道三大战役的胜利和南京解放为人民解放战争的胜利提供了战略保证。③了解人民群众在解放战争中的突出作用，分析人民解放战争迅速取胜的原因，认识到"人民群众是历史的创造者，是推动历史前进和社会变革的决定力量"。

【评价任务】分析土地改革文件，了解土地改革路线及基本内容；观看土地改革图片及影音资料，感受土地改革热火朝天的历史场面；分析史料，获取有效历史信息，小组合作，分析、归纳出土地改革的历史意义。（检测目标1）

小组合作，课前搜集相关资料，结合《三大战役示意图》、各战役局部地图、渡江战役示意图，介绍战争概况及战略战术，掌握三大战役及南京解放的基本史实，感受人民解放军高超的战略战术。（检测目标2）

观察历史图片，阅读史料，对比解放区和国统区人民生活的状况，在历史大背景中感受人民对和平和民主的期望，理解人民作出的选择；分析史料，小组合作探究人民解放战争取得胜利的主要原因，了解人民群众为解放战争胜利作出的贡献与牺牲；结合所学，查阅资料，写下体会，认识到"人民群众是历史的创造者"。（检测目标3）

【教学过程】

情境创设，导入主题

展示老照片（1949年4月22日邹健东拍摄的名为《我送亲人过大江》的老

照片），深情讲述历史故事。照片中一位瘦弱的长辫子姑娘正奋力摇着桨，送一群战士过江。小小的背影打动了无数人，纪录片《风雨钟山路》中动情地写道："照片上的小姑娘，你是否记得50年前那个傍晚，你以纤弱的身躯摇着小船送走了黑暗，迎来了黎明。"这个"摇船姑娘"是谁？她生活在一个怎样的年代？她为何会作出这样的举动，这样的选择？又为何说她"送走了黑暗，迎来了黎明"？让我们带着这些问题，一起走进第24课。

设计意图：图片导入，创设教学情境，引起学生的注意，带领学生走近图片中的故事与历史人物，激发学生的好奇心与学习兴趣，带着问题进入学习。同时也引出了本课主题，为后面的教学作铺垫。

主题探究

一、晴朗与乌云：解放区和国统区

第一部分用地图和时间将历史时空进行定位，引导学生回到1947年的解放区，走进小姑娘生活的时代，对比解放区的土地改革和国统区的黑暗统治，体现人心的转变，人民的选择。重点探究解放区的土地改革，土地改革使中国共产党赢得了广泛的群众基础，得到人民的支持，为解放战争的胜利奠定了基础。

教师讲述：首先让我们把目光投回到1947年的中国，去走进这个小姑娘生活的年代，1947年的中国，（展示"内战爆发时国统区和解放区形势图"）内战爆发一年，硝烟弥漫下的人民却处于两种不同的境地。

（一）解放区的土地改革

播放歌曲《解放区的天》视频选段，并展示农民欢庆土地改革胜利，露出喜悦的笑容的老照片，提问：为什么农民们认为"解放区的天是晴朗的天"？他们又为何如此"欢喜"呢？（提醒学生关注图片细节）随后进入土地改革的探究：

联系旧知，思考新知。引导学生回忆在第21课《敌后战场的抗战》中学习的为团结各阶层共同抗日实行的减租减息政策，通过对话设疑、层层追问，引发学生思考：在当前内战情况下减租减息的政策是否还适用？并结合"地主、农民土地占有比例图"、毛泽东回答埃德加·斯诺关于土地与中国革命的联系的问题等史料，引导学生认识到：抗日战争胜利后，减租减息的政策已不能满足农民的要求，农民迫切希望获得土地。为了巩固解放区，获得农民的支持，也有必要立即进行土地改革，废除封建剥削的土地制度，提高农民革命和生产的积极性。

重返现场，感知过程。通过《暴风骤雨》等反映土地改革的视频片段，结合教材内容，引导学生去把握土地改革的过程，重返历史现场，感受土地改革热火朝天、红旗漫卷的历史场面；并展示翻身农民分到土地、从地主家搬出粮食、分得棉衣，无比喜悦的老照片，真实、直观地向学生展示土地改革给农民生活带去的变化。

多元史料，探究意义。展示曾见证中国土地改革的美国学者韩丁在《翻身——中国一个村庄的革命纪实》中记录的"张庄各阶级占有土地变化表"，展示"山西南部村民向毛泽东祝贺新年的信"、美国《密勒氏评论报》对中国土地改革的评论等史料，从纪实文学、信件、报纸评论、历史照片等多元化史料，从见证者、亲历者、他者等多角度引导学生去探究土地改革对人民解放战争的作用、土地改革的历史意义。

（二）国统区的黑暗统治

（展示材料）

反对内战

又打雷，又打闪，一片乌云遮满天；

反动派调兵一百万，进攻解放区打内战……

——解放军歌曲编辑部《解放战争时期歌曲选集》（1959年版）

教师进行过渡：然而，相比解放区的"天清人和"，此时的国统区却是另一番景象。为何说当时的国统区"一片乌云遮满天"？国统区的人民经历着怎样的生活？

引起学生的兴趣与思考，进而展示国统区"饥民乞食的惨状""反抗国民党军警镇压""物价天天涨，钞票不值钱"等图片，去直观呈现国统区人民面临的"独裁、饥饿、经济危机"等状况。让学生在解放区和国统区人民生活状况的鲜明对比中，理解到在内战的硝烟与阴霾中，中国共产党顺应民意，为人民谋福利，通过土地改革为解放区的"天空"带去了"晴朗"，赢得民心；而国民党依旧实行独裁、反动统治，让阴云笼罩在国统区的天空，失去民心。

进而展示"翻身农民积极参军，支援解放军"的老照片与"国民党拉壮丁"的告示图片，直观呈现面对两种不同的境遇、两种不同的命运，人民选择了跟着共产党走，人民群众的支持为人民解放战争奠定了胜利的基石。

二、破雾与待旦：三大战役与南京解放

第二部分主要展示战场的风云变幻，三大战役的胜利和南京解放体现了中国共产党高超的战略战术，为人民解放战争的胜利提供了战略保证。在人民群众的支持下，中国共产党转劣势为优势，人民解放军枕戈待旦，随时迎接黎明的到来。

（一）三大战役

教师过渡：为了尽快驱走笼罩在国统区人民上空的乌云与阴霾，迎来民主与解放的黎明，中国共产党作出了将战略防御转为战略进攻的决策。首先就是"千里挺进大别山"。

（展示地图）引导学生分析大别山"瞰制中原，威胁南京，进逼长江，直指武汉"的重要战略地位，指出"刘邓大军千里挺进大别山"揭开了人民解放军战略进攻的序幕，经过连续作战，国民党军队逐步陷入被动防御状态。在此基础上，人民解放军乘胜追击，发动"三大战役"。

（展示三大战役示意图以及各战区局部地图）

开展"战地小记者"播报活动，学生开展小组活动，结合课前分工查找的资料、教材内容，上台指着地图用自己的话，简单播报一下"战地简报"，讲述三大战役中人民解放军的战略战术。在小组活动中培养学生的合作意识，归纳、概括能力以及表达能力；让学生学会看历史地图，培养学生的时空观念。

（展示三大战役前后国共双方兵力变化图）

教师指出：三大战役后，国共双方的力量对比发生了巨大的改变，国民党主力基本被消灭，大大加速了人民解放战争在全国的胜利。

（二）南京解放

（展示渡江战役形势图、人民解放军强渡长江图）

教师讲述：1949年4月21日，中国人民革命军事委员会主席毛泽东、中国人民解放军总司令朱德向全体人民解放军发布了《向全国进军的命令》，渡江战役正式打响，在长江北岸枕戈待旦的人民解放军百万雄师兵分三路，横渡长江，直逼南京。江面上万炮齐鸣、千帆竞发，一只只满载着人民解放军突击部队的木船，在北岸强大炮火的掩护下，迎着南岸敌军拦截的枪林弹雨，向对岸涌去。

（展示PPT）

教师讲述"摇船姑娘"颜红英的故事：在硝烟炮火、波涛起伏中，一个奋力划船的小小身影格外引人注意。这个小姑娘名叫颜红英，是江苏省宝应县广洋湖镇杨林沟村人，家里以跑船为生，他们感受过共产党土地改革时的喜悦，同样也看到过国民党的黑暗统治，"受尽了日本人和国民党的欺负"，所以，一听到人民解放军准备调集船只，横渡长江，颜红英一家就主动要求参加渡江战役支前工作，护送解放军战士"过江打胜仗"，她小小的声影与波涛壮阔、枪林弹雨的江面形成巨大反差。时任新华社解放军前线分社摄影记者的邹健东深受感动，举起了手中的老式莱卡照相机，拍下了这个难忘的瞬间……时间流逝，这张照片定格了历史的记忆，而照片中展现的军民鱼水情和人民群众对革命事业的全力支持却愈加熠熠生辉。所以，当渡江战役的小船驶过江面，奔向对岸时，也是中国革命冲破层层迷雾与黑暗，迎接胜利与黎明之时。

（"摇船姑娘"当时的年龄与学生相仿，容易拉近与学生的距离，形成"同理心"与榜样作用，使学生与历史人物产生共鸣；同时也解开了导入的疑问，以小见大，以小姑娘的选择来体现出人民的选择）

主题升华

三、黎明与新天：人民的期望与人民的选择

第三部分对中国共产党取得人民解放战争胜利的原因进行探究，让学生从战争的宏伟场面、课文带来的高潮中慢慢沉静下来，去反思、重新审视这场战争：抗日战争结束后，留给人民的是满目疮痍与永远的战争伤痛，百废待兴，中国的发展需要和平的环境，为何我们在最需要和平的年代却与和平擦身而过？为何中国共产党仅用三年的时间，就带领人民用"小米加步枪"打败了国民党"精兵百万、美式装备"，取得了解放战争的胜利和新民主主义革命的胜利？在这场战争中，人民最期待的是什么？从而展开探究。

探究：人民解放战争取得胜利的主要原因

（展示解放战争时期歌曲《全国人民起来制止内战》歌词，三大战役人民支持前线统计表，人民解放军英勇作战图，解放战争中工人、学生等反抗国民党反动统治的史料）

引导学生开展小组合作探究，结合本课所学内容，充分解读史料信息，进行归纳与概括。学生会从中国共产党正确的战略战术，人民解放军的英勇奋战，中国共产党得到了人民的支持，国民党的黑暗统治、腐败不得民心等方面作答，教师进而追问：你们认为这么多的原因中最重要的原因是什么？

用图片展示战争中农民的选择、工人的选择、学生的选择、国民党军人的选择，体现在内战与国民党的反动统治中，军心思归、民愿和平，和平与民主成为人民最大的期待，中国共产党顺应了人民期望和平与民主的民意，得到了人民的支持，得到了民心，而这也是中国共产党能够领导人民取得人民解放战争胜利的最根本原因。

课堂小结

运用时间轴，对解放战争发展历程进行回顾，梳理知识线索。

拓展延伸

结合所学知识，课后查找资料，说说你怎样理解"人民群众是历史的创造者和推动历史发展的决定力量"这句话，并结合具体的例子，写一个小论文。

（三）实施效果及评价

为了解深度学习视角下中学历史主题教学的实施效果，笔者采用课堂观察、试卷测验、随机访谈等方式对《人民解放战争的胜利》一课的常规课和主题课教学效果分别进行了测验和分析。同时，笔者还搜集了上课学生、上课教师以及听课教师对两堂课的评价及反馈意见，以对深度学习视角下的中学历史主题教学展开客观评价。

1. 教学效果

深度学习理论认为："高投入""高认知""复杂环境"[1] 是学生进入"深度学习"状态的主要表征，"高投入"即学生全身心、高度参与课堂学习活动，表现为专注、倾听以及坚毅的学习品质；"高认知"强调学生的深度理解、高阶思维；"复杂环境"是学生能够在具有挑战性的学习任务中与他人合作、进行学习。基于此，笔者通过课堂观察、试卷测验、随机访谈等方式对两堂课的教学效果进行了测评，课堂观察主要考查学生在两种不同的课堂中的参与度、在复杂环境中与教师互动、同学合作的程度；试卷测验则考查学生对知识的理解程度，考查学习的深度；随机访谈通过不同成绩层次的学生学习的反馈，了解两种不同课堂对不同成绩层次的学生学习的差异化影响。

（1）课堂观察分析。

在两位教师进行授课时，笔者邀请了4位教师在课堂中采用"座位表技术"对学生课堂参与广度（表2、表3）、学生应答方式（表4）与学生的学习状态（表5、表6）进行了观察记录，以考查学生的学习参与度、与教师的互动度、学习的专注程度。

表2　常规课"学生课堂参与广度"定量记录表[2]

活动主题	活动方式	活动时间	学生参与广度					参与人数
			座次表					
复习旧课，导入新课	回答问题	5分钟		√				5
					√	√		
			√				√	

---

① 尤小平. 学历案与深度学习［M］. 上海：华东师范大学出版社，2017：79.

② 本表参考自：李杰. 历史课堂观察的方法与策略［M］. 北京：北京师范大学出版社，2013.

（续上表）

活动主题	活动方式	活动时间	学生参与广度						参与人数
			座次表						
解放区为何要进行土地改革	探究思考	5分钟左右	√	√					7
					√	√			
			√				√	√	
三大战役与南京解放	读图思考	3分钟左右			√				5
			√	√			√		
						√			
解放区土地改革的作用及意义；人民解放战争取得胜利的原因	小组讨论	10分钟左右		√	√				10
					√		√	√	
			√	√			√	√	
						√			

表3　深度学习视角下中学历史主题教学"学生课堂参与广度"定量记录表①

活动主题	活动方式	活动时间	学生参与广度						参与人数
			座次表						
看图导入	看图聆听、思考	2分钟		√	√				13
				√	√	√	√		
					√	√		√	
			√					√	
					√		√		

----

① 本表参考自：李杰. 历史课堂观察的方法与策略［M］. 北京：北京师范大学出版社，2013.

（续上表）

活动主题	活动方式	活动时间	学生参与广度 座次表						参与人数
解放区土地改革的背景	联系旧知，互动回答	2分钟左右		√		√			9
				√	√	√			
							√		
					√				
				√		√			
土地改革进程；国统区的黑暗统治；渡江战役中小姑娘的故事	观看视频、图片思考聆听故事，思考体会	8分钟左右		√	√	√			20
				√	√		√		
			√	√	√	√	√		
				√	√	√			
解放区土地改革的历史意义？人民解放战争取得胜利的原因？	小组讨论	10分钟左右		√	√		√	√	19
				√	√				
				√		√			
			√		√		√		
				√					
三大战役概况及战略	小组活动："战地简报"	8分钟左右			√		√		23
			√	√		√		√	
				√		√		√	
			√	√		√			
				√	√		√	√	

【对比分析】在教学主题不突出的常规课中，学生的整体参与度不高，参与面较窄，参与的人数也较少。学生在复习旧课、回答问题、读图思考等需要独立思考、完成的任务中表现得相对被动，缺乏积极性。课堂上多是教师抽点学生回答问题，教师也发现学生有动作拖拉、注意力不集中的现象；在小组讨论、合作探究等集体任务中，也只有前几排的学生在参与讨论，后排学生普遍参与度较低。而在深度学习视角下的中学历史主题教学中，学生的整体参与度较高，参与面相对较宽，参与人数也较常规课明显增加，特别是在"战地简报"等需

要合作探究的小组活动中，学生表现出较高的积极性，大多数学生都能积极主动参与到小组活动中来，为小组的汇报展示出谋划策。而在观看视频、聆听故事等需要学生用心感受的学习任务中，多数学生的神情都较为专注，能够"沉浸"在教学情境中。课堂参与的"主力"也由前排扩展到全班。

表4　学生应答方式定量观察记录对比表①

	常规课	深度学习视角下的中学历史主题教学		
应答方式	频次	百分比（%）	频次	百分比（%）
无应答	2	10	0	0
集体回答	4	20	10	26.3
讨论后汇报	4	20	10	26.3
自由答	5	25	6	15.8
个别回答	5	25	12	31.6
总计	20	100	38	100

【对比分析】深度学习视角下中学历史主题教学中学生回答问题的总体频次明显多于常规课的频次，各类分项应答频次也均多于常规课的分项应答频次。在深度学习视角下的中学历史主题教学中，学生集体回答、讨论后汇报等参与面较广的探究回答频次占到了总频次的52.6%；学生在自由答、个别回答中的完成度也更高，且多为主动回答。而在常规课中，学生回答问题较为被动，多为教师抽点回答，学生问题回答的完整度也不够高，教师与学生的互动较差，出现了两次无应答的情况。

表5　常规课中学生的学习状态

表6　深度学习视角下的中学历史主题教学中学生的学习状态

注：★学习兴趣浓厚，认真倾听，积极主动参加课堂活动。

●学习兴趣一般，较为认真倾听，被动参加课堂活动。

▲对学习不是很感兴趣，不认真听，被动或者不参加课堂活动（走神、发呆、做小动作、和身边的同学讲话、打瞌睡等）。

① 本次课堂观察的相关内容和制表参考自：李杰. 历史课堂观察的方法与策略 [M]. 北京：北京师范大学出版社，2013.

【对比分析】在两个实验班学生学习基础、学习意志品质等情况较为相同的状态下。在常规课中，学生的学习状态总体而言不佳，学习兴趣不浓，课堂学习氛围也不太活跃。学生课堂学习行为分析结果显示认真听课并且能够积极主动参与课堂学习活动的学生仅有 7 人，占总人数的 20%；较为认真听课，但是课堂参与表现得较为被动的学生有 19 人，约占总人数的 54%；而不认真听课、几乎不主动参与课堂活动、注意力不集中、时常开小差或者不参加学习活动、打瞌睡的学生有 9 人，约占总人数的 26%。而在深度学习视角下的主题教学课堂中，专注学习的学生明显增多，约占总人数的 46%，学生的学习积极性与学习兴趣也较高。能在老师的引导与监督下完成学习活动的学生也达到了总人数的 45%，只有 3 位学生在学习过程中表现得较为被动，没能按照老师的要求完成学习活动，出现不参与小组讨论、开小差的行为。

综上，我们可以发现在两个实验班学生的学习基础、学习意志品质等基本生源状况都较为相同的情况下，深度学习视角下的历史主题课堂中的学生表现出了更高的学习参与度、与教师的互动度、学习专注度，这说明在同等情况下，深度学习视角下的中学历史主题教学更能激发学生的学习兴趣与积极性，促进学生进入"高投入"的学习状态，提升在"复杂环境"中主动进行探究学习的能力。

（2）试卷测验分析。

为了进一步了解学生在《人民解放战争的胜利》一课的常规课以及深度学习视角下的历史主题课学习中对知识的掌握、理解情况和学生历史学科核心素养的进阶发展情况，笔者综合了近几年关于《人民解放战争的胜利》一课的中考题，从"记忆""理解""运用"三个目标层次，结合历史学科核心素养的五个方面设计了一份测验卷，组织两个实验班的学生在相同的时间内作答（表7），并对他们的成绩进行了统计分析（表8）：

表7　各题目答题情况对比统计表

题号	能力层次	题目难度	常规课获得单题满分人数	占班级总人数比例	主题课获得单题满分人数	占班级总人数比例
1	记忆	易	26	74%	30	86%
2	记忆；时空观念	易	22	63%	25	71%
3	记忆；时空观念	中	18	51%	28	80%
4	理解；历史解释；唯物史观	中	27	77%	33	94%

（续上表）

题号	能力层次	题目难度	常规课获得单题满分人数	占班级总人数比例	主题课获得单题满分人数	占班级总人数比例
5（1）	理解；历史解释	易	24	69%	30	86%
5（2）	理解；时空观念；历史解释	中	16	46%	20	57%
5（3）①	理解；历史解释；唯物史观	难	18	51%	29	83%
5（3）②	理解；历史解释；史料实证	难	15	43%	25	71%
5（3）③	运用；历史解释；家国情怀	难	27	77%	32	91%

表8　课堂小测验成绩人数统计表

	2~4分	4~6分	6~8分	8~10分	10~12分	总人数
常规课	3	8	12	8	4	35
深度学习视角下的中学历史主题教学	1	6	8	11	9	35

【对比分析】深度学习视角下历史主题教学中的学生成绩整体水平比常规课中的学生要高，主题教学中的学生成绩普遍集中在8~10分分段，而常规课学生的成绩普遍集中在6~8分分段；主题教学中学生在高分段（8~10分、10~12分）的人数也比常规课的学生人数多。而由表7我们可以看出：深度学习视角下的历史主题教学中的学生各题目得分情况总体比常规课中学生的得分情况要好，各题目获得满分的学生人数比例均比常规课各题目学生获得满分的比例要高，在涉及"理解、运用"等较高层次考查目标、难度较大的题目中答题情况也是如此。其中，在第3题考查学生对三大战役历史地图的识别的选择题中，主题课堂中的学生因在教学中参与了"战地简报"的小组活动，在活动中提升了对历史地图的识别、理解能力，获得满分的学生人数比例（80%）明显高于常规课此题获得满分的学生人数比例（51%）；而在第4题、第5题第（3）小问考查人民解放战争胜利的主要原因，涉及唯物史观"人民群众是历史的创造者"观点的题目中，主题课堂中的学生因系统接受了"人民的选择"主题课的学习，整体答题情况比常规课学生答题情况好很多。

综上，在同等情况下，深度学习视角下主题课堂中的学生在完成目标进阶、指向核心素养的试题测试中的整体表现优于常规课的学生，表现出了良好的分析、判断、理解、解决问题的能力，对知识的掌握、理解情况，历史学科核心素养的进阶发展情况也较常规课学生要好。深度学习视角下的历史主题教学对学生高阶目标的达成、高阶思维的发展、"高理解"状态的发生有较显著的促进作用。

（3）学生访谈分析。

为了解学生对这两堂课的评价，分析两种不同课堂对不同层次学生学习的差异化影响，在教学实施后，笔者分别从两个实验班成绩排名前、中、后三个层次的学生中各抽取了1名学生进行访谈，收集他们的反馈意见。

常规课班级成绩靠前的学生表示：感觉老师上课的内容基本都是课本的内容，自己预习时已经基本了解了，课堂上还是对课本内容进行复述、勾画的话会觉得有些枯燥，如果能多拓展一些课外的内容，多讲讲历史故事就好了。成绩中等的学生表示：老师讲的内容基本都能听懂，但是感觉内容很多、很散，自己能留下深刻印象、能记住的很少，写了很多笔记，但是也没能明白当天学习的主要内容是什么，在一些问题探究中，自己也不知道该从什么地方下手，怎么去分析史料。成绩靠后的学生表示：对这堂课的学习没什么兴趣，老师讲的内容太多、太乏味，自己没有认真听。

而深度学习视角下的历史主题课堂中的学生普遍表示：这堂课很有趣，希望老师能多上这样的课。其中，成绩靠前的学生表示：课堂挺生动的，内容也能理解，了解到了许多自己没有关注过的解放战争中的人和事，体会到了人民的力量、团结的力量。成绩中等的学生表示：课堂总体都很好，感觉听这样的课一点都不枯燥，学习起来也很有兴趣，也获得了很多收获，自己也能知道本节课中自己应该重点学习、掌握的内容了。而成绩靠后的学生表示：认真听了课，也听懂了，但是就是感觉内容有点多，课上得有点快，自己没能很好地跟上。

从以上反馈可以发现：在常规课的教学中，教师教学内容较为零散，没能形成知识体系，难以突出教学中心与教学重点；教学方式较为单一，以教师讲述为主，学生被动接受，学习效果不佳；教学整体氛围比较沉闷，缺乏生动性、互动性。学习能力较强的学生，难以在课堂上得到进一步的能力提升；学习能力中等的学生难以有效整理自己的知识体系，记忆越多负担越重；学习能力较差的学生难以提起学习兴趣，学习效果差。而在深度学习视角下的中学历史主题教学课堂中，教师教学主题明确，教学内容整合聚焦，突出教学重点和学习重点；教学方式多元，以学生合作探究为主，充分利用教学情境、教学活动来调动学生的学习兴趣，提升学生的学习能力，取得了较好的教学效果。学习能力较强的学生能够获得能力上的进一步提升，获得思维情感上的启发；学习能力中等的学生能够较好把握学习内容，形成知识体系，知道学习的重点与方向；学习能力较差的学生也能提高学习兴趣，但是由于他们习惯于传统的"传递—接受"教学模式，还没能很好地掌握历史学习的一些方法，加之突然接受这样的课堂教学，会有些不适应，未能跟上教学节奏，但笔者预期在长期的课堂学习中情况会有所改善。

2．评价

教师是课堂教学的引导者。为更全面地了解教师对常规课与深度学习视角下中学历史主题教学两种不同教学方式的看法，笔者通过访谈搜集了授课教师、听课教师对这两堂课的评价意见，并且结合教学效果分析、学生的学习反馈，从总体上对这两堂课进行对比评价。

（1）授课教师评价。

两位授课教师从设计的可操作性、推广性以及课堂整体氛围两个角度谈了谈自己在授课实践中的直观感受。

进行常规课的王老师认为作为一节注重基础知识的常规课，这堂课设计主要遵循教材逻辑，知识点较为清晰，备课难度不高，操作性较强。但是该课收到的效果却不太好，课堂整体而言比较沉闷，基本全靠教师讲解，难以与学生形成有效互动，学生的反馈较少，教师教学推进也愈加困难；课下学生对这节课的评价和反馈也较为平淡，整体收效不高。原因主要是这堂课过于强调对知识点的面面俱到，难以突出教学重点；教学材料零散，难以聚焦，难以给学生留下深刻印象。

进行深度学习视角下历史主题教学的李老师认为这堂课是一节有着小角度、宽视野、高立意的课，对教师来说是一个挑战，需要教师在相关书籍的阅读、钻研中去理解设计的意图与中心思想，以在课堂教学中对设计思想有更好的呈现、达到教学设计中的预期目标。整堂课围绕"人民的选择"这一主题引导学生"重返"1947—1949年内战硝烟弥漫的中国，在历史情境中去感受解放区土地改革的红旗漫卷、"三大战役"战场上的风云变幻，去见证战争中中国共产党的战略抉择，战场后人民面对中国"两种前途""两种命运"的历史选择，从而理解人心向背对战争的影响，中国共产党带领人民取得解放战争的胜利，这是人民的选择，更是历史的选择。主题设计有深度、有高度，同时也凸显了价值引领。在实际的教学中，学生的专注度与积极性有很大的提高，能够在教师的引导下主动进行思考、展开探究。在讲述"摇船姑娘"的故事时，李老师明显看到了学生眼中满是温情与敬意。但是，李老师觉得这样的设计需要较长的备课时间，对一线教师较为紧张与繁忙的工作来说是一个不小的挑战。同时，设计的深度较深，课堂的容量也偏大，学生在没有充分预习的情况下接受起来可能会有些困难。

（2）同行评价。

参与听课的刘老师表示：这两堂课各有各的风格与优点。常规课中对学生的基础知识这部分做得较为扎实，并且能够联系单元前后内容，使学生对解放战争整个历史过程有一个较为清晰的把握，知识点的覆盖面也较广。但是常规课教学手段单一，以教师讲授为主，缺乏互动，学生参与度不高，教学效果不明显。深度学习视角下的主题教学课立意较高、内容整合性较强。以"人民的选择"为主题，体现解放战争中时空的转换、战场上的风云变幻以及战争中人心的转变，创设"摇船姑娘"的人物情境，"以小见大"，既丰富了课堂教学也突显了本课的主题。课堂气氛热烈，充满历史感与人文情怀。

参与听课的杨老师表示：常规课在基础知识讲解方面做得较好，但在学生的情感态度价值观培养方面做得还不够。相比之下，深度学习视角下的主题教学在学生的情感价值引领方面做得较好，取得了较好的课堂教学效果。但在本课立意与核心目标方面，选择以唯物史观中"人民群众是历史的创造者，是推动历史前进和社会变革的决定力量"这一理论为出发点是否立意过高，初二的孩子能否很好理解这一历史规律值得探讨。

从笔者的教学实践来看，就整体教学过程而言，常规课教学与深度学习视角下的历史主题教学存在着阶差。常规课教学更多还是"传递—接受"式教学，强调"内容立场"与"教师立场"，教学仅仅停留在知识点的落实层面；而深度学习视角下的历史主题教学是"引导—探究"式教学，强调"学生立场"，关注学生的情感体验、能力培养，教学从知识落实上升到素养培养。如表9所示。

表9　深度学习视角下中学历史主题教学设计与常规课设计对比表

	常规课	深度学习视角下的主题教学
学习目标	达成课程标准	达成课程标准，提升思维品质
教学内容	课本基本框题内容，关注具体知识点	整合内容，关注学科思想与素养
学习方式	记忆—联系	理解—体验
教学环节	复习旧课—讲授新课—巩固练习—布置作业	情境导入—主题探究—主题升华—拓展延伸
评价方式	试题检测课后开展	评价任务"教—学—评"一致

就教学效果而言，深度学习视角下的中学历史主题教学强调以学生学习为

中心，关注学生的学习过程与能力提升，强调在相对开放的学习环境、学习情境中体验历史、感悟历史，有利于充分调动学生学习的积极性，促进学生学习的"高参与"；强调内容统整，在以学科"大概念"为核心，融合学科思想、学科核心素养的历史教学主题中引导学生对关键历史事实、历史观念进行深入思考、深度理解，促进学生对知识学习的"高理解"；关注学生学习的互动性、自主性，提倡在小组合作、项目学习中探究问题、解决问题，在与学生生活密切相关的真实情境中进行实践学习，从而促进学生学习的"高迁移"，在师生、生生以及学生与历史、与现实的对话、交流中沉浸学习、感悟学习，获得核心素养的进阶发展。

（四）实施价值

深度学习视角下的中学历史主题教学以"深度学习"为理论指导，以主题教学为主要教学方式，以核心素养为主要价值追求，是在当前核心素养时代、全面深化课程改革背景下作出的探索与尝试，有利于改进教师教学方式、优化课堂教学；转变学生学习方式，促进学生"真实学习"的发生；发展学生关键能力与必备品格，促进核心素养在历史课堂中"生长"，实现历史教学的育人价值。

1. 有效教学，实现历史课堂教学的优化

课堂是教师教学的主阵地，更是学生学习的主要场所。深度学习视角下的中学历史主题教学注重以凸显历史学科价值的关键概念、学科思想为核心，凝练历史主题，提炼"核心目标"，整合教学内容、史料素材，创建历史学习情境、学习项目，为学生搭建学习的"脚手架"，并及时在反馈评价中改进教学，以促进课堂教学中学生"深度学习"的发生，核心素养的生长。在这样的课堂中，教学有主题的价值引领，有"灵魂"；有"核心目标"的目标统领，有"靶向"；有教学环节的合理衔接，有"骨架"；有情境素材的充实，有"血肉"；有学生的参与与体验，有"生命力"，历史教学更加真实、生动。

实践证明，学生在这样的历史课堂中确实表现出了"高投入"的学习状态，学生课堂阅读、倾听的专注度，思考的深度，课堂活动的"参与度"都有显著的提高，能够"沉浸学习""深入学习"；学生对教学文本、教学内容的学习、理解也呈现出"高认知"的认知状态，能够在教师的引导下，透过现象看本质，对历史现象进行"深度理解"、客观评价，能够从多角度认识历史事物，创造性地解决历史问题。

2. 深度学习，促进学生"真实学习"的发生

历史长河里的智慧与文明浩如烟海，历史课堂教学不是为了让学生能准确

记忆每一个历史长河里的每个时间节点、每个历史人物、每个历史事件，而是为了让学生在教师的引导下运用自己的历史认识、历史思维，跟随历史史料、历史文物去认识、探索、发现历史，去寻找历史的发展与联系。

深度学习视角下的中学历史主题教学，能够让学生在相对聚焦的历史教学主题、历史教学内容中集中精力去了解、认识相互联系的历史知识，达到对知识的深入理解；能够在历史情境、历史史料中重返"历史现场"，跟随历史人物去感受历史的发展，触摸历史的真实，达到"沉浸"学习的状态；能够在"学习主题—核心目标—学习情境/项目—学习评价"这样目标明晰、设计完整的学习经历中，"看见"自己是怎样学习的、怎样学会的；能够在情境化、结构化的学习探索中，形成自己的历史感悟、历史体会，从而把人类历史认识成果转化积聚成自身的精神力量、发展能量。在这样的学习中，学生能够进入沉浸学习、自我认识的"深度学习"状态，促进学生"真实学习""学会学习"。在教学实践中，不少学生表示自己不仅收获了历史知识，开拓了历史视野，更学会了如何结合时代背景分析历史事件发生的原因，如何全面客观地评价历史事件、历史人物，知道了分析历史人物时应将历史人物置于一定的时代背景中去理解他们的选择与举动，知道了用唯物史观去认识历史事物、解释历史现象，自然而然地会迁移运用到其他学科的学习和认知中，促进了个人发展。

3. 素养育人，帮助素养在历史课堂中"生长"

深度学习视角下的中学历史主题教学以培养和提高学生历史学科核心素养为根本目的、价值追求，将五大历史学科核心素养培育要求有侧重、合理地融入教学设计中，通过对教学主题的意义建构，实现历史学科情感态度与价值观的引领；通过对教学内容的梳理统整，呈现历史的时空线索，展现历史的发展、延续与变迁；通过对历史材料的深入解读，引导学生辩证、客观地看待历史事物，不断接近历史真实；通过历史情境的生动呈现，带领学生走近历史，感悟历史，生发人文情怀与家国情怀，形成正确的世界观、人生观、价值观。

在这样的历史课堂中，学生能够在教师的引导下全身心地体验历史知识复杂丰富的内涵和意义，能够在学习单纯的历史"硬知识"之外，生发更为丰富的内心体验、精神境界，体会到更深刻、更丰富的情感以及学科思想方法，在历史中汲取成长的养分，在历史学习中记录自己成长的轨迹，在课堂中埋下素养的"种子"，浸润知识的"雨露"，让素养在课堂中"生根发芽"，让知识在课堂中转化为学生成长的养分、发展的力量。

结语

培养历史学科核心素养是历史教学的追求目标，深度学习是学科核心素养

"落地"的重要路径，而主题教学在很大程度上能促进学生"深度学习"状态的发生。深度学习视角下的中学历史主题教学具有高阶目标、立场转变、内容统整、过程开放、评价多元的特点，它围绕关键的历史学习主题，引导学生在相对真实的历史情境或社会情境中进行学习、知识建构，完成具有挑战性的历史研究性学习实践，开展持续性的评价与反思。

开展深度学习视角下的中学历史主题教学设计，要充分尊重学生的主体地位，遵循科学性、适切性、整体性原则。深度学习视角下的中学历史主题教学实施时，巧设"问题链"、拓展历史材料、运用历史细节链接现实，是实现历史教学由主题引入到主题升华的有效教学策略。深度学习视角下的中学历史主题教学对学生"高投入""高认知""高迁移"学习状态的发生有促进作用，有利于优化历史课堂教学，促进学生"真实学习"的发生，从而促进学生历史学科核心素养的进阶发展。

中学历史教学以人物为中心的主题教学研究

萧晓真[*]

一、研究缘起

鉴古观今，汲取历史的智慧，需要明确的是历史是人民大众创造的。有"人"才有"史"，这是历史的魅力所在。为此，学界已经出现较多的以人物为主线的历史教学实践。因为在中学历史教学当中，以人物为中心的主题教学可以有效地回应当前国家思想文化教育战略。

历史不是空洞无物的，而是有人即有史。2019 年 11 月中共中央、国务院印发的《新时代爱国主义教育实施纲要》要求"润物无声"地突出先进人物的思想内涵，宣传各时期对中华民族和中国人民具有重要贡献的英雄烈士和模范人物，宣传具有爱国情怀的地方先贤和知名人物，宣传身边好人和最美人物。①可见，对于历史学科而言，充分发掘教材中的"人"资源，因地制宜地开展主题教学，能激发学生的学习兴趣，推进历史学科核心素养的落地，利于立德育人。

本文希冀能深化现有的主题教学的理论研究，借助人物主题教学，推进历史学科核心素养的落地，特别是通过鲜活生动的历史人物与史事的关联性讲解，促进学生感受历史人物的光辉人性和丰富的精神世界，帮助学生理解"唯物史观""历史解释"和"家国情怀"。

---

* 萧晓真，广西民族大学民族学与社会学学院 2018 级学科教学（历史）专业硕士研究生，现就职于广州市增城区新塘镇沙埔中学。

① 中共中央 国务院印发《新时代爱国主义教育实施纲要》［EB/OL］.（2019 – 11 – 12）. http://www.gov.cn/zhengce/2019 – 11/12/content_ 5451352. htm?trs = 1.

二、历史人物与历史教学、历史主题教学的关系

（一）历史人物与历史教学之间的关系

历史的形成总是历史人物在特定的历史时间和空间背景下发生了特定的历史事件，任何历史事件或历史现象的形成与发展都离不开特定的历史人物和历史时空。

历史人物既是历史事件和历史现象的行为主体，又是其作用和影响的客体。例如，辛亥革命的发生离不开熊炳坤打响武昌起义的第一枪，也离不开武昌起义前刘道一、徐锡麟、秋瑾、林觉民等革命志士的奋斗，更离不开孙中山、黄兴等革命党人的多方行动。辛亥革命一方面不仅对整体的历史发展具有重要的推动作用，推翻清王朝，建立中华民国，使民主共和观念深入人心；另一方面也对当时的历史人物产生了重要影响，对孙中山等"新人"来说是人生的光辉时刻，名留史册；对爱新觉罗·溥仪等清朝皇室和遗老们这些"旧人"来说是痛失江山，人生陡然下坡；对普通百姓来说是社会生活和风俗习惯悄然改变。过去即历史，历史对历史人物产生了不同影响。同时，这些人物也在其时代进行各自的人生，基于各自不同的立场进行选择、采取措施和应对。在今人看来一切归于历史，但他们从未在历史中缺席。

历史人物是历史学科课程的重要教学内容和教学资源，是历史教育教学不可或缺的重要组成部分。在中学历史教材中，每课都或多或少出现了历史人物，直接体现了历史人物在历史教材和历史教学中不可或缺的地位。这里所说的重要内容并不意味着出现在历史教材上的历史人物都是历史教学的重点知识，而是从整体上强调学习和关注历史人物的重要性。历史人物在历史教材中都具有显著特点。

第一，从内容分布上看，历史人物最主要分布于教材的政治史模块，文化史模块次之，经济史模块则较少。所涉及的历史人物以各时代的政治家、思想家、军事家和科学家为主。其中，政治史模块注重介绍同一历史人物的多个事迹或多项成就，文化史模块则注重罗列同一文化成就的许多不同历史人物，而经济史模块则更重事轻人。

第二，从内容侧重上看，教材主要介绍历史人物的时代背景、阶级属性和重要事迹，注重阐释历史人物所参与的重要历史事件或者历史人物在某一历史事件中所发挥的作用，而缺少关注和解读历史人物的个性、内心、精神和品质等方面内容。

第三，从时空分布上看，教材涉及的历史人物以中国历史人物为主，外国历史人物为辅。教材中中国历史人物约占中外历史人物总数的73%，外国历史人物则约占27%。其中，中国古代历史人物为数最多，中国近代历史人物和世界近代史外国历史人物次之。高中历史选修教材中的《中外历史人物评说》一册专门介绍历史人物，共涉及22位对中国或世界历史发展具有重大影响的中外历史人物，中国历史人物约占45%，外国历史人物约占55%。

然而在当前历史教学实践中，多数历史教师存在重历史事件而轻历史人物的误区，忽视了历史人物在教学内容中的主体作用，涉及历史人物的教学也多停留在讲述历史人物的时代背景和生平事迹等浅层知识，而忽略了挖掘历史人物的内心活动、精神世界等深度知识。因此，在课时有限的现实下，既知历史人物的重要性，解决之法就在于真正将历史人物落实于常规的历史课堂教学中，而以历史人物为中心的历史主题教学就是法中之法。

（二）历史人物与历史主题教学的关系

1. 以人物为中心的历史主题教学的可行性

历史人物既是历史教学的重要知识内容，也是历史教学中可充分利用的重要课程资源。在历史教学中，历史人物主要可分为政治家、实业家、思想家、文学家、科学家、艺术家、军事家、教育家和探险家等类别，丰富的历史人物类别为设计和实施以人物为中心的历史主题教学提供了内容来源。

以人物为中心的历史主题教学的显著特点是关注历史人物，关注历史事件或历史现象中的人物，从历史人物身上窥探其所处的历史背景和社会环境，从历史人物身上感受其思想情怀和精神追求。历史事件与历史人物具有密不可分的联系，从具体的历史人物出发时更有利于学生切身感受和理解具体历史事件，从历史事件的整体发展趋势和脉络出发也可以更加理解历史人物在当时的社会环境下的成就或无奈、幸运或悲惨，伟大或渺小、艰辛或顺利等，反过来进一步理解历史事件成因。

当然，当前中学历史的教学内容确实并非每一课都能够突出历史人物的作用，也并非每一课教学内容都能够提炼出一位典型的、恰当的历史人物作为历史教学的主题。这个问题反映了以人物为中心的历史主题教学在教学适用范围方面具有局限性，但笔者认为，这种局限性并不代表以人物为中心的历史主题教学方式不可行，而是指使用这种教学方式需要满足一定条件。

2. 以人物为中心的历史主题教学的必要性

第一，以人物为中心的历史主题教学是因"课"制宜提高历史教学效率的有效方式。在历史教学中，有些课程内容本身知识点较多较杂，一个整体历史事件下又可分许多具体历史事件，具有一定教学难度。譬如，辛亥革命与萍浏醴起义、安庆起义、广西起义、黄花岗起义和武昌起义等有诸多关联。像这样相对多而散的教学内容，历史教师不能简单列举或逐一讲解，而是需要在梳理每个具体历史事件之间的逻辑关系的基础上，引导学生理解其内在因果关系。笔者认为，历史人物就是一个可行有效的角度，根据课程教学内容，找出对多个历史事件同时具有重要的直接或间接影响的历史人物，进而以人为纽带将各个相对零散的知识点进行串联。

第二，以人物为中心的历史主题教学是实现历史学科立德树人根本任务的有效方式。实现立德树人是历史教育教学的根本任务和终极追求。历史学科因自身的学科特性，学科知识本身具有丰富的育人素材，尤其是历史人物身上蕴含着大量的育人资源。有的历史人物对历史发展起推动作用，流芳百世；有的历史人物对历史发展起阻碍作用，遗臭万年，但都是历史教育教学进行立德树人教育的重要课程资源，具有重要的德育作用。关注历史人物，映照自身，客观看待历史人物，再从历史人物反思自身。"见贤思齐焉，见不贤而内自省也。"向具有高尚道德品质和先进精神追求的历史人物学习，有助于学生树立正确的世界观、人生观和价值观。

（三）以人物为中心的历史主题教学与历史学科核心素养的关系

1. 以人物为中心的历史主题教学是落实历史学科核心素养的重要途径

历史人物身上具有丰富的情感态度价值观教育的素材，关注历史人物、挖掘历史人物的高尚品德和精神追求是培养学生历史学科核心素养的有效途径。以人物为中心的历史主题教学可分为"以人带事"和"以事带人"两种：一是从历史人物出发，在历史人物的主线引领下，围绕历史人物讲解相关历史事件或历史现象，最终回到历史人物，这并不是简单画圈式地回到原点，而是螺旋上升式的升华；二是在某个历史事件或历史现象中聚焦历史人物，关注历史事件发展与历史人物的变化，情境化地理解两者的联系，从历史人物身上汲取历史智慧、吸取历史教训、提炼值得学习的精神情怀。因此，无论是"以人带事"还是"以事带人"，都是有效落实历史学科核心素养的重要途径。

五大历史学科核心素养是一个有机整体，各素养在以人物为中心的历史主题教学中都能够得到具体落实。以历史人物为中心进行的主题教学，强调以唯物史观正确评价历史人物，注重将历史人物置于特定的历史时空条件下具体分析，重视运用丰富的细节性史料探究历史真实面貌，注意引导学生根据自己对历史的理解表达和解释其看法。更值得一提的是，以人物为中心的历史主题教学对家国情怀的培养尤其具有明显的优势。对家国情怀素养的培养离不开从

"人"身上获得精神感召，离不开向"人"学习，而历史人物是历史教学进行家国情怀素养培养的独特而有优势的课程资源，以人物为中心的历史主题教学是历史教学进行家国情怀素养培养的重要途径。

例如，《沟通中外文明的"丝绸之路"》一课。本课是统编版《中国历史》七年级上册第 14 课，主要介绍张骞通西域、丝绸之路和对西域的管理。根据《义务教育历史课程标准》（2011 年版），本课重难点是丝绸之路的地位和作用。七年级学生对丝绸之路有所了解，但对张骞通西域和丝绸之路仍缺乏全面认识。由于张骞在本课知识内容中具有重要作用，张骞通西域对开辟丝绸之路具有定鼎之功，因此本课以张骞为中心，主题为"张骞：丝绸之路的开拓者"；通过利用西汉疆域图和张骞第一次出使西域路线图等地图，加强学生的地理空间认识，提升学生的时空观念素养；通过适当引用《汉书·张骞传》和翦伯赞的《秦汉史》等相关史料，引导学生尝试自己组织语言说明张骞通西域的影响，提升学生的史料实证和历史解释素养；通过讲述张骞两次通西域过程中历经艰险的故事，聚焦张骞不畏艰险、勇于开拓的进取精神，引导学生全面评价张骞，提升学生的家国情怀素养。

2. 历史学科核心素养是以人物为中心的历史主题教学的追求目标

历史教学不仅应向学生传授历史基础知识和学习历史的方法，更重要的是应在教学过程中培养历史学科核心素养，即形成正确的"价值观念""必备品格"和"关键能力"。在当前教育背景下，如何在历史课堂教学中落实好历史学科核心素养，已成为历史教育教学亟须解决的重点问题。以人物为中心的历史主题教学的特点是以历史人物为切入点和主线，注重从整体上将历史学科五大核心素养的培养目标融合于历史教学之中。在以人物为中心的历史主题教学中，历史学科核心素养的培养，集中表现为注重引导学生学会运用唯物史观全面客观地分析和评价历史人物、历史事件和历史现象；根据真实可信的历史人物史料，联系整体社会历史背景，得出历史结论，坚持论从史出和史论结合；运用历史学科语言自行分析历史人物和阐述历史观点；通过挖掘历史人物的家国情怀来培养和加强学生的家国情怀等。因此，以人物为中心的历史主题教学与当前历史教育教学突出历史学科核心素养的目标是一致的。

三、以历史人物为中心的主题教学调查

（一）教师的问卷调查与分析

为了解中学历史教学当中开展历史人物主题教学的情况，以及教师们对实施该教学方式的看法，笔者开展了一次专题调研。本次问卷调查通过问卷星来完成，采用非记名方式进行，通过网络发放，共有 102 名中学历史教师提交了答卷。对调查结果的分析如下。

1. **基本情况调查**

该部分调查意在了解中学历史教师的相关基本情况，并从中分析影响实施以历史人物为中心的主题教学的因素。本次主要针对广东地区的中学历史教师，占总人数的 75.53%，其余调查对象则零散分布于重庆、广西、湖南、江苏、云南、四川、北京等地。本次调查共有 102 人完成问卷，其中男性 36 人，占总受访者的 35.29%；女性 66 人，占总受访者的 64.71%。从性别比例来看，这与目前中学历史教师中女性所占比例较大的情况基本符合。

问卷调查结果显示，受访对象以青年新教师为主，教龄较短，超过半数的教师教龄在 10 年以下，具有 26 年以上教龄的经验型教师只占 12.75%。学历方面，本科为主，占比为 79.41%；少数为硕士研究生；只有极个别为大专学历，占比为 1.96%。职称方面，一级教师、二级教师和三级教师各自所占比重差别不大，一级教师人数最多，占比为 34.31%；而高级教师人数最少，占比仅为 9.8%，这与受访者普遍教龄不长的情况是密切相关的。目前所教的年级方面，初、高中各年级均有涉及，主要分布在初中各年级与高一，初中三个年级与高一年级各自所占比重也差别不大，其中初二年级的教师最多，占比为 26.47%，而高二年级的教师最少，仅占比 2.94%。关于是否兼任班主任，两者总体相当，未担任班主任的教师在人数上略胜一筹，占比为 54.9%。超过半数教师在普通公办中学工作，占比为 60.78%；剩余是民办中学与示范性公办中学，两者人数则相差较小。

2. **历史人物教学情况调查**

为了解受访教师在教学当中开展人物主题教学的情况，笔者设计了 10 道题，意在了解中学历史教师进行历史人物教学与落实培养学生历史核心素养的情况。由问卷统计情况来看，大部分教师根据自己的教学方式和风格进行历史人物教学，都意识到在教学过程中需要培养和提升学生的历史核心素养。

（1）"关于在当前中学历史课堂教学中补充相关历史人物的知识，您怎么看？"此题主要是想了解历史教师对人物教学的看法，有 68 位受访教师表示"非常必要"，占比为 66.67%；32 位受访教师认为此举"基本必要"，占比为 31.37%；仅 2 人认为此举"可有可无"，占比为 1.96%。可见绝大部分教师都对开展人物教学持肯定态度。

（2）在回答"您一般如何处理有关历史人物的教学"时，有 14 位受访教师表示是"完全重新整合教材，以历史人物为中心主题贯穿课堂始末"，占比为 13.73%；25 位教师选择"按照教材叙事逻辑，讲解或拓展教材涉及的所有历史人物"，占比为 24.51%；41 位教师选择"按照教材叙事逻辑，选择性讲授教材中涉及的重要历史人物"，占比为 40.20%；10 位教师选择"按照教材叙事逻辑，简单提及历史事件或现象中的历史人物"，占比为 9.80%；12 位教师选择"根据教学进度而定，选择性拓展学生感兴趣的历史人物"，占比为 11.76%。

然而，由于不同教师教学风格不同和面对的学生特点不同，他们在处理有关历史人物教学的做法上不尽相同，大多数教师按照教材叙事逻辑，选择性讲授教材中涉及的重要历史人物；其次有 24.51% 的教师按照教材叙事逻辑，讲解或拓展教材涉及的所有历史人物；还有 13.73% 的教师重新整合教材，以历史人物为中心主题贯穿课堂始末。

（3）在回答"您通常在历史课上对哪类历史人物讲得较多"（多选题）时，有 95.1% 的受访者选择"政治家"，29.41% 选择"实业家"，79.41% 选择"思想家"，34.31% 选择"文学家"，36.27% 选择"军事家"，37.25% 选择"科学家"，21.57% 选择"艺术家"，32.35% 选择"教育家"，7.84% 选择"探险家"，7.84% 选择"其他"。可见，大部分教师都能结合教材里涉的人物类型进行补充。

（4）在回答"您在历史人物教学中主要涉及历史人物的哪些方面"（多选题）时，有 81.37% 的受访者选择"时代背景"，86.27% 选择"生平功过"，64.71% 选择"思想言论"，56.86% 选择"轶闻趣事"，72.55% 选择"人物评价"，6.86% 选择"家族年谱"，8.82% 选择"未解之谜"，4.9% 选择"其他"。

（5）在回答"在讲授重要的历史人物时，您是否补充其他历史人物或相关史料进行解释或论证？"时，有 90 人表示"是"，占比 88.24%；12 人表示"否"，占比为 11.76%。

（6）"您是否注重历史人物之间的横向或纵向联系"一题的调查数据显示，有 86 人均表示"是"，占比为 84.31%；16 人表示"否"，占比为 15.69%。

（7）"您是否注重运用唯物史观进行历史人物教学"一题的调查数据显示，有 94 人均表示"是"，占比为 92.16%；8 人表示"否"，占比为 7.84%。

（8）在回答"您是否注重从时空的角度来解释历史人物与历史事件、历史现象之间的逻辑关系"时，有 99 人均表示"是"，占比为 97.06%；仅 3 人表示"否"，占比为 2.94%。

（9）在回答"在讲授历史人物时，您是否注重'以小见大'，从个体历史人物出发解释整体社会历史背景或阶段特征"时，有 16 人选择"总是解释"，占比为 15.69%；40 人选择"经常解释"，占比为 39.22%；46 人选择"偶尔解释"，占比为 45.10%。

（10）对于"您是否根据不同的历史人物辩证地对学生进行正向或反向的价

值观引导和家国情怀培养"的问题，有 98 位受访教师选择了"是"，占比为 96.08%；仅有 4 位受访者表示未能开展，占比为 3.92%。

可见，在进行历史人物教学时，大部分教师都主要涉及历史人物的生平功过、时代背景、人物评价和思想言论，注重补充相关史料、横纵对比人物；有的教师会讲相关轶闻趣事；而只有少数教师涉及历史人物的未解之谜和家族年谱等，培养学生的历史学科核心素养。

3. 以人物为中心的主题教学情况调查

该部分调查意在了解中学历史教师对在历史课堂与课外实施以人物为中心的主题教学的看法与做法。由上可知，多数历史教师对以历史人物为中心的主题教学方式仅是心理认同，但实践活动仍比较少。

对在中学历史课堂中采取以历史人物为中心的主题教学方式，大部分教师持肯定态度，其中 24.51% 的教师表示非常认同，50% 的教师基本认同，21.57% 的教师认为一般，只有 3.92% 的教师表示不认同。

尽管多数教师心理认同以历史人物为中心的主题教学方式，但真正让其落实则比较困难，65.69% 的教师考虑在课堂教学中采用该教学方式，34.31% 的教师表示不考虑该教学方式。而在以往的教学经历中，38.24% 的教师表示有时尝试以历史人物为课堂中心主题来串联教材知识的方式进行教学，27.45% 的教师表示偶尔尝试，15.69% 的教师表示经常尝试，只有 6.86% 的教师表示总是尝试，11.76% 表示从未尝试。

关于利用历史人物开展相关课内外活动方面，多数教师进行相关课内外活动的频率总体较低。一些如历史人物角色扮演、人物日记或家书朗读等课堂活动，33.33% 的教师有时开展，29.41% 的教师偶尔开展，22.55% 的教师表示从未开展，只有 6.86% 的教师表示总是开展和 7.84% 的教师表示经常开展。其他如历史人物主题黑板报、图片展览、主题班会等课外活动，以及组织学生到历史博物馆、纪念馆、名人故居等场馆进行历史人物主题教学等校外活动，开展的频率则更低。以历史人物为主题的"馆校合作"历史学科校本课程则相对更少，41.18% 的教师表示从未开展，26.47% 的教师表示偶尔开展，22.55% 的教师表示有时开展，表示总是开展和经常开展的只各占 4.9%。

（二）教师的访谈与分析

除了通过网络发放问卷之外，笔者还结合自己的教育实习活动，对一线历史教师进行有针对性的个人访谈，以便更精准了解一线中学历史教师代表对在教学实践中实施以人物为中心的主题教学方式的看法及相关情况。

访谈的对象是三位公办高中历史教师，其中一位是广西民族师范学院附属中学的历史教师，两位是广州市第七十五中学的历史教师。三位受访历史教师具有较丰富的中学历史教学经验，其中青年老师两人，资深名师一人，尽管她们并未在常规历史教学中真正完整尝试以历史人物为中心的主题教学方式，但都对突出历史人物的教学方式持认同的态度。

本访谈的内容主要围绕完善历史人物教学的策略，涉及历史人物的完整性、侧重点、育人价值等五个方面的问题。

（1）历史离不开人物，历史教材不乏人物的史实，但对人物的描写少之又少，您如何让人物形象更生动立体？

教师A：相对来说讲授得比较少，人教版教材内容与历史人物有关的内容实在太少了，课堂时间有限，很难做到生动立体。

教师B：突出有时代特色和影响历史进程的重要历史人物，结合时代背景和人物的个性来讲述历史人物，既丰富历史人物血肉，也让学生感知人都是历史中的人。

教师C：在课堂中增加有关人物的材料，包括头像（照片）、人物的作品（选段）、他人对该人物的评价等，如讲赫鲁晓夫改革，会增加赫鲁晓夫手持玉米的照片、《赫鲁晓夫回忆录》片段、后人对赫鲁晓夫的评价以及赫鲁晓夫黑白相间的墓碑等素材。

可见，三位教师在常规历史教学实践中的做法，体现了她们对历史人物主题教学的不同关注程度。她们所采用的穿插历史人物故事、增加历史人物史料、结合时代特点和历史事件点评历史人物等具体方法，实现关注历史人物、塑造生动立体的人物形象的有效方式，值得借鉴。

（2）历史教材有人物知识片段，但缺少关注人物的生平，您认为在教学中该如何表现人物的完整性？

教师A：基本没有尝试过。

教师B：历史和历史人物都是动态发展的，中学阶段的历史主要是围绕重大历史事件展开，因此会淡化一个人的生平经历。如果学生对某个历史人物的生平有兴趣，我会鼓励学生在课外阅读历史人物传记等读物。

教师C：高中的必修教材从未描述一个人完整的一生。一般情况下，如果没有必要，不会在这个问题上纠结过多，这是为了课堂的效率和进度着想。但如果有必要，我会简介某人物的生平和相关大事，或者向学生推荐一些关于该人物的课外读物，让学生课后去了解。如在讲述辛亥革命后的清政权覆灭时，我会以个人经历大事年表的方式展示溥仪的一生：三岁登基、六岁退位、"九一八"后就任伪满洲国皇帝、日本投降后被苏联俘虏、后被押解回国、经过学习改造后被特赦、1967年病逝……让学生通过了解中国封建社会的末代皇帝独特而富有戏剧性的人生经历，感受时代潮流和个人命运的关系。再推荐学生课后阅读《我的前半生》一书，更全面地了解相关知识。

可见，以历史人物为中心的主题教学在历史课堂教学中仍普遍缺乏实践。三位教师都一致坦言从未尝试在历史教学实践中呈现完整的历史人物，这是基于历史教材内容、课时进度、工作强度等实际因素的现实考虑。这也客观反映出，以历史人物为中心的主题教学方式存在一定局限性，该教学方式并非普遍适用于每一课时的历史教学内容。因此，实施以历史人物为中心的主题教学需要因"课"制宜地挖掘历史人物和提炼主题。

（3）历史教材中有人物，但缺少关注人物的内心活动、个性特点和人性，您如何在教学中既关注人物生平经历等表层知识，又聚焦人物的内心变化和人性特点？

教师A：比如讲到林觉民在辛亥革命前写的《与妻书》时，我会简单向学生介绍一下林觉民的身世。

教师B：在常规的历史教学中，有时会根据比较有意思的人进行个别的具体分析，没有把历史人物的内心变化和人性作为教学重点，因为这个比较微观和动态，也比较主观。

教师C：人物的心理活动、个性特点和人性也是影响历史发展的因素之一。2013年江苏卷高考题曾经有一道关于罗斯福利用个性魅力和"炉边谈话"的方式推行新政的考题，提出"注重人文精神，可以使历史形象更立体、丰富"的观点。就历史核心素养而言，了解人物个性及其心理活动等，有利于培养学生的时空观念，使学生更好地理解历史发生的特定时空条件，理解历史人物在各种错综复杂的因素纠葛下所做的选择。所以，在教学中，我仍会主要采用建构情境的方法，尽量使用真实、可靠的史料，从多维度观察当时场景下人物的内心活动、个性特点等。由于有些人物的素材并不容易获得，我经常会直接从高考题中选择素材，这样可靠性和真实性会相对更高一些。

可见，兼顾史事和人性的想法在历史课堂教学中的落实情况存在较大差别。青年历史教师在有限的课堂教学时间中主要偏重于讲清历史人物所做的历史事件，而资深历史教师则有意识也有能力兼顾两者。因此，以历史人物为中心的主题教学方式，不仅是实现在历史教学中既重历史人物事件又重历史人物内心和个性的有效教学方式，同时也符合培养学生历史核心素养和追求学生全面发展的历史教育教学目标要求。

（4）历史人物教学一般有"以人带事"和"以事带人"两种方式，您在常规历史教学中如何落实"以事带人"？

教师A：抱歉，真的几乎没有。我们更多讲述理论。人物评说是独立成章的选修课内容。必修的课堂内容都很难讲完，因此课堂上几乎不讲人物。

教师B：我们现在的教材主要将人和事进行统一，往往是重视事的讲述而轻人的讲述。我在一些公开课上看到有选取一个特别的历史人物生平和经历来讲述历史进程的，比如资本主义经济政策调整这一单元，会以一个人物为主线来反映当时的时代大背景。

教师C：在高中历史教学中，"以事带人"的效率会更高一些。因为历史章节的编写是基本以历史事件为核心来编写的。围绕一个历史事件，往往会出现很多历史人物。例如《新航路的开辟》一课，课本明确写出的相关人物有迪亚士、达伽马、哥伦布、麦哲伦。但事实上，与新航路开辟有关的还有与哥伦布签约的西班牙女王伊莎贝拉、与麦哲伦交战的菲律宾酋长拉普拉普等人物。围绕"开辟新航路"这一事件，增加相关的史料，可以更丰满、更全面地展示大航海时代不同文明、不同人群之间错综复杂的冲突、矛盾。

可见，常规历史课堂教学仍然存在"无人"现象，重事轻人依然是历史课堂教学的主流。"无人"既是缺乏从历史事件和历史现象中聚焦历史人物的意识，也是缺乏利用历史人物的高尚道德品质和先进精神追求进行情感升华和观念教育的表现。因此，以历史人物为中心的主题教学方式具有显著的现实必要性。

（5）关于以历史人物为中心或主线整合和串联教学内容的教学方式，您如何看待？

教师A：这也许是落实历史核心素养的好方法，但更适合初中教学。因为初中历史课堂内容较少，更适合操作。高中历史课堂内容太多了，会很散。

教师B："时势造英雄""英雄造时势"，我认为不能把历史和人物视为孤立的两个方面。每个人都是历史中的人，何为历史中心人物，这本就需要探讨。因此，历史课堂不能缺少人，也不能缺少时代。

教师C：以历史人物为中心或主线整合和串联教学内容的教学方式，并不能广泛适用于历史学科的各个教学课例，只能偶尔在某些相对比较集中的课例里进行个别应用，比如罗斯福新政、斯大林模式等。更多的历史教学内容如从汉到元政治制度的演变、近代中国经济结构的变动等，无法用这种方式进行。

可见，以历史人物为中心或主线整合和串联教学内容在客观上具有局限性，这种教学方式受制于历史教材内容。以历史人物为中心的主题教学研究的初衷从来不是提出一种万能的教学方式，而是针对当前历史教学普遍"缺人"甚至是"无人"的现象，探索一种更加聚焦历史人物、充分利用历史人物实现育人的教学方式。以历史人物为中心设计和落实主题教学必须实事求是、因"课"制宜。

通过以上访谈，笔者更加理解历史课堂教学普遍缺乏聚焦历史人物现象的现实原因，但反过来也更加肯定以历史人物为中心的主题教学的必要性和相对合理性。在历史课堂教学中聚焦历史人物，关注历史人物身上的宝贵精神品质，不仅能够有效解决当前历史课堂教学普遍"无人"的现实问题，也有利于实现历史教育教学的终极目标。

（三）学生的问卷调查与分析

为了粗略了解中学生对历史学科的学习兴趣以及对在课堂教学中实施以人物为中心的主题教学方式的学习兴趣和相关看法，为之后有针对性地设计和实施以历史人物为中心的主题教学提供参考，笔者还专门对所在实习学校的学生做了一次调查，情况如下。

1．基本情况

本次问卷调查的对象是广东省广州市一间普通公办中学的高中生，高一至高三学生均有涉及，以发放纸质问卷再录入问卷星辅助统计分析来完成，采用非记名方式进行，共发放 235 份纸质问卷，共有 229 人有效完成问卷。问卷调查结果显示，受访对象以女性学生为主，其中女学生 142 人，占总受访者的62.01%；男学生 87 人，占总受访者的37.99%。年级分布方面，高一和高二年级学生均为 89 人，各占总受访者的38.86%，高三年级学生 51 人，占总受访者的22.27%。其中，高一年级学生随机调查，高二年级文、理科学生均有涉及，高三年级则仅涉及文科生。从年级分布比例来看，这与目前文科生和选考历史科目的学生比例较小的情况基本相符。

2．学习兴趣调查

该部分调查的主要目的是了解中学生对历史学科、历史人物与历史人物教学的兴趣情况，根据学生的学习兴趣程度进一步了解实施以历史人物为中心的主题教学方式的有效性。调查结果显示，学生普遍对历史学科本身和学习历史人物具有较大兴趣，对历史人物主题教学的兴趣程度也客观体现了学生总体接受和期待以历史人物为中心的主题教学方式进行历史课堂教学。尽管 5.24% 的学生坦言不了解何为以历史人物为中心的主题教学，但 65.93% 的学生明确表示期待，25.76% 的学生表示可接受，3.07% 的学生表示不期待。

关于具体感兴趣的历史人物类型，学生的选择很广泛，其中军事家、探险家和艺术家是相对普遍的选择；政治家、实业家、思想家、文学家、科学家等类型的历史人物，学生也表示相当感兴趣；此外，还有个别学生表示对哲学家、神话人物、辩论家等历史人物具有较大兴趣。关于关注历史人物的具体知识，学生普遍对历史人物的轶闻趣事和未解之谜方面具有明显兴趣，分别占总受访者的 66.81% 和 65.5%；对历史人物的生平功过、时代背景、思想言论、人物评价和家族年谱方面的兴趣程度则依次降低。

关于认识历史人物的渠道，高达 76.86% 的学生表示是通过影视作品认识历史人物；其次分别是自主阅读历史教材和文学作品；历史传记、报刊文章、口头传说、戏剧作品等渠道也发挥了一定作用；此外，还有个别学生提及电子游戏、网络文学、漫画作品、历史文献等渠道；而通过常规历史课堂教学认识历史人物的人数占比是 57.64%，这在一定程度上反映了当前的中学历史教学存在重事轻人的现象，课外渠道发挥了日益重要的作用。在好奇心和追求轻松的心态影响下，绝大多数学生对活泼有趣的教学风格最为期待，总体倾向有趣、有料、易懂的教学风格，相对不喜欢专业精深的课堂教学风格。

值得指出的是，在回答"目前学习历史人物教学需求满足程度"一问时，6.11% 的学生表示完全满足，45.85% 的学生认为需求满足仅是一般程度，35.81% 的学生表示基本满足，有 11.35% 和 0.87% 的学生分别表示不满足和完全不满足。可见当前历史人物教学还是比较浅层次的，总体仍无法满足学生的心理需求。

对于推进以历史人物为中心的主题教学方式，学生总体持支持肯定的态度，14.85% 的学生直言非常必要，42.79% 的学生认为基本必要，39.3% 的学生持中立态度，3.06% 的学生表示不必要。以上调查结果显示，在中学历史课堂教学中采取以历史人物为中心的主题教学方式具有符合学生群体层面需求的可能性。

（四）学生的访谈与分析

为了进一步有针对性地了解学生对在中学历史课堂教学中实施以历史人物为中心的主题教学的具体看法，笔者访谈了 7 位广州市第七十五中学的高一、高二年级学生。尽管这 7 位学生对以历史人物为中心的主题教学这个概念尚未完全理解，但他们对历史学科都充满兴趣，对该种主题教学具有较大兴趣和期待。访谈的内容主要围绕学生对在中学历史课堂教学中实施以历史人物为中心的主题教学的兴趣和具体看法。由于学生观点存在明显重复，笔者将学生的观点进行有效整合，以下是笔者的具体访谈分析。

（1）您心中理想的历史课是什么样的？

学生A：我觉得能够在课堂上学到东西的就是理想的。因为自己学到了东西、学得好，有一定基础，才会进一步提升自己学习历史的兴趣，对学习历史感兴趣，上历史课的感觉自然会更好。就像我们数学学得那么烂，我们都不想上数学课。

学生B：我喜欢上历史课，喜欢老师上课节奏流畅又不紧不慢，不喜欢老师"开飞机"一样赶课，如果老师在课堂上再加点有趣的历史故事就更好了。

学生C：要讲得生动，如果一节课只是让我们划重点，那我们也可以自己看教辅资料，那这样上课的话我觉得就浪费了我们一节课的时间。所以历史课一定要生动，一定要能够刺激到我们。

（2）您对历史人物感兴趣吗？

学生A：当然感兴趣啊。但我们的历史课不怎么专门讲历史人物，历史人物没有什么存在感。

学生B：以前不喜欢，上到高二的时候才喜欢。因为喜欢一些军事知识以及关于国家与国家之间的争执、冲突和战争的历史，尤其是欧洲近现代史，所以对拿破仑、斯大林这些人物很感兴趣。

（3）若接下来历史老师在课堂中进行以历史人物为中心的主题教学，您如何看待？

学生A：好啊。

学生B：希望老师的讲解能让人对历史人物印象深刻，不要呆板讲课。

学生C：不知道什么是以历史人物为中心的主题教学，没怎么上过，但我喜欢听历史人物故事。

（4）您如何看待历史人物主题相关活动？如在课堂上进行历史人物角色扮演、参观历史人物纪念馆、开设历史人物主题校本课程等。

学生：完全同意，很感兴趣！

虽然笔者所做的个人访谈仍需要更多的个案去支撑，但从以上访谈情况来看，受访学生对历史学科本身具有较强烈的学习兴趣，对历史人物也具有较大兴趣，对主题教学感兴趣，喜欢听人物故事，愿意积极参加历史人物主题相关的课内外活动，说明以历史人物为中心的主题教学符合学生的心理期待，这是顺利在历史课堂实施此种主题教学的重要前提之一。另据笔者在教学时的观察，学生总体对以历史人物为中心的主题教学感兴趣，实施以历史人物为中心的主题教学具有必要性和可行性。

四、以历史人物为中心的主题教学策略与原则

以历史人物为中心的主题教学方式，具有教学主线清晰和重点内容突出的优点，而且能利用历史人物的育人价值与榜样引领作用，有效实现立德树人的目标。在教学实践当中，有何运用策略呢？这是本文的重点和关键。需要先说明的是，历史教学并不仅仅指传统历史课堂教学，亦包括历史课外活动和历史学科校本课程等。笔者认为，可从历史课堂教学、历史课外活动和历史校本课程三大方面进行思考，针对不同类型的教学环节进行以历史人物为中心的主题教学，应当采取不同的具体实施策略。

（一）主题课堂教学应以人带事

爱国主义教育始终是国家不可缺少的教育，青少年作为我国社会主义的接班人，对其进行爱国主义教育和正确的价值观引导更是重中之重。优秀历史人物作为爱国主义教育的宝贵课程资源，其身上的高尚精神品质和光辉人性特点有利于引领学生树立"正确的历史观、民族观、国家观、文化观"。以人带事的历史人物主题课堂教学，不仅有利于真正深化贯彻落实爱国主义教育，还有利于依托历史人物史实实现"润物无声"的教育效果。具体策略如下。

1. 钻研课标，精选人物

历史课程标准既是历史课堂教学的出发点，也是历史课堂教学的落脚点。历史课程标准重视历史人物的地位，倡导关注历史人物，在具体教学内容目标要求中也明确指出关于重要历史人物的教学目标。教师应钻研历史课程标准，根据具体的教学内容，筛选教材中出现的历史人物，精选适用于历史主题教学的历史人物；在选择历史人物的原则方面，要坚持真实性、典型性、多样性和正面性原则；在选择历史人物的范围方面，注重历史人物与历史事件或历史现

象的关系。

第一，可选择对某一历史事件、历史现象具有重大影响的历史人物。譬如，对巩固西汉大一统王朝具有定鼎之功的汉武帝、为中华人民共和国的外交事业作出巨大贡献的周恩来、推行"新政"而解决"大危机"的富兰克林·罗斯福等。

例如：统编版《中国历史》七年级上册第 12 课《汉武帝巩固大一统王朝》，主要介绍汉武帝在政治、经济和思想文化方面采取各种措施以加强君主专制、中央集权，巩固西汉大一统王朝。根据《义务教育历史课程标准》（2011 年版），本课重难点是汉武帝巩固大一统的措施及其评价。七年级学生对汉武帝有所耳闻，但对其推行"推恩令""盐铁专卖"等巩固大一统王朝的措施缺乏深入了解。由于本课聚焦汉武帝一人，历史人物主题清晰，因此可采用以历史人物为中心的主题教学方式，主题为"汉武帝：大一统王朝的成就者"，通过关注汉武帝生活的时代背景，串联汉武帝在政治、经济和文化方面巩固大一统的知识内容；通过补充汉武帝的简介和人物故事，塑造汉武帝雄才大略的形象；通过分析史料引导学生正确评价汉武帝及其巩固大一统王朝的措施。

第二，可选择基本完整经历某一历史事件的历史人物。所选的历史人物本身经历了那个重大历史事件，以他的视角去看待那个历史事件和时代背景，是比较直接且有说服力的。譬如，洪秀全与太平天国运动、孙中山与辛亥革命、陈独秀与新文化运动、列宁与十月革命、甘地与非暴力不合作运动、毛泽东与抗日战争、希特勒与第二次世界大战等。

例如统编版《中国历史》八年级上册第 3 课《太平天国运动》主要介绍太平天国运动的兴衰始末。根据课标要求，本课重难点是太平天国运动的过程与失败原因。八年级学生通过观看相关影视剧，对这一历史有较多了解，但缺少对相关历史人物的关注和事件成败之间内在联系的深层分析。本课涉及历史人物较多，如曾国藩、洪仁玕、李秀成等，但洪秀全几乎贯穿整个太平天国运动的始末，与太平天国运动联系最为紧密，对太平天国运动具有直接作用和影响；洪秀全亦是当时中国农民阶级的典型缩影；以他为主题能够统领本课内容。因此本课采用以历史人物洪秀全为中心的主题教学方式，主题为"洪秀全：新时代的旧领袖"；通过关注洪秀全个人命运的起伏，展示太平天国运动的兴衰；通过关注洪秀全的思想言行变化，揭示太平天国运动的阶段变化；通过聚焦分析洪秀全一人的局限性，揭示当时农民阶级整体的局限性；通过洪秀全个人的失败，揭示农民阶级救亡图存的道路行不通的历史发展规律。

2. 以人带事，提炼主题

以人带事，是设计和实施以历史人物为中心的主题教学的核心思路和关键方法。以人带事，顾名思义，即利用历史人物揭示相关历史事件或历史现象，从历史人物的视角看待其曾参与的重要历史事件或尽管其未曾参与其中却具有不可忽视的重要间接影响的历史事件，将历史人物与历史事件的前后发展与变化相联系，从历史人物出发串联与整合相关历史事件下相对零散的各个具体知识点。

在精选历史人物的基础上，以历史人物为中心，提炼历史人物主题。当某一历史人物参与了较多历史事件，主题应当重点突出紧扣历史教材内容的重要历史事件，尤其是在历史时间上具有承上启下作用的重要历史事件，而其余与教材内容关联性较小的历史事件则作为知识拓展，可简单交代。

例如，统编版《中国历史》八年级上册第12课《新文化运动》，主要介绍新文化运动的代表人物及其主张以及这场运动的作用。根据课标要求，本课重难点是新文化运动的内容与意义。八年级学生通过语文学科教学知道李大钊、鲁迅、胡适等人，但对这些人物在新文化运动中的思想主张与作为不甚了解。本课涉及历史人物较多，如率先发起新文化运动的陈独秀、新文化运动阵地的北大校长蔡元培等。笔者选择以陈独秀为中心提炼主题，主题为"陈独秀：从精神启蒙到行动救国"。这是因为陈独秀与新文化运动有着紧密的直接联系，作为新文化运动的倡导者之一，提出了许多口号和主张，这些主张和行动正是本课的教学内容之一；作为新文化运动的亲身经历者，陈独秀日后回忆以及评价当年自己与这一事件的史料，也是与历史课堂教学相关的宝贵的一手史料。因此，笔者在教学过程中，通过介绍陈独秀主张办杂志改变国民旧思想，讲解新文化运动的背景；通过讲述陈独秀在新文化运动期间的思想、言论、行动，并由陈独秀延伸至新文化运动期间其他人物的思想主张与行动，介绍新文化运动的过程；通过介绍陈独秀事后回忆新文化运动并评价自己与新文化运动，揭示新文化运动的评价与影响；通过介绍陈独秀与其他人物在新文化运动中的激进措施，揭示新文化运动的局限性。总之，本课以陈独秀为中心设计《新文化运动》一课，改变了以往重在突出历史事件而相对淡化历史人物的教学方式，更突出以陈独秀为代表的诸多历史人物在新文化运动这一历史事件中的作用和影响。

3. 以事带人，联系主题

对于历史人物与历史事件之间具有明显的、直接的和紧密联系的情况，可以选择以人带事的方式提炼历史人物主题。然而，在实际教学中，并不是每一课教学内容中历史人物与历史事件都具有明显的、直接的和紧密的联系，并不是每一课都能精选出一位能够统领一整节课知识内容的历史人物，也并不是每一课知识内容都能够以历史人物为中心进行主题教学的设计与实施。譬如《唐朝的中外文化交流》一课主要内容包括遣唐使、鉴真东渡和玄奘西行三个部分。在这一课中，历史人物也确实与历史事件具有紧密联系，如果按照以人带事的方式进行教学设计，难度较大且易出现中心主题不够突出、教学内容缺失等问题。又如《宋代的经济发展》《宋元时期的科技与中外交通》《明朝的科技、建筑与文学》和《工业化国家的社会变化》等历史时间跨度大、涉及知识点繁多的教学内容，很难运用以历史人物为中心的主题教学方式进行历史教学。

为此，教师需改变教学设计的思路。既然由历史人物讲历史事件的思路行不通，反之，可从历史事件或历史现象中发现、关注和聚焦历史人物，以事带人，在历史教学中渗透德育教育。笔者曾在广西柳州十二中"名师课堂"活动中听了成都七中育才学校的叶德元老师所讲授的统编版《中国历史》七年级下册第4课《唐朝的中外文化交流》，该课采用了历史人物主题教学方法。现将其课例分析如下。

唐朝的中外文化交流

教学设计理念：本课主要介绍唐朝时期中外文化交流的相关史实。根据课程标准要求，本课重点是鉴真东渡和玄奘西行。七年级学生通过观看《鉴真》《西游记》等影视剧，对鉴真和玄奘有所认识，但对唐朝的中外文化交流缺乏全面了解和深入分析。由于本课的知识点较多且为并列关系，因此本课以"中外文化交流使者"这一抽象概念为主题，重点突出鉴真东渡和玄奘西行的内容，关键在于利用这两位历史人物进行爱国主义教育和价值观引导，实现以事带人、联系主题；在讲述唐朝时期中外文化交流的历史事件的同时，聚焦鉴真、玄奘这样曾经凭借百折不挠的意志，历经千难万险而最终为中外文化交流作出重要贡献的历史人物，通过借助地图画路线、借助图片知环境等方式使学生了解鉴真和玄奘前进道路之遥远，感受他们在交通不便的时代所受的艰难和险阻，进而引导学生思索为何客观环境险恶、周围人们不理解和支持、物质上和精神上的困难很多，但以鉴真和玄奘为代表的历史人物依然矢志不渝、坚守理想的原因，引导学生学习历史人物身上不退步、不妥协、不放弃的精神品质。

教学设计：以"路在何方"为教学主题或主线，重点关注鉴真和玄奘，通过对"路在何方"的四次提问串联了本课知识内容与引导情感升华；通过电视剧《西游记》主题曲一问"路在何方"以激趣导入；二问"路在何方"过渡讲述路在海上——鉴真东渡；三问"路在何方"则讲述路在陆上——玄奘西行；四问"路在何方"则针对鉴真和玄奘身上的高尚精神品质进行情感态度价值观升华。

叶老师该课的优点非常突出，一是语言表达能力强，抑扬顿挫，富含情感；二是历史教学生活化，如结合自己在日本旅行时的所见所闻从以今见古的角度来讲授唐朝文化对日本文化的影响和鉴真对日本文化的巨大贡献；从以古鉴今的角度讲鉴真东渡的重重困难，引导学生联系起今日我们出行的种种便利；通过讲述日本旅行过程中"禁止拍照"的相关规定、"唐风洋溢奈良城"的题字经历等细节顺势联系实际，开展素质教育和爱国主义教育。

以历史人物为中心的主题教学追求通过历史课堂教学，引导学生关注历史人物及其精神品质，树立正确的历史观和立足于当代的责任感与使命感。而教师在历史人物不突出的教学内容中，也要尽量从历史事件或历史现象中挖掘历史人物及其道德品质和精神追求。

4. 拓展史料，服务主题

历史学科强调论从史出、史论结合的学史、治史原则。以人物为中心的历史主题教学也应重视史料在课堂教学中的作用，合理运用史料，使历史人物的形象更加丰富、立体，更有针对性地服务历史人物主题教学。

第一，运用多样形式的史料以增强历史人物主题教学的效果。教师在以人物为中心的历史主题教学中，要引导学生自发地关注历史人物，塑造历史人物形象是关键；而要成功塑造历史人物形象，表现方式是关键。使用丰富多样的史料进行历史教学具有现实必要性。教师在以人物为中心的历史主题教学过程中，除了适当运用文字史料和图片史料，还可以适当运用音像史料、实物史料等。

第二，精选史料内容以丰富历史人物形象。史料的选择是为历史人物主题服务的，在条件允许的情况下优先选择主题历史人物的一手史料。一手史料具有能比较客观反映历史事物原貌的优点，是塑造历史人物形象的有力凭证。历史人物自己写的日记、笔记、信札等更能体现其内在心理活动，历史人物针对某一历史事件、历史现象的评论或看法等更能体现其态度观念，历史人物曾经使用过的重要物品也是其生活状态或道德品质的有力凭证。此外，教学中应尽量选择体现历史人物细节的史料以丰富历史人物的形象，从多种角度、维度塑造历史人物形象。

例如，统编版《中国历史》八年级下册第16课《对外开放》一课，主要介绍我国对外开放的成就和影响。本课重难点是对外开放的成就和影响。八年级学生对邓小平和对外开放有所了解，但缺乏全面认识。由于邓小平对我国对外开放事业具有巨大贡献，因此本课的人物教学主题设定为"邓小平：是伟人，也是家人"。塑造多面的历史人物形象，可通过转换历史人物角色的角度进行构思和主题设计。例如，除了从我们国人看待领袖的角度，展现邓小平是中国改革开放总设计师这一主要形象之外，还可以从邓小平的子孙看待长辈的角度，展现邓小平和蔼可亲的普通爷爷形象；除了介绍邓小平在建立经济特区前后深入基层进行实地考察的史实，还可以简要补充邓小平倡导植树和带领家人植树的史实。这样的教学设计不仅让学生了解了不一样的邓小平形象，更拉近了邓小平这位伟人、历史人物与当代学生的心理距离和时间距离。

5. 以人为魂，升华主题

以人物为中心的中学历史主题教学的出发点是历史人物，落脚点也是历史人物，通过关注历史人物及其精神追求，以人为魂，升华主题。历史人物主题教学具有健全学生品格和培养学生家国情怀等重要育人作用。以人物为中心的历史主题教学关注历史人物的根本目的是引导学生理解历史事件或历史现象背后历史人物的作用和影响，引导学生全面认识和评价历史人物，通过聚焦历史人物的道德品质和精神追求，使历史人物对学生学习生活、为人处世产生正面影响，最终达到学生"眼中有人""心中有人"。

然而无论是初中历史教材还是高中历史教材，部分知识内容都存在明显重事轻人的问题。譬如，《五四运动》一课，初中历史教材并未直接具体列举出段锡朋、傅斯年和罗家伦等在五四运动中发起学生罢课运动的北大学生领袖，也并未直接具体列举出发起工人罢工以支持学生运动的工人代表，而只将五四运动的主力军统称为"学生代表"和"工人代表"，唯一一次出现的正面历史人物的名字只有陈独秀，但并非重点。对于类似的情况历史教师需要自行查找和补充相关教学内容，以人为魂，升华主题。

例如，统编版《中国历史》八年级上册第13课《五四运动》一课，主要介绍五四运动的过程及其意义。根据课标要求，本课重难点是五四运动的过程与意义。八年级学生通过爱国主义教育活动对五四运动有所了解，但仍缺乏系统理解。本课以罗家伦为中心历史人物，主题为"罗家伦：激进的五四健将"，在讲述罗家伦在五四运动中的激进爱国行为的过程中，始终注重强调他的豪情壮志、爱国精神和身为中国人的责任感与使命感，升华人物主题；通过交代罗家伦的身份背景和讲述他愤然写下《北京学界全体宣言》的故事，揭示五四运动的背景，聚焦罗家伦"天下兴亡，匹夫有责"的历史责任感与使命感；通过讲述他带领其他青年学生走上北京街头呐喊爱国、呼吁正义，揭示五四运动的前期过程，塑造罗家伦激进而热烈的爱国学生领袖形象，突出罗家伦强烈的爱国情怀；通过补充胡适智查罗家伦等带头罢课学生的故事，过渡到五四运动后期的史实，讲述罗家伦发表的《五四运动的精神》，引导学生正确看待罗家伦和评价五四运动，突出罗家伦不畏牺牲的革命精神和崇高革命理想。

（二）历史课外活动应以人见史

各种不同形式的历史课外活动也是引导学生"眼里有人"，汲取历史人物的智慧与精神品质的重要途径。以历史人物为中心的历史课外活动强调在历史课外活动中将关注点落在历史人物身上，从历史人物身上发掘其宝贵的精神内涵。通过开展丰富的学生喜闻乐见的历史课外活动，实现以人见史的目标。因此，教师可通过组织乡土历史人物调查、参观历史人物纪念馆、举办历史人物相关主题展览等方面开展活动。

1. 乡土历史人物调查

2017年9月，教育部印发的《中小学综合实践活动课程指导纲要》提出，综合实践活动要着力发展学生的"社会责任感、创新精神和实践能力"等核心素养，提升学生的"价值体认、责任担当、问题解决、创意物化"意识和能力。[①] 2019年，中共中央、国务院印发的《新时代爱国主义教育实施纲要》明确指出："宣传具有爱国情怀的地方先贤、知名人物，以榜样的力量激励人、鼓舞人。"[②] 可见，国家对乡土历史人物的重视和对立足于真实生活的课外综合实践活动的鼓励，有利于积极引导学生关注乡土历史人物，也有利于学生深入了解乡土历史文化，由对家乡历史文化的认同感进一步上升到对中华文化的整体认同感。

由于学生对乡土历史人物和乡土历史文化天然具有地缘上的亲近感，开展乡土历史人物调查是有效实现以人见史的历史课外活动形式。中学历史教师应当充分利用学生的兴趣，以小组合作的形式安排学生开展乡土历史人物调查，引导学生主动了解自己民族、家乡和身边的历史人物，了解自己与祖先之间的历史渊源，感受和学习前辈们代代传承的美好品质和高尚道德情操。

开展乡土历史人物调查活动不应随意进行，而应当根据一定目标和计划进行。首先，历史人物调查活动的关键在于以人见史，以史为鉴。在实践活动中，将学习和探究的目光聚焦在历史人物身上，并进一步延伸到相关历史事件、历史文化现象，汲取历史智慧，吸取历史教训。其次，成功的历史人物调查活动应当包含准备、实践和反思三个阶段。在准备阶段，学生需要选择调查对象、确定历史人物调查的内容和方式、制订历史人物调查计划。学生是乡土历史人物调查活动的主体，历史教师应当尊重学生根据其兴趣选择调查和学习历史人物对象、方式等的自由。而教师的角色则是帮助者和引导者，教师要做的是放

---

① 教育部关于印发《中小学综合实践活动课程指导纲要》的通知 [EB/OL]. (2017 – 09 – 27). http://www.moe.gov.cn/srcsite/A26/s8001/201710/t20171017_ 316616. html.

② 中共中央 国务院印发《新时代爱国主义教育实施纲要》[EB/OL]. (2019 – 11 – 12). http://www.gov.cn/zhengce/2019 – 11/12/content_ 5451352. htm?trs = 1.

手让学生自己去设计和计划，当学生遇到问题无法继续时，则及时给予适当的指导；当学生完成调查活动计划时，则及时检查和指导完善。在实践阶段，学生按照既定计划完成调查活动，通过文献阅读法、访谈法、实地考察法等方式查找和了解历史人物的时代背景、功过事迹、思想主张等相关史实资料。在反思阶段，历史教师可采取撰写心得体会、举办分享交流会等形式让学生及时反思，引导学生在反思中获取新知、提升能力。

2. 参观历史人物纪念场馆

2019 年 11 月，中共中央、国务院印发的《新时代爱国主义教育实施纲要》明确指出，号召各大中小学积极"组织大中小学生参观纪念馆、展览馆、博物馆、烈士纪念设施""丰富拓展爱国主义教育校外实践领域"。① 参观各类历史人物场馆展览，不仅是中学积极落实新时代爱国主义教育的重要途径，也是以历史人物为中心的主题教学在历史课外实践活动中的有效延伸。

每座城市都有承载当地的历史名人、历史文化和民族文化的历史博物馆、纪念馆等历史文化场馆，这些历史场馆是引导学生关注历史人物、了解历史人物、汲取历史智慧的教学资源，这些宝贵的教学资源应当被重视和充分利用。各中学应当重视当地的历史人物资源，根据校情、馆情和学情特点积极组织学生参观。教师在开展组织学生参观历史人物纪念馆和历史博物馆等历史文化场所的历史课外实践活动时，要注意引导，如在观看历史文物的过程中通过简单补充讲解，引导学生关注物品背后的人物、人物品质和人物精神，譬如从普通的、旧的物品中看到当时勤俭节约的劳动人民；从精美的工艺品中感悟创作者精益求精的匠人精神；从带有子弹痕的钢盔军帽中感悟英雄烈士不畏牺牲的爱国之情。

例如，广西南宁的昆仑关战役旧址博物馆的特色是抗战英雄人物，因此参观时应当以抗战英雄人物为中心：第一，既要关注抗战名将，也不能忽视在战争中为国牺牲的"小人物"；第二，既要关注烈士，也不能忽视周海清、李剑锋等经历过昆仑关战役而仍活着的抗战老兵；第三，既要关注戴安澜、邱清泉等重要抗战英雄，也不能忽视广西地区的本土抗战英雄人物。通过观看抗战英雄介绍和相关文物展览，引导学生感悟抗战英雄舍身为国、顽强不屈的精神品质；通过体验枪林弹雨、狂轰滥炸的模拟战争场景，及时向学生开展爱国主义教育，引导学生理解战争的残酷与和平的宝贵，个人命运与国家命运是紧密联系的，当今的幸福生活是前人的血肉之躯换来的。

---

① 中共中央 国务院印发《新时代爱国主义教育实施纲要》[EB/OL]. (2019 – 11 – 12). http://www.gov.cn/zhengce/2019 – 11/12/content_ 5451352. htm?trs = 1.

3. 举办历史人物主题展览

在校园中，历史人物主题展览以生动形象的方式，直观展示历史人物的图片和音像等资料，有利于提高学生对历史人物的兴趣与认识，也有利于学生从历史人物延伸认识到相关历史事件或历史现象，是营造关注历史人物的校园文化环境和文化氛围的重要途径。

在校园中举办历史人物主题展览具有表现生动直观和空间范围灵活性大的优点。第一，历史人物主题展览的表现形式比较生动直观，如图片、音像和实物等。在校园范围内的历史人物主题展览一般主要是历史人物肖像、历史人物的重要活动或事迹等相关图片展览，同时也可以辅以部分相关音像资料和少量实物展览。第二，历史人物主题展览的展示空间灵活性较大，可根据历史人物主题展览的内容和规模，选择覆盖整个校园或简单布置于教室一角或校园走廊一侧。历史人物主题展览的展示空间小，则可于教室四周的白墙上展示历史人物的图片资料；空间大，则可在校园广场或走廊空地上陈列一排排历史人物图片资料的展板；内容少则在班级投影屏幕上播放历史人物的相关视频和音频资料，内容多则在校园大屏幕上播放历史人物的相关影音资料。

在设计历史人物主题展览的过程中，应当注意以下几点：第一，历史人物主题展览的规模应当根据具体的校园硬件设施条件、校园空间环境、学生的实际兴趣等主客观因素，充分利用各种现有校园资源；第二，历史人物主题展览的内容应当尽量丰富多样，在此基础上优先选择典型的、多面的、正面的历史人物，充分利用先进历史人物的价值导向和精神引领作用，使学生在潜移默化中受到先进历史人物的精神鼓舞；第三，历史人物主题展览的原则是以学生为主，必须意识到学生是历史人物主题展览的主体受众，展览必须尊重学生的年龄特征、心理特征和认知特征。

（三）校本课程开发应以人激趣

以人物为中心的历史主题教学同样适用于开发历史学科校本课程。校本课程的意义自然不必再细说，以历史人物为中心的主题教学应用在校本课程当中，这是响应国家提出的《关于实施中华优秀传统文化传承发展工程的意见》中要"充分利用重大历史事件和中华历史名人纪念活动、国家公祭仪式、烈士纪念日，充分利用各类爱国主义教育基地、历史遗迹等，展示爱国主义深刻内涵，培育爱国主义精神"[1] 的极好方式。

---

① 中共中央办公厅 国务院办公厅印发《关于实施中华优秀传统文化传承发展工程的意见》[EB/OL].（2017 - 01 - 25）. http://www.xinhuanet.com/politics/2017 - 01/25/c_ 1120383155. htm.

开发历史人物主题校本课程具有明显的优越性。第一，历史人物主题校本课程体现历史校本课程的创新性。从已有的中学历史校本课程成果上看，大部分中学历史校本课程选择贴近学生生活实际的乡土历史资源和乡土历史文化现象作为历史校本课程的内容，在介绍学生自己家乡的历史文化的基础上，挖掘其与学生们日常生活息息相关的文化现象背后的精神内涵；而历史人物主题校本课程选择以历史人物为中心主题的内容开发，在把握总的历史人物主题方向的基础上确定和设计各个具体的历史人物教学专题内容，体现了中学历史校本课程在内容选择上的新颖性。第二，历史人物主题校本课程具有显著的课程价值。历史人物主题校本课程不仅补充了常规历史课堂教学缺失的历史人物知识，更通过历史人物教学引导学生关注历史人物，认识历史人物对历史的重要意义，促进学生对历史人物的了解和理解，在认知上完善对历史人物的全面认识和客观评价，在心理上加强对历史人物的重视和认同感，最终实现全面发展。

以历史人物为中心主题设计和开发历史学科校本课程，关键在于以人激趣，不仅是要着眼于激发学生对一门校本课程或是整个历史学科知识的学习兴趣，更要激发学生从历史人物身上真切感受其光辉人性的兴趣。

以人物为中心的历史主题教学通过"以人带事"的思路提炼历史人物教学主题，一课以一位历史人物为中心，讲述和分析历史人物的生平经历，围绕这一历史人物联系相关历史时空和历史事件，从历史人物的故事经历中挖掘历史人物身上的伟大精神品质和光辉人性特点，促进学生在知识、认知和心理三方面的提升。

例如，笔者结合南宁的抗战老兵熊寿明的故事，以抗战老兵熊寿明为中心设计和实施了一堂历史人物主题校本课程教学，主题为"老兵熊寿明：保家卫国的抗战英雄"。抗日战争期间涌现了一大批捐躯赴国难的民族英雄，然而幸存至今的英雄屈指可数，熊寿明则是其中一位。熊寿明是广西南宁的百岁抗战老兵，曾先后参加桂南会战、长沙会战、高峰坳战役、昆仑关战役等，他在战场上浴血奋战的个人经历正是一部真实而沉重的抗日战争史。课程通过抗战胜利70周年纪念活动和老兵熊寿明胸前的军功章导入，揭开熊寿明的峥嵘抗战故事；通过讲述老兵熊寿明一次次从死人堆中爬起来抵抗到底，渲染老兵熊寿明和抗战年代同样无私付出的英雄们身上强烈的爱国主义精神，引导学生树立新时代爱国主义精神。此外，有条件的学校还可以采取"馆校合作"的形式，带领学生走进如昆仑关战役旧址博物馆等相关历史博物馆，引导学生在博物馆中寻找老兵的踪迹，由博物馆中的专业讲解员向学生讲述老兵的事迹，让学生在参观抗战文物、图片等展览的同时了解鲜活的抗战史，体会和致敬老兵的爱国精神。

值得注意的是，第一，历史人物主题校本课程开发应以人激趣，应当注意利用学生对似熟非熟的历史人物的好奇心以及倾向感性认识的认知特点，在轻松活泼的历史人物主题教学中激发学生学习历史的兴趣和主动性。第二，历史人物主题校本课程开发应重点选择乡土历史人物，挖掘历史人物的道德品质和精神追求，从乡土历史人物身上引导学生认识与其实际生活密切相关的乡土历史文化资源和乡土历史文化现象，提升学生的家国情怀素养。第三，校本课程开发可采取"馆校合作"，充分借助博物馆的文献资源、文物资源和专家资源，馆校双方联合开发设计具有教学立意高度和饱含家国情怀的特色历史人物主题校本课程。

（四）选择历史人物的原则

1. 真实性原则

真实性是历史的最基本原则，坚持历史的真实性是学史治史的最基本要求。在以人物为中心的历史主题教学中，坚持真实性原则是选择历史人物的首要要求。历史教材中出现的绝大部分历史人物都是历史上客观真实存在的，如孔子、秦始皇、成吉思汗、李白、李时珍、哥伦布、华盛顿、爱迪生等，只有个别历史人物是历史神话传说中存在的，如炎帝、黄帝、蚩尤、嫘祖等。这表明客观真实存在的历史人物是历史人物教学内容的主体，为选择和确定客观真实存在的历史人物及主题提供丰富的教学资源。由真实的历史人物出发讲述和阐释真实的历史事件或历史现象，才能呈现和反映真实的历史，才能引导学生形成实事求是、求真求实的正确历史观。

以人物为中心的历史主题教学在整个历史教学过程中始终突出历史人物的作用，由历史人物向外阐述和解释历史事件和历史现象。譬如，《鸦片战争》一课，民族英雄林则徐也并非完人，他既有人们熟知的坚决禁烟、主战、积极反抗的英勇一面，同时也有在鸦片战争过程中明知清朝落后于英国却不敢向上直言止损、只偷偷致信友人且不忘叮嘱友人不要声张的怯懦一面。那么教师在教学过程中，就既要重点塑造林则徐积极反抗外来侵略的民族英雄形象，同时也要适当提及林则徐权衡利弊后依然怯懦地选择沉默自保的内心挣扎。

因此，教师在以人物为中心的中学历史主题教学中必须坚持历史的真实性。坚持历史真实性就是反对历史虚无主义，坚持唯物史观；坚持历史真实性就是反对弄虚作假，坚持实事求是，客观公正地塑造真实全面的历史人物形象。

2. 典型性原则

在以人物为中心的历史主题教学中，坚持典型性原则是选择历史人物的重要要求。以人物为中心的历史主题教学是在整合教学内容的基础上选择重要的、具有代表性的历史人物，提炼出能够统领相关历史时空、历史事件或历史现象的历史人物主题进行历史教学的方式。以人物为中心的历史主题教学的突出特点是一课一主题，利用历史人物高度整合历史教学内容。这种教学方式的特点在一定程度上决定了选择的历史人物必须少而精。

一方面，在选择历史人物的数量上，一般选取一至两位历史人物作为一课知识内容的中心历史人物进行主题教学。至于具体是选择一位还是两位历史人物，则需要根据具体的教学内容而定。如果历史事件中本身就非常明显地具有一位贯穿历史事件始末的历史人物，那么选择一位历史人物提炼教学主题显然更佳。如果教学内容本身涉及具有因果关系、递进关系或对比关系的历史事件或历史事物，那么在同一主题下选择两位历史人物的效果则更佳。

另一方面，在选择历史人物的质量上，以人物为中心的历史主题教学一般选择具有典型性的历史人物。这种典型性表现在两个方面，一是代表性，二是重要性。在有限的历史课堂教学时间中选择典型的、有代表性的历史人物，既能够突出重要的历史人物，又能够实现聚焦历史人物，进而全面认识历史人物的言论行动与内心世界，深入挖掘历史人物背后的精神品质和价值追求。在把握教学重点的基础上强化历史人物的形象，着重讲述和讲解重要历史人物在重要历史事件或历史现象中的活动，既突出了课堂教学的重点知识，又精简了历史教学内容，提高了历史课堂教学的效率。

如统编版《中国历史》九年级下册第13课《罗斯福新政》主要介绍罗斯福新政的原因、内容和特点。根据《义务教育历史课程标准》（2011年版），本课重难点是罗斯福新政的原因和内容。九年级学生对罗斯福身残志坚的故事有所了解，但对罗斯福和"新政"缺乏全面了解。本课主要教学内容即罗斯福总统应对"大危机"的措施，罗斯福在本课内容中具有鲜明的重要地位，因此根据历史人物主题教学的典型性原则，本课主题设定为"罗斯福：开辟国家干预经济新时代"，简单介绍罗斯福生平，重点解决罗斯福为什么会上台、罗斯福上台后做了什么、有什么影响这三个问题。

3. 多样性原则

选择多样性是内容丰富性的前提，以多样性原则选择历史人物是呈现丰富多彩的历史知识的重要前提。在以人物为中心的历史主题教学中，选择历史人物的多样性也体现在两大方面，一是同一历史人物的多样性；二是不同历史人物的多样性。

第一，选择在同一人物身上具有多种多样的不同方面的历史人物。人总是多面的、复杂的，对历史人物的认识和评价不能简单标签化和脸谱化，不能将每一位历史人物简单粗暴地判断为非善即恶、非奸即忠或非好即坏。

第二，选择种类多样的不同历史人物。丰富的历史人物类别为设计和实施以人物为中心的历史主题教学提供了丰富多样的历史人物知识内容，多元的历史人物内容也为设计和实施主题教学提供了新的参考角度。譬如，政治模块的知识内容主要涉及政治家、军事家等，经济史模块的知识内容也主要涉及政治家、实业家等在经济领域有所作为的历史人物，文化史模块的知识内容主要涉及思想家、文学家、科学家、艺术家、教育家和探险家等不同领域的历史人物，选择各种各样不同类型的历史人物提炼恰当的历史人物主题进行历史教学，是实现历史教学丰富性的重要途径。

如人教版历史必修 1 第 17 课《解放战争》主要介绍解放战争的原因、过程和意义。根据《普通高中历史课程标准》（2017 年版），本课重难点是中国共产党领导人民取得新民主主义革命胜利的原因。解放战争涉及毛泽东、蒋介石、刘伯承、邓小平等一批学生耳熟能详的"大人物"，但学生不熟悉的为解放战争胜利而默默贡献自己力量的"小人物"同样不可忽视。本课以老兵刘良平为中心，主题为"刘良平：军功章背后的故事"。以"小人物"见"大历史"，借刘良平因战功获得的淮海战役纪念章、渡江战役纪念章、解放西南胜利纪念章和解放华中南纪念章来回顾刘良平自 1946 年加入中国人民解放军中原野战军 12 军 35 师至解放战争结束的作为与贡献，通过回顾刘良平的战斗往事，使学生了解和体会"小人物"视角下的解放战争。通过介绍刘良平的军功章的来历，揭示解放战争的原因和过程；通过重点讲述刘良平和战友在渡江战役中手持刺刀枪冲锋陷阵，在周围炮弹四起的环境中依然勇往直前的事迹，展示刘良平英勇无畏的人民英雄形象，也侧面揭示人民解放战争取得胜利的原因；通过讲述刘良平在众多战役中英勇奋战甚至负伤前行的故事，引导学生学习刘良平英勇无畏的爱国主义精神，培养学生的家国情怀素养。

4. 正面性原则

正面性原则是根据教情和学情特点选择历史人物进行主题教学不可忽视的重要原则。坚持正面性原则选择历史人物，即从对历史人物的评价角度，选择对历史发展具有推动作用和本身具有正面教育意义的历史人物。这是基于以下两方面的现实因素：

一方面，中学生仍处于身心发展阶段，其身体和心智都尚未发展完全，尤其是心智还不成熟。选择正面的历史人物来提炼主题更利于立德树人。

正面历史人物具有直接的正面教化作用。以人物为中心的历史主题教学通过聚焦历史人物，探索历史人物的内心活动和精神世界，挖掘历史人物的精神品质，引导学生在关注历史人物的过程中加强对历史人物的人文关怀和同情理解，树立正确的历史观、社会责任感与使命感。正面历史人物具有宝贵的高尚道德品质和精神追求，是重要的教学资源，这些教学资源具有深刻的正面道德教化作用。挖掘和利用正面历史人物身上的正面精神能量和积极价值观念，有利于在以人物为中心的历史主题教学过程中直接充分发挥正面历史人物的正面道德教化作用。

另一方面，坚持正面性原则并不意味着直接忽视客观存在的反面历史人物，而是坚持以选择正面历史人物为主。正面历史人物具有直接的正面育人价值，重要的反面历史人物也具有反面教材的意义。

例如，统编版《中国历史》九年级下册第15课《第二次世界大战》的重难点是"二战"的进程和胜利原因。九年级学生通过观看相关影视作品，对希特勒和"二战"并不陌生，但缺乏全面认识。希特勒是"二战"中的重要历史人物，却也是典型的反面历史人物。以反面历史人物为中心主题，不能一味迎合学生的兴趣，最重要的是以反面历史人物为典型的反面教材对学生进行正确价值观念的引导。因此本课以希特勒为中心，主题为"希特勒：第二次世界大战的罪魁祸首"，通过利用德国元首和德军统帅希特勒所作的战争决定来整合"二战"的相关史实，使学生理解"二战"欧洲战场一些战役之间的内在联系；利用相关战争形势图来引导学生主动融入教学过程，加深学生对"二战"时空走向的印象，根据地理位置直观判断和理解战争的走向，使学生对战争进程具有更清晰的时空印象，培养学生的时空观念素养；通过展示希特勒因个人勃勃野心和无限征服欲望而制造生灵涂炭的人间悲剧等相关图文史料，引导学生运用唯物史观正确评价希特勒，从而提升学生的唯物史观认识。

五、以历史人物为中心的主题教学案例分析

根据前文所述的历史人物主题选择原则，笔者在实习期间进行了以历史人物为中心的主题教学实践，分别选取人教版高中历史必修1第10课《鸦片战争》和初中历史《法国大革命和拿破仑帝国》一课进行教学实践。

（一）《鸦片战争》一课的案例分析

1. 教学目标

2017年版普通高中历史课程标准要求学生认识列强侵华对中国社会的影响和中国人民反抗外来侵略的意义。本课内容较丰富，主要介绍两次鸦片战争的起因、经过、结果以及两次鸦片战争分别对中国造成的影响。

本课的授课对象是高一的学生，他们在初中时已学过鸦片战争的相关知识，具有相关基础知识储备，但对鸦片战争的认识尚不全面，对鸦片战争中英勇抗击外来侵略的历史人物及其反抗精神了解不多，研读史料、多角度思考问题、

概括归纳史料并形成自己的历史解释的能力不足。

因此，本课针对学情，重点通过以林则徐为中心，确定了以下教学目标：第一，以林则徐为中心串联本课知识，介绍林则徐与鸦片战争的基本史实，引导学生理解两次鸦片战争的影响；通过研读和分析相关图文史料，提升学生史料分析、历史解释的能力。第二，通过补充林则徐在鸦片战争期间的内心活动的相关史料，全面塑造林则徐的形象，引导学生掌握运用唯物史观、根据论从史出和史论结合的原则正确评价历史人物与历史事件的历史学习方法。第三，通过聚焦林则徐的主战作为和坚决反抗侵略的爱国精神，引导学生不但要关注以林则徐为代表的坚决反对外来侵略的历史人物，更要关注这些历史人物身上英勇反抗的爱国精神，激发学生的爱国情怀，力图在唯物史观的指导下提高学生的时空观念、史料实证能力、历史解释能力和家国情怀素养。

2. 教学过程

本课涉及的历史人物较多，如道光皇帝、林则徐、琦善等，但林则徐对第一次鸦片战争的影响是其他历史人物无法取代的。鸦片战争的爆发虽然根本上与林则徐无关，但战争的发生却与林则徐有着直接关系，即林则徐虎门销烟被英方当作借口，直接发动鸦片战争；在鸦片战争过程中，林则徐的"主战"立场和在广东的海防作为在一定程度上对鸦片战争的进程和走向也具有重要影响；且本课重点在于第一次鸦片战争。因此，根据真实性原则、典型性原则、多样性原则和正面性原则的历史人物主题选择原则，笔者以林则徐为中心提炼主题，将主题定为"林则徐：幸运之人也是不幸之人"。

在教学过程中，笔者从林则徐的诗导入，讲述林则徐对鸦片贸易的态度，从简单讲述林则徐虎门销烟到分析鸦片战争爆发的根本原因，从讲述林则徐积极加强防务到英军兵临南京城，从讲述林则徐个人被革职查办到分析鸦片战争失败的原因，从分析鸦片战争的影响到讲述林则徐在被贬新疆期间依然采取各种措施防备沙俄对我国西北的侵略，从讲述林则徐英勇反抗的行为与爱国精神延伸到鸦片战争过程中涌现的一批爱国将领，再到因地制宜补充三元里抗英斗争中其他社会底层人民的反抗斗争。笔者在教学设计中不仅要将林则徐这个个体历史人物与鸦片战争这个历史事件和当时整个社会历史背景结合起来，还要挖掘以林则徐为代表的历史人物在鸦片战争中坚决反对外来侵略的爱国表现与爱国精神，自然而然地培养学生的家国情怀等历史学科核心素养。

本课的具体教学设计如下：

教学主题：林则徐：幸运之人也是不幸之人
教学重点：鸦片战争爆发的原因、鸦片战争的影响

教学难点：鸦片战争的影响

教学方法：史料分析法、直观演示法、讨论法

学法：研读史料、小组合作

教学过程：

【新课导入】

诗歌导入：展示林则徐的诗句"苟利国家生死以，岂因祸福避趋之"。

师：这两句话是林则徐的名句。他为何发出这样的感叹？他是在什么样的历史背景下说出这样的话呢？带着这些问题，我们一起来学习第10课《鸦片战争》。

（学生活动）观察图片并回答问题。

（设计意图：激发学生的兴趣，以林则徐的诗作为导入，通过提问，引导学生思考鸦片战争爆发的背景，导入新课。）

一、鸦片战争爆发的原因

展示1818—1831年的中英贸易柱状图，让学生据此概括中英贸易状况。

师：1818年至1831年，中英在正常贸易下，中国输英总值一直大于英国输华总值，中国始终处于贸易顺差地位。（解释顺差、逆差、出超、入超的概念）

（设计意图：通过图表数据，解释中英贸易从正常到不正常的变化，为下文引出林则徐对鸦片贸易的态度作铺垫。）

师：英国完成工业革命后，资本主义迅速发展，工业资产阶级是否甘心维持这种现状？

师：既然不甘心，在正常贸易下无法满足获得中国广阔市场的野心，那么英国就开始了"不正常"的贸易——开始对华输入鸦片。吸食鸦片会上瘾，这就客观增加了中国人对鸦片的需求。而且鸦片作为一种毒品，严重损害了中国人的身心健康。

展示材料，引导学生解读史料：

当鸦片未盛行之时，吸食者不过害及其身，故杖徒已足蔽辜；迨流毒于天下，则为害甚巨，法当从严。若犹泄泄视之，是使数十年后，中原几无可以御敌之兵，且无可以充饷之银。[林则徐《钱票无甚关碍宜重禁吃烟以杜弊源片》（1838年），录自《林则徐集·奏稿》]

师：林则徐毅然上书道光帝，痛陈鸦片的危害，请求禁烟。道光帝采纳了林则徐的意见，于是林则徐赴广东禁烟，1839年6月著名的虎门销烟事件发生。

展示材料：

先除暂存此八箱外，计已化烟土，凑合前奏之数，共有一万九千一百七十九箱，二千一百一十九袋，其斤两除去箱袋，实共二百三十七万六千二百五十

四斤，截至五月十五日（6月25日）业已销化全完。（中国第一历史档案馆编：《鸦片战争档案史料》（第一册），上海人民出版社1987年版，第361页）

师：林则徐曾说："若鸦片一日未绝，本大臣一日不回。誓与此事相始终，断无中止之理。"林则徐在禁烟运动中以大无畏的英雄气概和大公无私的爱国主义情怀顶住了内外压力，坚决查禁鸦片。禁烟期间，林则徐还支持编译《四洲志》（展示《四洲志》封面图片），介绍亚洲、欧洲、非洲和美洲三十余国的政治、历史、地理情况，是近代中国"开眼看世界的第一人"。

（设计意图：展现林则徐坚决禁烟的人物形象，突出在人人封闭保守的社会环境中林则徐却积极主动了解世界的人物形象。）

师：有人认为，鸦片战争是由林则徐的过激行为引起的，如果没有林则徐坚决禁烟，英国就不会发动战争。针对这种观点，你怎么看？为什么？

展示材料：

中国禁烟运动给了我们一个战争的机会……可以使我们终于乘战胜之余威，提出我们自己的条件，强迫中国接受。这种机会也许不会再来，是不可能轻易放过的。（《安得鲁·韩德森致拉本特函》）

（学法指导：区分鸦片战争爆发的根本原因与直接原因。）

师：虎门销烟只是英国人发动鸦片战争的借口，不管林则徐是否进行虎门销烟，英国最终总会利用别的借口对华挑起战争，强行打开中国的国门。

小结并板书：鸦片战争爆发的根本原因与直接原因。

（设计意图：解释清楚各种不同历史因素的必然性与偶然性，帮助学生理解鸦片战争爆发的必然性，而虎门销烟只是英国发动战争的借口，有利于提升学生的历史解释能力。）

二、鸦片战争的过程与结果

1. 过程

配合动态地图快速简要讲述鸦片战争的过程并板书：鸦片战争（1840—1842）→《南京条约》。

师：1840年6月，英军进攻广东海面，由于林则徐积极进行战备，严阵以待，英军一度在广东无隙可乘而不得不北上发难。展示表格里鸦片战争过程中英勇抵抗外来侵略的人物，并根据广州学生的学情特点简单补充三元里抗英斗争概况。

（学生活动：察看表格列举的在鸦片战争中牺牲的历史人物，倾听教师讲述三元里抗英斗争的历史人物故事。）

师：在鸦片战争过程中，除了涌现出一批坚决反对外来侵略的将领，如关天培、海龄等，也出现了一些英勇反抗外来侵略的社会底层人民，譬如发生在我们身边的广州三元里抗英的韦绍光，尽管他只是一名普通的菜农，但他认同林则徐的禁烟主张，当英国人进入三元里烧杀抢掠时，他勇敢地带领乡众抗击，三元里抗英斗争结束后，仍继续以种菜为生。

（设计意图：①补充鸦片战争牺牲英烈的情况，引导学生关注历史事件背后的历史人物。②根据地情、学情特点简单补充三元里抗英斗争史实，增加学生的乡土历史知识。）

2. 结果

师：鸦片战争最终以英军兵临南京城，中英签订《南京条约》而告终。（展示表格，请学生结合教材快速划出鸦片战争、《五口通商章程》和《虎门条约》的内容及危害；解释领事裁判权和片面最惠国待遇的概念）

林则徐遭朝中投降派陷害而被革职遣戍新疆，但他在新疆依然积极兴办水利，开辟屯田，防备沙俄侵略。

3. 战败原因

展示材料：

彼之大炮远及十里内外，若我炮不能及彼，彼炮先已及我，是器不良也。彼之放炮如内地之放排枪，连声不断。我放一炮后，须辗转移时，再放一炮，是技不熟也，求其良且熟焉，亦无他深巧尔。（林则徐致友人信中语，引自蒋廷黻：《中国近代史》，上海古籍出版社1999年版，第17页）

师：根据材料，概括林则徐认为鸦片战争清政府战败的原因。你怎么看？

小结：中国在鸦片战争前夕全面落后于英国。

（设计意图：通过对比分析，引导学生全面分析鸦片战争清政府战败的原因，说明林则徐作为"开眼看世界的第一人"尚且认为清政府只是军事技术落后而已，而其他人仍处于天朝上国的美梦中。）

三、鸦片战争的影响

展示材料：

材料一：从19世纪40年代开始，中国丝、茶的出口额迅速增长。茶的出口由1843年的1 300多万斤增加到1855年的8 400万斤；丝的出口从1843年的1 000多包增加到1855年的56 000多包。由于丝、茶等农产品的大量出口，一些地区的农民放弃粮食生产转而种桑植茶。（摘编自李侃等《中国近代史》）

材料二：1841年魏源受林则徐嘱托而作《海国图志》。

师：据以上材料归纳鸦片战争的影响。

引导学生逐一分析材料，从政治、经济和文化的角度全面分析。

小结鸦片战争的影响，板书"开始沦为半殖民地半封建社会"，并解释该概念。

过渡：林则徐虎门销烟后，英国政府闻讯，决定对华发动战争，鸦片战争由此爆发。

（设计意图：注重解释相关重要概念，注重学法指导，重视训练学生分析历史问题的能力，使学生学会多角度地思考、分析和理解历史事件的影响。）

四、第二次鸦片战争

鸦片战争后，英法不满足既得利益，提出"修约"，扩大利益，遭拒后发动第二次鸦片战争。

1. 过程和结果

展示时间轴与动态地图，快速简要讲述第二次鸦片战争的过程并板书"第二次鸦片战争（1856—1860）→《天津条约》《北京条约》"；列表，让学生自主比对条约给中国带来的危害。

2. 影响

展示材料：

材料一：

第二次鸦片战争后，（中国）对外贸易结构发生很大变化。贸易总量增大，外贸从出超变为入超，而且入超数字越来越大。进口贸易结构发生变化，棉纺织品渐渐取代鸦片占主要地位，到1885年，棉纺织品已经以35.7%的优势压倒鸦片的28.8%，居进口商品的第一位……中国出口仍以丝、茶等农产品为大宗，但比重逐步下降，其中茶叶最为明显，中国在海外的最大市场被印度和锡兰（今斯里兰卡）抢占了。（李斌：《顿挫与嬗变：晚清社会变革研究》，四川大学出版社2006年版）

材料二：

中国当时的一些有识之士受到第二次鸦片战争中圆明园被焚的极大刺激，感到学习西方先进军事技术势在必行，终于启动了一场持续30多年（19世纪60—90年代）的自强运动……从而启动了中国现代化的最初步伐。（马克垚主编：《世界文明史》，北京大学出版社2004年版）

师：根据材料与所学知识，概括第二次鸦片战争的影响。

类比鸦片战争的影响，鼓励学生用自己的话说出第二次鸦片战争的影响，引导学生之间相互补充后根据学生回答情况进行适当解释和补充。

小结并板书第二次鸦片战争的影响。

（设计意图：①通过史料分析鸦片战争的影响，引导开拓学生的思考角度，提高学生分析理解史料的能力。②在提示思考角度的基础上引导学生进行表达，提升学生的历史解释能力。）

【课堂小结】

师：鸦片战争并非因林则徐而起，但说到鸦片战争却不得不提林则徐。工业革命后的英国为了掠夺市场和原料，借口虎门销烟而挑起鸦片战争，结果清政府大败，林则徐遭诬陷被贬伊犁，中国开始沦为半殖民地半封建社会。

展示诗歌：

赴戍登程口占示家人二首

出门一笑莫心哀，浩荡襟怀到处开。时事难从无过立，达官非自有生来。
风涛回首空三岛，尘壤从头数九垓。休信儿童轻薄语，嗤他赵老送灯台。
力微任重久神疲，再竭衰庸定不支。苟利国家生死以，岂因祸福避趋之。
谪居正是君恩厚，养拙刚于戍卒宜。戏与山妻谈故事，试吟断送老头皮。

师：林则徐因抗英禁烟被贬，远戍伊犁，1841年7月14日在临行前写下这首诗。他自信抗英禁烟有功无罪，面对贬谪问心无愧；他讥讽英帝国主义国中无人、外强中干；他蔑视朝中小人卑鄙卖国。全诗虽有眷恋故乡之意，却毫无小儿女悲戚之态，雄健豪劲，彰显了一代民族英雄本色。身在边疆的林则徐积极加强防务，防备沙俄。随后列强不满既得利益，借机发动第二次鸦片战争，中国的半殖民地化程度加深。

（设计意图：以林则徐为中心串联小结本课知识，构建知识体系，总结升华，培养和提升学生的家国情怀素养。）

3. 教学反思

本课的课堂教学实践表现，既有优点，也客观存在明显不足之处。在优点方面，第一，突出重点，详略得当。《鸦片战争》一课涉及两次鸦片战争，教学知识点较多，且两次鸦片战争在爆发原因与影响方面的思考角度具有相似性，因此有必要根据有限的一个课时来确定本课的重点与难点知识，集中力量突出重点和突破难点。在课堂教学过程中，教师重点讲解了鸦片战争爆发的原因和产生的影响，略讲了鸦片战争的经过，突出了本课的重点——第一次鸦片战争爆发的原因和产生的影响，把最重要的知识点讲清楚，其他非重点的知识则让学生通过阅读教材或完成习题等方式加以巩固。

第二，自然渗透家国情怀素养的培养。本课主要以林则徐为中心和主线串联本课两次鸦片战争的始末，引导学生理解林则徐面对朝廷保守派和英国人的内外双重压力下仍然坚定禁烟的决心，体会林则徐在鸦片战争前后积极实施各种措施以防备外来侵略的实干精神，感悟鸦片战争战败后林则徐遭诬陷被贬新疆伊犁时仍发出"苟利国家生死以，岂因祸福避趋之"呐喊的强烈爱国情怀和无畏精神。

在课堂教学伊始，笔者用林则徐的《赴戍登程口占示家人二首》中"苟利国家生死以，岂因祸福避趋之"这两句导入时，学生们尽管对这两句诗并不陌生，但客观上也没有明显的情感起伏，更没有深受触动。但当笔者在后面讲到鸦片战争失败，林则徐被贬新疆，临行前还能发出这样的豪言壮语时，由于有了前后故事情节上的对比，学生心中自然地产生了情绪情感上的起伏，脸上纷纷浮现或敬佩，或叹惜，或愤愤不平的表情。看到眼前这个课堂画面，笔者停留了 3～4 秒，意在让学生在刚刚所营造的情绪情感氛围中平复下来，再继续下面的教学。本课除了重点挖掘林则徐这位历史"大人物"身上的爱国精神品质，还进一步因地制宜地简单延伸和关注像韦绍光这样坚决反抗外来侵略的其他历史"小人物"；通过在分析历史事件的过程中关注历史事件背后的历史人物，引导学生理解和体会无论是身处高位的官员将领还是默默无闻的小卒，甚至是处于社会底层的平民百姓，他们都曾用自己的方式坚决反抗外来侵略，都是值得被后人铭记的民族英雄。学生们的眼神和表情让笔者意识到本课家国情怀素养的培养目标基本达成了。

当然，本课也存在一些不足之处。第一，感悟家国情怀之处留白时间较短，留给学生自行感悟和消化的时间太少。第二，历史事件的各知识点之间的过渡没有完全与历史人物的生平事迹相融合。两次鸦片战争的知识点与知识点之间的过渡并不是都完美地融合或涉及林则徐在每个具体的历史环境下的言行，造成了中心主题的历史人物在非重点知识中基本缺失的局面。

（二）《法国大革命和拿破仑帝国》一课的案例分析

统编版《中国历史》九年级上册第六单元第 19 课《法国大革命和拿破仑帝国》，笔者在实习时并未在初中历史课堂真正进行教学实践，但该课的教学设计也是笔者以历史人物为中心进行主题教学的有效尝试。

1. 教学目标

《法国大革命和拿破仑帝国》一课的课标要求是通过法国大革命和拿破仑帝国的活动，初步理解法国革命的历史意义。本课内容较丰富，历史时空跨度较大。17、18 世纪，随着西方资本主义经济的快速发展，资产阶级的经济实力日益壮大，要求获得相应的政治地位，但这一政治诉求并没有得到满足。因此资产阶级与封建统治阶级之间的矛盾逐渐加深，最终以征税问题为导火索，欧洲相继爆发资产阶级革命。在英美的影响下，法国爆发了大革命，推翻了波旁王朝的封建统治，确立了资产阶级共和政体，但依然政局动荡，社会混乱。在此背景下，拿破仑顺势发动政变，组建新政府，采取一系列措施，最终建立拿破仑帝国。11 年后，拿破仑帝国覆灭。

本课的授课对象为九年级的学生，初步具备从史料中提取有效信息、分析史料和阐释历史问题的能力。通过前面学习英国君主立宪制的发展历程和美国独立战争的历史知识，学生已了解资本主义发展与封建政治制度的矛盾，具备学习法国大革命时代背景的知识基础。他们对拿破仑具有较大兴趣，但对拿破仑、法国大革命和拿破仑帝国仍缺乏全面认识，史料分析、历史解释以及综合评价历史人物的能力也有待提高。

因此，本课以拿破仑为中心进行主题教学，教学目标如下：第一，以拿破仑为中心串联本课知识，了解拿破仑与法国大革命、拿破仑帝国的基本史实，理解法国大革命爆发的原因；通过研读和分析相关图文史料，引导学生尝试自主分析和解释史料，提升学生的史料分析、历史解释能力。第二，通过补充拿破仑与法国大革命相关史实材料，突出教学重点，全面塑造拿破仑的形象，引导学生掌握根据唯物史观和史料实证的要求正确评价拿破仑和全面理解法国大革命的影响的历史学习方法。第三，通过聚焦拿破仑少年立志、艰苦奋斗和保卫法国的事迹与英雄气概，引导学生学习拿破仑自强不息的精神和身先士卒的勇气，帮助学生理解拿破仑的家国情怀。

2. 教学过程

由于学生对拿破仑具有较大兴趣，且拿破仑在本课知识内容中属于重要内容，因此以拿破仑为中心提炼主题，即"英雄拿破仑"。本课由贝多芬的《英雄交响曲》导入，从学生熟悉的乐曲开始，营造一种庄严的历史气氛，吸引学生的注意，也为"英雄拿破仑"的主题奠定基调。本课以拿破仑为中心，重新整合教科书上的知识内容，以拿破仑人生轨迹的视角来讲述法国大革命和拿破仑帝国。知识整合后的教学内容主要从五个方面塑造拿破仑的形象和刻画其人生轨迹：一是少年求学立大志，介绍拿破仑积极吸收启蒙思想，深感旧制度的危机的故事，揭示法国大革命爆发的原因；二是顺势而为崭头角，结合教科书知识点介绍法国大革命的过程和意义；三是雾月政变揽大权，介绍拿破仑发动雾月政变并颁布《拿破仑法典》的故事；四是黄袍加身成帝业，介绍拿破仑黄袍加身为帝王，征服欧陆为霸主的故事；五是盛极而衰走末路，介绍拿破仑远征俄国却大败而归，最终英雄兵败滑铁卢痛失江山的故事。

通过拿破仑少年求学立大志结合大革命爆发前夕的社会背景，分析法国大革命爆发的原因，引导学生自主归纳原因，提升其历史解释素养；通过适当引用《人权宣言》《旧制度与大革命》《法国史论文集》《拿破仑法典》等相关史料说明法国大革命的意义，评价拿破仑与《拿破仑法典》，提升学生的史料实证和历史解释素养；通过利用战争形势图、拿破仑帝国版图等讲述大革命的曲折与拿破仑的伟大功绩，提升学生的时空观念素养；通过小结拿破仑的功过事迹和聚焦拿破仑自强不息、英勇无畏等精神品质，在全面评价拿破仑中升华人物主题，提升学生的家国情怀素养。

本课教学设计如下：

【教学重点】法国大革命爆发的原因；对拿破仑的评价

【教学难点】对拿破仑的评价

【教法、学法】教法：采用讲授法、图示法、史料分析法等；学法：史料分析法、讨论法

【新课导入】

歌曲导入：播放贝多芬的《英雄交响曲》；介绍《英雄交响曲》的创作背景，此曲是贝多芬于1804年应法国驻维也纳大使的邀请为拿破仑而作的乐曲，当时乐谱原稿上的标题是《拿破仑·波拿巴大交响曲》；切入拿破仑。

（设计意图：营造一种庄严的历史气氛，激发学生兴趣；与本课后面贝多芬对拿破仑的评价呼应；"英雄"为本课所讲的拿破仑这一人物定基调。）

【新课教学】

一、拿破仑少年求学立大志

（一）积极吸收启蒙思想

展示拿破仑的照片，以讲故事的方式介绍拿破仑的出身背景以及求学经历。

师：1769年8月15日，拿破仑·波拿巴出生于科西嘉岛上的阿雅克修城中一个没落贵族家庭，家庭经济并不宽裕。拿破仑10岁时就被送到巴黎的布里恩诺少年军校读书，由于满口乡音、身材矮小常受到贵族同学的嘲笑，于是他决心发愤读书，做一个有学问、有才能的人。五年后毕业时，他由于成绩优秀被送进巴黎军官学校深造，专攻炮兵学。在那里，拿破仑大量阅读了伏尔泰、卢梭等一些法国启蒙思想家的著作，尤其系统阅读了卢梭的《社会契约论》且深受其影响。

（设计意图：在讲拿破仑少年求学奋发自强的励志故事的过程中渗透情感态度价值观教育，教育学生树立用功读书、胸怀大志的人生观、价值观以及自强不息的精神品质。）

展示卢梭、伏尔泰、孟德斯鸠及其名言材料：

材料一：人是生而自由的，但却无所不在枷锁之中。（卢梭：《社会契约论》，商务印书馆1982年版，第8页）

材料二：如当你睡觉到第二天醒来时，你的财产还和昨天一样，没有丝毫变动；你不会在半夜三更从你妻子的怀抱里或从你孩子的拥抱中被人家拖出去押入城堡，或流放沙漠；当你若有所思，你有权发表你的一切想法；当你被人

控告或写了闯祸的文章，只能依照法律来裁判，等等。（伏尔泰著，高达观译：《哲学通信》，上海人民出版社 2000 年版，第 184 – 194 页）

材料三：司法权如果不与立法权和行政权分置，自由也就不复存在。（孟德斯鸠：《论法的精神》，商务印书馆 2007 年版，第 167 页）

师：这些启蒙思想后来对法国社会造成了巨大影响，推动了大革命的爆发。（展示拿破仑说过的"无卢梭则无法国大革命"句子，提问：为什么说"无卢梭则无法国大革命"？在学生回答的基础上讲述启蒙运动的意义，并追问：是否真的如果没有卢梭就不会爆发大革命？）

师：在卢梭等启蒙思想家的影响下，拿破仑日益对封建制度感到不满，开始追求自由和平等。但一年后，父亲去世，拿破仑不得不中途辍学，由于成绩优异而被荐任为炮兵少尉，时年 16 岁。

过渡提问：为什么出身律师家庭的拿破仑因父亲去世就不得不辍学？

追问：落寞贵族家庭出身的拿破仑尚且如此，那么处于社会底层的人民生活又是怎样的贫困呢？

（设计意图：从拿破仑切入，进一步探讨社会底层人民的艰苦生活。）

（二）深感旧制度的危机

1. 法国等级制度导致社会矛盾的激化

师：拿破仑就处于法国社会的第二等级，在其下更有遭受沉重压迫的第三等级。（展示"深受压迫的法国农民"历史漫画）漫画中的农民身上背负着教士和贵族，吃力地挂着一把锄头勉强支持佝偻的身躯却寸步难行，他的裤袋里还露出催交王粮的通知单，而教士的衣袋里装满逼交各项供奉教堂的税单。可见革命前夕的法国，对地主、国家和教会负担沉重的租税和封建义务使农民生活一贫如洗，苦不堪言。

（设计意图：以漫画直观体现广大农民在封建制度下深受压迫的史实，使学生易于理解为何社会矛盾尖锐。）

2. 封建专制制度严重阻碍了资本主义的发展

展示路易十四、路易十五、路易十六与王后的照片，介绍路易十四曾说过的"朕即法律，朕即国家"，说明此时法国君主专制达到顶峰。路易十五通过加重税赋等方式阻碍资本主义的发展，法国封建制度日益没落。到路易十六时，法国面临严重的经济危机，但他无心治国理政反而专注于制锁和打猎，将治理国家的大任交给王后安托瓦内特，因此被称作"锁匠皇帝"。王后生活极尽豪奢，挥霍无度，导致国库空虚，财政困难，社会矛盾激化，因此被称作"赤字夫人"。（以"锁匠皇帝"与"赤字夫人"激发学生兴趣）

3. 三级会议引发大革命

结合教材的知识点，介绍 1789 年 5 月，为了摆脱财政危机，路易十六在巴黎郊外的凡尔赛宫召开三级会议，第三等级与国王的矛盾一触即发，这成为大革命爆发的直接原因。（导火线）

师：在众多因素的合力作用下，法国最终爆发轰轰烈烈且不可逆转的大革命，接下来我们一起来感受一下跌宕起伏、波澜壮阔的法国大革命。

二、顺势而为崭头角

（一）投身大革命

简单介绍攻占巴士底狱的时间、结果、意义。

师：法国大革命爆发后，拿破仑积极投身到革命潮流中去。1789 年 9 月，他回科西嘉岛休假，号召家乡同胞支持革命，戴上象征革命的三色帽徽。

展示《人权宣言》的条文：

第一条：在权利方面，人们生来而且始终是自由平等的。

第二条：法律是公众意志的表现，所有公民有权参与法律的制定。

第三条：任何政治结合的目的都在于保护人的自然的和不可动摇的权利。这些权利就是自由、财产、安全和反抗压迫……（王德禄、蒋世和：《人权宣言》，求实出版社 1989 年版，第 19 页）

引导学生理解《人权宣言》的主要内容。

（设计意图：既肯定《人权宣言》的进步意义，又指出其局限性，使学生掌握运用一分为二的观点分析和解释历史。）

（二）制定《1791 年宪法》

出示《1791 年宪法》封面，简单介绍《1791 年宪法》的颁布，并介绍 1791 年 6 月，拿破仑在瓦朗斯组织并领导了革命团体"宪法之友"，宣誓为捍卫革命、保卫祖国而献身。

（三）大革命的初步胜利——击退外国武装干涉

师：1792 年 9 月，奥普联军进逼巴黎，法国各地人民拿起武器，组织义勇军救援巴黎。最终法军在瓦尔密击退侵略者，将敌人赶出国境。为了保卫革命成果，吉伦特派领导巴黎人民再次起义，把革命推向一个新的阶段。拿破仑也在 1793 年首次指挥炮兵打败了英国和西班牙的入侵舰队，因此被提升为炮兵旅少将旅长。

（四）成立法兰西第一共和国

师：1792 年 9 月 22 日，国民公会开幕，通过废除君主制的议案，宣布成立法兰西共和国。随后，国王被处死（展示路易十六被处死的图片，营造历史情境）。在此期间，1792 年秋，拿破仑回科西嘉岛探亲，参加了当地的雅各宾俱乐部，并成为其中一名活跃的领导人。在 1793 年发表的小册子《博盖尔的晚餐》中，拿破仑指出为了保卫祖国和拯救革命，人们应该在雅各宾派的领导下，采取统一行动。

（五）反法联盟干涉大革命，保王党妄图复辟

出示法国大革命时期的地图，培养时空观念。

师：法国大革命使欧洲各国君主深受震动，他们害怕革命传播，决定绞杀法国的革命。英、荷、西与普、奥等国结成反法联盟，从几个方向进攻法国。法国国内的保王党势力乘机抬头，妄图复辟。

（设计意图：借助地图，指出反法联盟从四面联合围攻法国，易于直观突出法国当时局势的危急；突出历史的空间感，结合历史时间的讲述，有利于培养学生的时空观念素养。）

（六）大革命的高潮——雅各宾派专政

师：在异常严峻的形势下，以罗伯斯庇尔为首的雅各宾派组成了救国委员会，采取了一系列激进措施。1793 年 7 月，拿破仑被派往土伦平定叛乱分子，在战斗中他担任炮兵指挥，巧妙地使用大炮，展示出过人的才智和胆略，身先士卒，同王党分子进行了殊死搏斗。1793 年 9 月因功晋升为炮兵少校。1793 年 12 月 16 日夜，共和军进攻受阻，拿破仑率领后备队出击，与士兵们奋力夺下马尔洛雷夫堡，消灭了王党叛军。由于在土伦战役中立下大功，备受罗伯斯庇尔赞赏，拿破仑被破格提升为准将，开始在政治上崭露头角。

展示材料：

拿破仑："在某段时间，凡有志气者必须成为雅各宾主义者，我当时就是其中之一。"［关文奎、翟文奇：《拿破仑及其时代》，齐齐哈尔师范学院学报（哲学社会科学版）1984 年第 4 期，第 97 页］

师：最终雅各宾派平息了国内叛乱，打退了反法联军，把法国大革命推向高潮。但雅各宾派的打击面过宽，人人自危，结果罗伯斯庇尔等人在政变中被送上断头台，雅各宾俱乐部解散。不久，新的反法联军又卷土重来。1794 年，以大资产阶级为代表的热月党人发动热月政变，推翻了雅各宾政权，建立督政府，拿破仑因与雅各宾领导人关系密切而受牵连入狱，虽因证据不足被释放，却始终没有得到重用。

（设计意图：讲述拿破仑在战场上身先士卒、奋力杀敌的历史细节，有利于帮助学生建构拿破仑具有高超的军事才能且在战场英勇杀敌的英雄形象。）

（七）大革命的意义

展示材料：

材料一：法国革命的目的不仅是要变革旧政府，而且要废除旧社会结构，

因此，它必须同时攻击一切现存权力，摧毁一切公认的势力，除去各种传统，更新风俗习惯，并且可以说，从人们头脑中荡涤所有一贯培养尊敬服从的思想。（托克维尔著，冯棠译：《旧制度与大革命》，商务印书馆1992年版，第48页）

材料二：法国大革命的世界意义主要在于向世界提供了一套影响极为深远的政治文化（陈崇武：《法国史论文集》，学林出版社2000年版，第81页）

提问：法国大革命有何意义？引导学生分别从其对法国和对世界的影响这两个角度去思考，在学生回答基础上总结。

师：法国大革命摧毁了法国的君主统治，传播了资产阶级自由民主思想，具有世界性影响。大革命高潮结束后，反法联盟与王党分子卷土重来，法国的政局依然危机四伏。拿破仑凭借其卓越的军事才能和勃勃野心，顺势而为，最终成为解救法国的英雄。

三、雾月政变揽大权

师：督政时期，为了对付迫在眉睫的王党分子的武装叛乱，精通炮兵战术的拿破仑被重新起用。1795年10月5日，拿破仑首创了在巷战中使用大炮的先例，对潮水般涌向国民大厦的叛乱分子予以迎头痛击，最终平定叛乱。拿破仑因功被任命为巴黎城防司令，时年26岁。1796年至1797年，拿破仑远征意大利，率军大败奥军，粉碎第一次反法同盟，因功成为军团司令，一时名声大噪。1798年，拿破仑远征埃及，在此期间，国内保王党暴乱又起，第二次反法同盟伺机而动，法国处于内外交困的严峻局势。拿破仑看准时机，毅然回国。1799年10月，拿破仑抵达巴黎，受到人民的热烈欢迎。

（一）发动雾月政变

师：当时的法国内外交困，需要一个强有力的政权才能维系统治。1799年11月，拿破仑在大资产阶级的支持下凭借武力手段发动雾月政变。雾月政变后元老院组成新政府，30岁的拿破仑出任法兰西第一共和国第一执政，大权独揽，并建立了一套高效率的国家机器。

提问：雾月政变为何会发生？在学生回答基础上总结：因为法国大资产阶级需要一个能确保资产阶级秩序和利益的铁腕人物，同时广大农民也需要一个能主宰一切的无上权威者来保障他们从大革命中所得到的土地。

（设计意图：以讲故事的方式体现拿破仑英勇善战的人物形象，丰富学生对拿破仑的认识，使历史人物变得有血有肉，拉近历史人物与学生的距离感。讲述雾月政变后拿破仑大权独揽的故事，为后面加冕称帝的情节作铺垫。）

（二）颁布《拿破仑法典》

出示《拿破仑法典》封面，简单讲述《拿破仑法典》颁布的时间、主要内容和影响。

展示材料：

拿破仑："我真正的光荣并非打了四十多次胜仗，滑铁卢之战抹去了关于一切的记忆。但是有一样东西是不会被人忘记的，那就是我的《民法典》。"（高仰光：《〈法国民法典〉：搭建起一个前所未有的规范体系》，《中国人大》2016年第18期，第54页）

提问：《拿破仑法典》有何影响？在学生回答基础上总结。

师：《拿破仑法典》是资本主义国家最早的一部民法典，今天仍然在法国施行。它对于世界各国资产阶级的民法典产生了巨大的影响，很多国家民法典都以《拿破仑法典》为参照蓝本。

拿破仑的个人威望随着他的军事成功而不断上升，战无不胜的神话更是使他成为法国人民心中的英雄，也使他成为当时欧洲的有志青年崇拜的英雄。贝多芬也是在此背景下为拿破仑创作出《英雄交响曲》。

四、黄袍加身成帝业

（一）黄袍加身为帝王

师：1800年5月，拿破仑在马伦哥战役中打败奥军，重新占领意大利北部，逼迫奥地利签订《吕内维尔和约》。1802年3月与英国签订《亚眠和约》，粉碎了第二次反法联盟。这一辉煌成就使拿破仑成为空前的民族英雄，他的个人威望也达到顶点。1804年，经过公民投票，法国改为帝国，史称"法兰西第一帝国"，拿破仑加冕称帝。（展示《拿破仑加冕》油画）拿破仑加冕时不是由教皇庇护七世为他加冕，而是他自己将皇冠戴到了头上，还将妻子约瑟芬·博阿尔内加冕为皇后，寓意"自己奋斗出的皇位"，在位期间称"法国人的皇帝"，也是历史上自查理三世后第二位享有此名号的法国皇帝。

师：当贝多芬在1804年春准备将刚完成的《拿破仑·波拿巴大交响曲》献给拿破仑时，巴黎却传来了拿破仑称帝的消息，贝多芬怒不可遏，大骂拿破仑，并涂掉了曲谱扉页上拿破仑的名字。

拿破仑建立帝国后，对内加强中央集权，加强对资产阶级国家机器的建设，巩固和扩大革命成果，狠狠打击王党叛乱分子；创办法兰西银行，鼓励工商业的发展。后来，贝多芬将乐曲改名为《为纪念一位伟人而作的英雄交响曲》。

（配合图片讲故事，吸引学生的注意；与课堂导入《英雄交响曲》相呼应。）

（二）征服欧陆为霸主

（展示1812年的拿破仑帝国地图，使学生直观了解拿破仑帝国极盛时期的版图。）

师：拿破仑帝国对外则是继续战争，先后粉碎了第三、四、五次反法联盟，将欧洲大部分置入他的统治和控制之下，确立了欧洲大陆的霸主地位。同学们看这幅地图，拿破仑帝国极盛时几乎囊括了欧洲的大半部分。

展示材料：

材料一：（拿破仑）在德国是革命的代表，是革命原理的传播者，是旧的封建社会的掘墓人。（裴泽湘：《拿破仑与欧洲》，《求是学刊》1991年第5期，第95页）

材料二：（德国）一切阶级莫不面临破产，苛捐杂税、战争捐献、供养驻军、士兵过境、骚扰无穷，人民已经被剥夺得一无所有，因而再也不会丧失什么，他们感觉到的只是逼在头上的眼前的灾害。（乔治·勒费弗尔著，河北师大外语系《拿破仑时代》翻译组译：《拿破仑时代》，商务印书馆1978年版，第288页）

提问：如何评价拿破仑的对外战争？在学生回答的基础上总结：初期是具有正义性质的民族解放战争；后期变为军事侵略性战争；在废除各地封建特权的同时，也对当地人民进行压榨和掠夺。

（设计意图：指导学生分析材料，增强学生运用一分为二的观点评价历史的能力。）

五、盛极而衰走末路

（一）远征俄国大败归

展示拿破仑的战前动员："让亚历山大在你们的刀枪下瑟瑟发抖吧！前进，法兰西的勇士们，前进到俄国去，打掉亚历山大的嚣张气焰吧！"（王绪杰：《拿破仑帝国》，山东科学技术出版社2017年版，第67页）

师：拿破仑认为俄国是其称霸欧陆的最后障碍，因此在1812年，拿破仑率军远征俄国。

（展示1812年战役的路线图。）

师：战争初期取得了一些胜利，但好景不长，进入莫斯科后，沙皇采取坚壁清野的战术，保住了俄罗斯军队的有生力量，而法军在俄罗斯冰冷的寒冬中受阻，补给不足和兵力分散使得法军战斗力锐减，饥寒交迫之下，拿破仑下令全军撤退。俄军转入反攻，不断袭扰法军。最终，法军丧失了全部骑兵和火炮，只剩三万人退出国境，大败而归。对此，拿破仑有清醒的认识："我错了，但不是错在这个战争的目的及其在政治上是否恰合时宜上面，而是错在进行战争的方法。"（耿继秋、马跃：《拿破仑图传》，中国书籍出版社2004年版，第161页）

（史论结合，帮助学生理解。）

师：征俄失败后，新的反法联盟再次形成，1813年法军在莱比锡会战中失败，1814年3月31日反法联军攻入巴黎，拿破仑被迫在巴黎枫丹白露宫签署退位诏书，随后被放逐到地中海的厄尔巴岛，法兰西第一帝国覆亡。在此背景下，波旁王朝的路易十八趁机复辟。1815年春，拿破仑闻讯立刻率卫队重返巴黎，推翻复辟的波旁王朝。1815年3月，拿破仑再次登帝位，建立"百日王朝"。

（二）兵败滑铁卢失江山

师：1815年6月18日，法军与反法联军在比利时小镇滑铁卢进行决战。此次战役反法联军获得了决定性胜利，拿破仑战败直接导致拿破仑帝国覆灭，拿破仑也被放逐至圣赫勒拿岛，自此退出历史舞台。

展示材料：

材料一：歌德："拿破仑是我从来没有见过的最富有创造力的人。"（王绪杰：《拿破仑帝国》，山东科学技术出版社2017年版，第17页）

材料二：真正的伟大的拿破仑。（马克思、恩格斯：《马克思恩格斯选集》（第1卷），人民出版社1972年版，第470页）

材料三：拿破仑"无愧于自己的命运。"（李满园、陈志雄：《"如何评价拿破仑？"研究性学习课例》，《历史教学》2004年第11期，第62页）

提问：你眼中的拿破仑又是什么样的呢？引导学生正确评价历史人物，融合学法指导。

师：把历史人物放回当时的时代背景中分析；坚持实事求是，以一分为二的观点看待问题；判断历史人物是否顺应历史潮流、促进了社会的进步。

（设计意图：使学生直观了解征俄路线和大致过程，加强学生的历史空间感，思考拿破仑对外战争的正义性。）

【课堂小结】

拿破仑个人的奋斗史与大革命跌宕起伏的大历史密切联系。拿破仑是一位杰出的政治家和军事家，从小就积极汲取启蒙思想并投身于推翻封建统治的革命中，少年求学吸收启蒙思想胸怀大志，顺势支持革命崭露头角，雾月政变独揽大权，后来加冕称帝建立拿破仑帝国，始终坚决毫不妥协地与欧洲封建势力抗争，对欧洲封建势力造成毁灭性的打击，阻止了波旁王朝的复辟。虽然他自己后来也加冕称帝，但从拿破仑帝国实际的统治作为来看，拿破仑鼓励工商业发展、颁布《拿破仑法典》、粉碎反法联盟等措施有利于巩固资产阶级革命的成果。但在另一方面，拿破仑帝国后期的对外战争是非正义的，侵犯了许多国家的利益，引起各国人民的反抗，最终导致拿破仑帝国的覆亡。总之，拿破仑有功亦有过，总体上功大于过，堪称那个时代当之无愧的英雄。

（设计意图：整体评价，呼应课堂导入的"英雄"基调。结合法国大革命与拿破仑帝国的史实回顾拿破仑的人生轨迹，以时间轴的形式板书有利于加强学生对历史事件的时间感，也易于学生理解历史事件之间的因果逻辑关系。）

3. 教学反思

历史人物使历史事件变得鲜活生动，历史事件因历史人物而变得有血有肉，历史人物就是历史的灵魂。拿破仑见证了法国大革命，对拿破仑帝国的历史更是具有直接的重要影响，拿破仑一生的个人奋斗史就是法国推翻封建制度的历史缩影。因此，本课教学设计，优点在于针对学情采取适当的教学方法，以拿破仑的生平经历为中心提炼主题，结合当时的社会时代背景，串联起法国大革命和拿破仑帝国的知识内容，结合拿破仑的人生轨迹，透过拿破仑对当时法国整体的政治环境的立场态度和言行来看法国资产阶级革命的历史发展轨迹，通过各种典型的、直观的图文史料和有趣的历史人物细节全面塑造拿破仑的形象，引导学生关注历史人物，眼中有"人"；通过运用唯物史观辩证地分析法国大革命、看待拿破仑与拿破仑帝国，引导学生学会正确评价历史人物和历史事件，形成正确的历史解释，达成历史学科核心素养的要求。

对于九年级的学生而言，尽管有趣的教学方法能够使他们保持学习的兴趣和热情，但本课以拿破仑为中心重新整合和补充了知识内容，法国大革命的过程与拿破仑的个人经历所涉及的历史事件较多，学生识记和理解知识内容具有一定难度，这要求学生提前自觉做好课前相关预习。本课不足之处则在于未能充分发挥学生的主体性作用。教师讲述和讲解的部分还是相对较多，如《人权宣言》的意义、法国大革命的过程、拿破仑帝国的意义等知识，这是需要进一步改正的地方。

结语

历史教育教学的终极目标是培养"完整的人"，以历史人物为中心的历史主题教学不仅重视历史人物的表层生平经历，同时也关注历史人物的内心活动和思想变化，注重挖掘历史人物的高尚的道德品质和精神追求，直接突出了历史人物的育人价值，有效增强学生关注历史人物，并从中汲取历史智慧的意识。

以历史人物为中心的主题教学不仅适用于课堂教学实践，也适用于举办相关历史课外活动和开发历史学科校本课程。主题课堂教学应以人带事；历史课外活动应以人见史；校本课程开发应以人激趣。教师在以历史人物为中心的主题课堂教学中，应按照真实性、典型性、多样性和正面性的原则，选择和提炼恰当的历史人物主题，以该历史人物主题有针对性和连贯性地整合和串联历史教材上的相关历史知识内容，在主题教学实践中引导学生学会关注历史人物，在聚焦历史人物的生平事迹、言行思想和精神品质的过程中学会真正"眼里有人"和"心里有人"，使历史人物的光辉人性再次绽放。

诚然，以历史人物为中心的历史主题教学具有一定局限性，并非普遍适应现行中学历史教材的编写体例，也并非广泛适用于当前中学历史教学的每一课具体的教学内容。但这种教学方式的客观可行性与有效性，为中学历史教师提供了教学设计方式、思路上的参考，是引导学生由关注冷冰冰的"事"转变为关注有温度的"人"及其光辉人性的有效教学方式。

中学历史教学中的红色文化研学策略研究

高丹丹[*]

一、前言

（一）研究缘起

2013 年，国务院出台了《国民旅游休闲纲要（2013—2020 年)》^①，吹响中小学开展寓教于游的课外实践活动——研学旅行的号角。2016 年，教育部联合 11 个部委印发的《关于推进中小学生研学旅行的意见》（以下简称《意见》）将研学旅行的概念界定为："由教育部门、学校有计划有组织安排的，并通过集体旅行、食宿的方式开展的，一种研究性学习和旅行体验相融合的校外活动。"^②《意见》还明确了研学旅行的意义，并要求学校将研学旅行纳入日常教学计划之中，推动研学旅行与学校课程进一步融合。这一意见进一步为研学旅行指明了发展的方向。由此可见，研学旅行这一崭新的学习方式受到国家的重视，并逐步被纳入我国现代教育教学体系之中。

研学旅行有助于培育历史学科核心素养，特别是有助于激发和夯实学生的家国情怀。研学旅行的意义与历史学科的家国情怀核心素养的培养有高度契合之处，特别是各地的革命传统教育、党史等红色文化教育资源非常丰富，都是中学历史学科的天然课程资源。如何结合中学历史学科教学开展有针对性的红色文化研学旅行是非常值得关注的问题。

———————————

* 高丹丹，广西民族大学民族学与社会学学院 2018 级学科教学（历史）专业硕士研究生，现就职于安徽省合肥市望湖四十八中。

① 国务院办公厅关于印发国民旅游休闲纲要（2013—2020 年）的通知［EB/OL］.（2013 - 02 - 18).http://www.gov.cn/zwgk/2013 - 02/18/content_ 2333544.htm.

② 教育部等 11 部门关于推进中小学生研学旅行的意见［EB/OL］.（2016 - 12 - 19).http:// www.gov.cn/xinwen/2016 - 12/19/content_ 5149947.htm.

（二）研究动态

笔者分别在中国知网中国学术期刊（网络版）全文库和中国优秀博硕士学位论文全文数据库，以"研学旅行""红色文化研学旅行"为关键词进行检索，得到 2011—2019 年与"研学旅行"相关的期刊文献共计 754 篇、硕博士学位论文 87 篇，由此可见研学旅行作为一种综合实践育人的有效途径引起了国内学者的普遍关注；2017—2019 年与"红色文化研学旅行"相关的文献数量出现比较明显的增幅，期刊文献共计 52 篇，硕博士学位论文共计 6 篇。由此可见红色文化研学旅行已受到学者们的不少关注。

研学旅行有什么意义？学者们各抒己见。王晓燕认为研学旅行是一门注重系统性、知识性、科学性和趣味性的课程[①]。申红燕认为研学旅行是培养学生文明旅游意识、切实提高学生核心素养的必然要求，也是综合实践育人的新形势需求[②]。历史学科关于研学旅行的研究主要是研学与博物馆的结合，如沙汕汕以山东博物馆这一研学旅行基地为考察中心，探索博物馆这一资源对初中历史教学的价值，并设计方案与内容，最后根据研学实施情况提出建议[③]。

通过对研学旅行的研究，学者们也指出了研学旅行面临的一些问题，如王婷婷、刚祥云指出研学旅行实践过程中常出现难以有效落实、没有使学生学有所获等问题[④]。刘继玲指出研学旅行需要结合多种学科、多种教法[⑤]。正因问题的出现，许多学者通过自身的实践来总结经验并提出相关建议，如赵锐[⑥]、封安保[⑦]等。近年来，学者们开始关注研学旅行的课程设计以及结合乡土资源开发研学旅行案例。如付松以成都研学旅行为例，让学生通过专业培训后，亲自给熊

---

① 王晓燕. 研学旅行的基本内涵和核心要义：《关于推进中小学生研学旅行的意见》读解 [J]. 中小学德育，2017（9）：15 – 16.

② 申红燕. 研学旅行：学生核心素养培育的新路径 [J]. 教师教育论坛，2017（10）：71 – 73.

③ 沙汕汕. 初中历史教学中研学旅行之探讨：以山东博物馆为考察中心 [D]. 曲阜：曲阜师范大学，2016.

④ 王婷婷，刚祥云. 论中小学研学旅行面临的几个问题及其应对策略 [J]. 黑龙江教育学院学报，2018（5）：75 – 77.

⑤ 赵垒. 研学旅行拼的是技术含量 [N]. 中国旅游报，2014 – 03 – 17（11）.

⑥ 赵锐，关小凤，贾秋容. 青少年研学旅游发展初探 [J]. 旅游纵览（下半月），2015（10）：29.

⑦ 封安保. 研学旅行课程标准化建设的探索 [C] // 第四届皖台基础教育论坛交流文集，2015.

猫喂食、打扫卫生，实现知行合一，从而做实研学旅行的教学价值①。李彦霖设计三国研学旅行线路。② 郭建、郑长宏结合地域特点，设计出具有特色的都江堰研学课程。③ 以上关于研学旅行案例的设计研究对本文中研学旅行案例的开发具有参考价值。

在国外，研学旅行已成为国家教育发展的重要环节，政府采取一系列措施将其纳入国民教育体系之中。Ritchie 分析了研学旅行的动机类型④。Smith 通过研究美国学生在欧洲度过一个夏季的情况，讨论跨文化交流对学生的影响⑤。Anderson 等对博物馆研学进行研究，调查分析发现美国、英国和加拿大三国的博物馆难以满足教师和学生的需求，进而提出博物馆应该进行合理有效的设计来满足研学旅行的需求⑥。

综上所述，目前国内研究者主要从国家、学校这两个层面对研学旅行的内涵、意义、现状等进行论述，而研学旅行的案例开发类研究还不够丰富。国外对研学旅行的研究主要集中于旅行的对象、旅游者的动机与行为、活动方式、组织形式、目的地类型以及影响学生参加研学旅行的因素。国外关于研学旅行的研究对国内研学旅行的发展具有借鉴作用，有利于我国的研学旅行更好地促进青少年的全面发展。

如何将研学旅行与落实家国情怀核心素养有机融合，并开发相应案例指导实践？本文将在已有研究的基础上进行尝试，通过文献梳理以及调查研究得出合肥市研学旅行的实施现状，在此基础上开发安徽红色文化博物馆研学旅行案例，希冀将红色文化研学旅行与落实家国情怀素养相结合。

---

① 付松. 浅谈研学旅行中"教学"价值的实现：以成都研学旅行为例 [J]. 教育科学论坛，2018（3）：20－21.

② 李彦霖. 如何设计研学旅行课程：以三国研学旅行线路为例 [J]. 知识文库，2018（16）：37，39.

③ 郭建，郑长宏. 立足本土文化的研学旅行课程：以成都七中初中学校"行走的课堂"为例 [J]. 教育科学论坛，2018（5）：26－29.

④ RITCHIE B W. Managing educational tourism [M]. London：Channel View Publications，2003.

⑤ SMITH H P. The effects of intercultural experiences：a follow-up investigation [J]. Journal of abnormal and social psychology，1957，54（2）：266.

⑥ ANDERSON D, KISIEL J, STORKSDIECK M. Understanding teachers' perspectives on field trips：discovering common ground in three countries [J]. Curator：the museum journal，2006，49（3）：365－386.

二、中学历史教学中红色文化研学旅行的意义

（一）红色文化研学旅行的发展概况及意义

当代教育的主要问题是未将课堂教学与学生的社会实践活动结合起来，导致学生对社会实践活动积极性不高、实践能力差。研学旅行是推进素质教育的一项重要举措，是课堂教学的延伸扩展。研学旅行可以弥补课堂教学的不足，它通过利用爱国主义教育基地、优秀传统文化教育资源，实现实践育人的相关重要作用①。研学旅行一定程度上解决了教材和学校教学的不足，向学生的日常生活和社会领域进一步延伸，扩大学生的视野，培养学生集体意识和人际交往能力，同时还能够丰富学校的教育活动②。研学旅行是社会实践的崭新要求，有利于培养创新型人才，增强学生的创新意识，加速实施"文化兴国"和人才强国战略。

开展爱国主义教育，培养家国情怀，是中学历史教育义不容辞的责任。党的十九大报告中突出爱国主义、集体主义和社会主义的教育。爱国主义教育资源从何处去挖掘？答案是历史。历史是最好的教科书，历史教学当中的爱国主义教育是其基本内容之一，而中国共产党领导中国人民完成国家解放、民族独立的历史是爱国主义当中非常重要的内容，属于红色文化范畴。

对于红色文化的界定，目前学术界还未达成共识。笔者比较认同舒毅彪的界定，他认为红色文化时间界定应该是从新民主主义革命到1978年前，包含物质文化资源和精神文化资源，其中物质文化资源主要是文物、遗迹，精神文化资源主要是革命精神③。红色文化包含着与社会主义核心价值观相一致的理想信念和价值目标，是社会主义精神文明建设和社会主义核心价值观建设的根源。

首先，红色文化研学旅行是将研学旅行与红色文化相结合，因此必然具备研学旅行的特征，如集体出行、开展探究性学习等；其次，红色文化研学旅行是对书本内容的一种补充和延伸，也是沟通学校教育与校外教育的桥梁；最后，红色文化研学旅行通过研学旅行这一平台，提升学生的实践能力，使学生做到学以致用。因此，红色文化研学旅行属于研学旅行的范畴。

---

① 国务院办公厅关于新时代推进普通高中育人方式改革的指导意见 ［EB/OL］.（2019 – 06 – 19）. http://www.gov.cn/xinwen/2019 – 06/19/content_ 5401610. htm.

② 戴先任. 对研学旅行要重视更要规范 ［N］. 河北日报，2019 – 04 – 16（007）.

③ 舒毅彪. 以红色资源推进社会主义核心价值体系大众化研究 ［M］. 北京：人民出版社，2014.

　　红色文化是红色文化研学旅行发展的前提，也是红色文化研学旅行的主旨和精神所在。开展红色文化研学旅行有利于培育和促进学生践行社会主义核心价值观，激发学生的爱国主义情怀，引导学生主动适应社会，促进书本知识和社会实践的深度融合，在培养创新人才、落实素质教育等方面起到了较好的推动作用①。2018年10月教育部公布了首批全国中小学生研学实践教育基地和营地，笔者对377个教育基地和26个教育营地中与红色文化研学有关的单位作了一个简单的分析。在377个研学实践教育基地中与红色文化研学有关的单位有八路军一二九师纪念馆、晋察冀边区革命纪念馆、中国人民抗日军政大学陈列馆等27家单位，约占总基地数的7.2%。虽然从以上的研学实践教育基地名单中，可以看出属于红色文化研学的单位数量不多，但与国家一直大力倡导的爱国主义教育关联起来的话，那么，红色文化研学旅行的发展会有很大空间。国家和各级地方政府进一步推动研学旅行朝规范化方向发展，不断加大红色文化研学旅行基地建设，红色文化研学旅行仍有许多工作要做。

　　历史学科除了课堂教学外，还可借助丰富的社会文化教育资源，特别是红色文化资源开展有针对性的红色文化研学旅行，这是非常值得探索的。红色文化可以推动全社会开展理想信念、社会主义核心价值观、中华优秀传统文化教育。将研学旅行与红色文化相结合，不仅能够锻炼学生的意志品质，还能培养学生良好的道德品质。学生参与红色文化研学旅行，能够在活动中认识国家、认识自我、明白道理、学会做人。红色文化研学旅行可以实现课程育人、文化育人、活动育人、实践育人、管理育人、协同育人。

　　现在不少学校、旅行社都积极开发传承红色文化的研学旅行路线，在已有的常见红色文化研学旅游活动中，学生参观革命历史遗迹、瞻仰烈士纪念碑、体验红军长征路，就是在了解红色岁月，保留红色记忆，触摸红色文化的脉搏、感知红色文化的神韵、汲取红色文化的营养、接受革命精神的洗礼，激发爱国主义热情。在中学历史教学当中，学校和专业教师通过设计主题鲜明的红色文化研学旅行实践活动，把红色教育纳入课外教学活动，可以有效地传承与弘扬中华优秀文化，在实践中提高学生的思想觉悟，培养学生正确人生观、世界观、价值观，更利于提高学生综合素质，将书本知识与社会生活深度融合，促进学生的全面成长。

---

① 教育部等11部门关于推进中小学生研学旅行的意见［EB/OL］.（2016－12－19）. http://www.gov.cn/xinwen/2016－12/19/content_ 5149947. htm.

（二）红色文化研学旅行有利于推进历史学科"家国情怀"核心素养的落地

研学旅行作为综合实践课程，相较于中学课本内容而言，其内容更加灵活多样，可以丰富学生的学习内容和学习方式，更具有吸引力和教育价值。

红色文化是在中国革命战争年代，由中国共产党和人民群众共同创造、极具中国特色的先进文化，它蕴含着丰富的革命精神和厚重的历史文化内涵，激励着一代代中华儿女不断前进，能够激发精神动力、塑造个体人格。党的十九大报告强调将立德树人作为当代人才培养目标，红色文化研学旅行是落实立德树人根本任务的有效途径。红色文化研学旅行通过探究、体验、实践等方式，将书本内容与实际相互印证，丰富了学生的学习方式，激发了学生的学习兴趣，在提高学生的综合素质、促进学生全面发展的基础上，使学生进一步厚植爱党、爱国、爱人民的思想情怀，树立为中华民族伟大复兴而勤奋学习的志向。

红色文化研学旅行也是培养学生"家国情怀"的有效载体。家国情怀作为历史学科五种核心素养之一，是中华民族优秀传统文化的重要组成部分，它不仅体现在对国家的认同，还体现在对自己民族、家乡的热爱。笔者认为家国情怀可以分为三个层次：初级层次是心理上的，即学生对国家民族历史的一种认知；中级层次是情感上的，即学生对国家民族历史的一种自豪感；高级层次是精神上的，即从爱中华民族到肩负中华民族伟大复兴的责任使命。结合历史学科教学知识，有针对性地开展红色文化研学旅行，可以加深学生对中国革命历程的认识，深刻理解当前美好生活的来之不易，激发学生的爱国主义情怀，引导学生将自己的个人梦与实现中华民族伟大复兴的中国梦相结合。

三、中学红色文化研学旅行实施现状

研学旅行是一种跨学科、开放性的教育实践活动，相较于夏令营、冬令营等活动，研学旅行更着重于"研"，学生亲自参与其中，通过探究、体验、实践等方式，感受别样的学习方式和学习内容，有利于提高学生的综合素质。为了更好地了解高中历史教师和学生对红色文化研学旅行的了解状况与实施情况，以及中学历史教师对"家国情怀"素养的理解与落实情况，笔者对安徽省合肥市两所高中的历史教师和高一年级学生进行问卷调查，其中教师问卷采取网络问卷的方式，学生问卷采取纸质问卷的方式，共发放教师问卷 10 份、学生问卷100 份，回收率100%。

（一）关于师生对研学旅行的了解与实施状况的调查

1．对教师调查的数据分析

研学旅行，重点在于"研学"，主导应该是教师。故此，依托历史学科教学开展红色文化研学旅行，科任教师要了解红色文化研学旅行，这是红色文化研学旅行有效实施的前提。作为新时代实践育人的一种新模式，中小学研学旅行有很广阔的发展空间。

在回答"对研学旅行和普通旅行的不同之处的看法"时，50%的教师认为红色文化研学旅行是游玩与学习并重；30%的教师认为研学旅行以游玩为主，可以帮助学生缓解学习压力；10%的教师认为以学习为主，游玩是次要的；10%的教师认为研学旅行与普通旅行没有太大的不同。显然部分教师对研学旅行的根本要义的认识与理解存在偏差。

从调查数据来看，10%的教师对红色文化研学旅行非常了解，30%的教师对红色文化研学旅行有所了解，60%的教师对红色文化研学旅行不太了解，完全不了解的为0，由此可见红色文化研学旅行的宣传状况并不太好。针对历史教师所在地区是否有历史主题的研学旅行优秀案例评选的问题，60%的教师选择"没有"；40%的教师选择"有"。可见历史主题研学旅行优秀案例评选活动并未普遍开展起来。

在回答"历史主题的研学旅行优秀案例评比活动有何好处"（多选题）时，30%的教师认为其有利于提高研学旅行活动的质量与水平，促进研学旅行的发展；30%的教师认为其有利于提高基地的开发与发展，可以提供更多高质量的研学基地；20%的教师认为其有利于提高教师专业素质，推动教师的职业发展；20%的教师认为其有利于促进家长、学生对研学旅行的了解与理解。由此可见，历史主题的研学旅行优秀案例评比活动对研学旅行的发展和教师的职业发展具有推动作用。

从"教师认为研学旅行活动存在哪些方面的问题"（多选题）的调查数据来看，30%的教师认为研学旅行的基地数量和开发程度与预期效果相差较大；20%的教师认为研学旅行的主题不够明确，目标落实不到位；20%的教师认为研学旅行的教学安排难度较大，缺乏专业的教师队伍；20%的教师认为地区与学校不够重视，而且组织管理、安全保障与研学经费筹集方面有难度；10%的教师认为家长与学生积极性不高，以及对研学旅行不够了解导致实施难度较大。从调查情况来看，教师认为研学旅行活动存在以下三方面问题：第一，研学基地开发程度低、数量少；第二，学校对研学旅行不够重视以及组织安排难度大；第三，家长和学生对研学旅行不够了解。

2. 对学生调查的数据分析

在回答"你是否参加过红色文化研学旅行"时，82%的受访学生表示参加过；18%的学生表示未参加过。从调查数据可以看出，这两所学校红色文化研学旅行的实施情况较好，但在学生填写问卷过程中，笔者也与学生有过短暂的交流，发现学生对学校开展的红色文化研学旅行的理解等同于"春游"或"秋游"。

在回答"你参加研学旅行的目的地范围"时，49%的受访学生表示研学旅行目的地是市内；26%的学生表示研学旅行目的地是省内（合肥市除外）；20%的学生表示研学旅行目的地是省外；5%的学生表示研学旅行目的地是国外。笔者与选择国外研学旅行的学生进行了个别交流，了解到国外研学费用较高，大约是三万至四万元，研学时间为两周左右，研学定位是与国外学生、家庭开展交流和学习，居住在国外家庭中体验国外生活，了解国外风土人情。

针对参加过研学旅行的82名学生的进一步调查，特设一道题"你对所参加的研学旅行印象深刻的内容（最多选三个）"，其中有25人表示对参与集体生活和学习印象深刻；25人认为研学旅行新颖独特的活动体验方式令其印象深刻；21人对研学旅行的主题活动印象深刻；10人则对研学旅行能学习到新的知识与技能而印象深刻。从调研结果来看，新颖独特的研学主题活动对学生更有吸引力。红色文化研学旅行主题鲜明、内容丰富，定会吸引学生。

针对未参加过研学旅行的18名学生的进一步调查显示，有6人主要考虑好朋友是否参与；5人更在意研学旅行的主题与内容；3人关注研学旅行的时间长短；2人在意费用；2人关注研学旅行的安全保障。由此可知，研学旅行的发展不仅需要关注研学的主题与内容还要兼顾研学费用、安全等相关因素。

（二）关于历史教师对学科教学与红色文化研学旅行互融认知的调研

本文所研究的主题是红色文化研学旅行，如前文所分析的那样，红色文化研学旅行有助于历史学科核心素养中的"家国情怀"落地。在研学旅行的过程中，教师发挥着主导作用，因此教师对于红色文化研学旅行的认知会影响到活动的开展。基于此，对于教师对红色文化研学旅行的认知情况，笔者设置了3道专项问题进行调查分析。

在"教师对家国情怀教育的理解"方面，60%的教师认为家国情怀就是国家、民族认同教育；20%的教师认为家国情怀是世界观、人生观、价值观教育；20%的教师认为家国情怀是国际视野教育。通过调查发现，教师对家国情怀的理解总体比较正确，但存在一定的偏差。国家对该核心素养落实的表现为"立德树人"，这也是历史学科的学科特色与学科使命。家国情怀素养的教学组织形式多样，素材丰富，教师可以将不同的素材、内容作为切入点循序渐进地进行人文熏陶。培养具有世界眼光、家国情怀、中国底色、未来意识和独立人格的优秀公民，才是当下历史教育努力的方向。

家国情怀是人文学科的价值取向，也是历史学科教学发展的方向。笔者认为红色文化研学旅行对于在历史教学中落实家国情怀具有推动作用。红色文化研学旅行可以依托自然生态资源、传统文化资源、红色教育资源和综合实践基地，让学生在游览中体验祖国的大好河山，感受中华优秀传统文化和中华传统美德，感受革命的辉煌历史，体验改革开放伟大成就，激发学生对党、对国家、对人民的热爱之情，培养学生坚定的爱国主义信念和家国情怀[①]。

（三）关于调查的综合分析

必须承认的是，本次调查的对象是安徽省合肥市两所口碑较好的城区高中的 10 名历史教师和 100 名高一年级学生，调查数据量较少，覆盖范围小，可能会导致研究结论不够全面，如调查并未针对不同层次的学校和不同类型的高中开展，未对农村地区的高中研学旅行实施情况和"家国情怀"素养落实情况进行了解，这些因素对本文结论难免会有一定影响。笔者通过调查发现有以下几点情况：

1. 多数受访教师对红色文化研学旅行仍缺少足够的理解，受限于各种现实因素，开展红色文化研学旅行的学校也并不多

调查数据显示，80% 的教师认为中学历史教学中开展红色文化研学旅行可以更好地使家国情怀教育落地生根；但是受限于现实诸多因素，历史主题研学旅行优秀案例评选活动并未有效开展起来。学生对研学旅行有较高热情，但对研学时间、费用方面满意度不高。可能是当前普遍存在的"唯分数论"思想、家长对研学旅行不了解和安全问题等因素，导致研学旅行落实情况并不乐观。笔者认为归根结底还是学校、学生、家长对研学旅行的本质认识不深，对研学旅行的价值与作用理解不够。

有研究者指出要遵循教育规律，把研究性学习与旅游体验结合起来，有效地将学校教育与校外教育联系起来，强调学习与思维相结合，体现知识与实践的统一，使学生在教育实践中实现身心健康和谐发展，增强动手实践能力，有助于生活经验的积累、培育学生的社会责任感，启发其创新精神和实践能力[②]。在研学旅行的组织实施情况方面，安徽省合肥市教育部门做得比较超前。在

---

① 切实推进研学旅行工作 促进中小学生全面发展和健康成长：教育部基础教育一司负责人答记者问 [J]. 基础教育参考，2017（2）：3-5.

② 王晓燕. 充分发挥研学旅行在立德树人中的重要作用 [J]. 人民教育，2017（23）：13-15.

2013 年 2 月国务院发布的《国民旅游休闲纲要（2013—2020 年）》提出"逐步推行中小学生研学旅行"的三个月后，即 2013 年 5 月，合肥市教育局出台了《关于开展合肥市中小学研学旅行的指导意见（试行）》（合教〔2013〕99 号），对本市中小学研学旅行提出了一些规范性要求，其中对研学旅行的时长和研学活动范围的指导意见为：原则上高中生 2~7 天、境外研学 7~15 天；研学旅行活动范围，高中生以境内为主，有条件可适当组织出境开展研学旅行①。以安徽省合肥市为例，2017 年安徽名人馆、合肥三国遗址公园、安徽省源泉徽文化民俗博物馆、中国稻米博物馆等 18 个景区和单位成为合肥市首批研学旅行基地，2019 年安徽博物院、博晟生态园、哈工大机器人（合肥）科普基地等 17 家单位被纳入合肥市第二批研学旅行基地。但在合肥市首批市级研学旅行基地中，巢湖市昆虫王国景区和燕域田园两家单位因各种原因，分别被取消资质②。从数据上来看，合肥市的研学旅行基地共有 33 个，可见研学旅行基地数量还是比较多的，虽然存在着部分基地无法达到研学旅行基地标准的问题，但大部分研学基地还是符合标准的，能够满足研学旅行的需要。

目前开展研学旅行的学校大多采用了两种方式：第一种是在研学旅行开展之前，由学校组织领导和相关教师确立研学旅行主题，然后学校自主设计研学路线、交通方式、食宿等内容，最终以招标的方式选择旅行公司具体实施；第二种是由学校全权委托于旅行社，与旅行社签署合同，由旅游公司全权负责，组织学生研学旅行的所有活动、食宿以及安全问题。由于第二种做法易于操作，学校也可以省去很多麻烦，因此被很多学校采纳。但由于旅行社对学校研学旅行与普通旅行团的观光旅行的区别存在认知误区，对研学旅行的主题理解不到位，缺乏学校教育的经验，对研学讲解员培训不到位，研学导游的要求过低等，研学旅行的实际效果与预期差距较大。

调研时，有部分高中生反映实际开展研学旅行的时间仅为 1 天，并没有达到文件规定的 2~7 天。由于实际条件限制，目前大部分学校并不是特别重视研学旅行，也没有开设相关的课程和制定评价标准。究其原因，一是学校是出于政策要求，应付上级检查，敷衍了事；二是为了带学生出去放松心情，缓解学习压力。因此大部分学校认为通过一学年 1 到 2 次的研学旅行活动，既可以完成上级要求又可以让学生放松心情，调节学习状态。由此可见学校研学旅行实施状况并不理想。要依托当地文化资源发挥研学实践教育基地的作用、组织学生

---

① 合肥市教育局. 关于开展合肥市中小学研学旅行的指导意见（试行）[EB/OL].（2013 - 05 - 17）. http://jyj.hefei.gov.cn/public/8761/60389601.html.

② 合肥市人民政府. 合肥市第二批研学旅行基地授牌 [EB/OL].（2019 - 11 - 22）. http:// www.hefei.gov.cn/ssxw/csbb/104380527.html.

开展丰富多彩的研学实践活动，对此学校仍有相当多工作要做，这些工作也有助于促进家长和学生对研学旅行的了解。

2. 与历史学科结合的红色文化研学旅行案例有待发掘，活动有待广泛开展

历史学科的教学目标不仅仅是对学生历史知识的提升与发展，学生通过历史学习、历史探究还可以获得精神上的收获。优秀传统文化、革命传统教育和国情家情教育是未来研学旅行开展的主要方向，也是研学旅行优秀案例评选的重要标准，因此开展历史主题研学旅行有助于提高中小学生研学旅行的质量、促进中小学生研学实践教育活动的深入开展。但是调研结果表明，中小学红色历史文化研学的活动有待广泛开展。

2014 年 4 月，合肥市教育局教研室组织专家制订了《合肥市中小学研学旅行课程方案》（讨论稿），广泛征求各中小学意见，要求研学旅行课程设计坚持开放性、整合性等原则，加强文化熏陶。2017 年合肥市开展中小学生研学旅行和合肥工业游活动，并举行了演讲比赛和征文比赛。2017 年 3 月，合肥市第十九中学组织七、八年级学生分批开展了"'探索远古之谜，走进名著现场'——畅游中华恐龙园、苏州园林两日研学旅行活动"。学生在研学旅行过程中不仅收获了知识，而且拓宽了通向未来的道路。2018 年 3 月，合肥市一六八中学以严密科学的组织管理、细致规范的安全保障，精心策划了徽州线、苏扬线、武汉线、河南线、绍兴线、山东线、南昌线、杭州线共八条线路，学生同时赴不同目的地开展研学实践活动。此次研学旅行活动既有对历史名城的考察，又有对传统文化的探寻，既能拓宽眼界，又能加深印象，该研学旅行获得 2018 年合肥市中小学研学旅行方案展评"特等奖"。因此研学基地、学校以及教师可以将研学旅行与学科内容相结合，设计不同学科主题的研学旅行方案。

在这方面，有诸多珠玉在前。如 2017 年《重庆市教育委员会办公室关于开展中小学研学旅行先进区县先进学校及优秀成果评选活动的通知》；2018 年陕西省评选首届全省中小学生研学实践教育活动课程。值得关注的是，研学旅行节目在各种大众传媒上已经出现。2019 年 4 月，湖南广播电视台芒果少儿艺术团启动了《跟着课本去旅行》栏目。中央电视台科教频道在 2019 年 12 月推出了一档体验式文化教育节目《跟着书本去旅行》，节目以中小学课本或经典名著为线索，由领队和文化专家带着学生亲访文中古迹，触摸历史，感知文化。至于中学集体组织学生到各级博物馆参观更是常见的校外活动。不过，把原来类似春游、秋游观光性质的集体参观上升到研学旅行，的确还需要更多的努力。有些地方作了有益的尝试，如南京不少学校已经开始在校本课程中增加"跟着教材去旅行""访学护照""参加博物馆"等研学内容，让学生了解南京的历史文化[①]。2019 年北京教科院课程教材发展中心组织召开了首届北京市中小学优秀研学旅行课程开发成果评审会；2019 年广西教育学院教研部、广西中小学研学旅行学会筹备委员会开展全区中小学研学旅行优秀案例评选活动。从各地开展的研学旅行案例评选活动，可见各地在认真落实加快中小学研学旅行工作，提升研学旅行活动育人质量，落实立德树人根本任务。

因此，将研学旅行与红色文化相融合，可为中学历史"家国情怀"素养落地提供一种新的尝试，一方面红色文化研学旅行可以发挥研学旅行培养学生实践能力和创新能力的作用，另一方面可以传承中华民族优秀文化，加深学生对中华民族优秀文化的理解与感悟，使学生形成正确的价值取向和核心素养，增强学生的爱国主义情感，培养学生的家国情怀。

四、中学历史教学的红色文化研学旅行案例策划

红色文化研学旅行作为一种新型教育形式，也是学生乐于接受的一种学习方式，红色文化研学旅行与历史教学中家国情怀教育相结合可以为落实中学家国情怀素养的培养提供一种新途径。

红色文化研学旅行把立德树人融入思想道德教育、文化知识教育、社会实践教育各环节，充分发挥研学旅行在社会实践教育中的作用。红色文化研学旅行能够体现红色文化的教育价值，也能够体现学校教育的主导地位和肩负学生思想品德教育的重任。它能够变革育人方式，通过实践引导大中小学生培育和践行社会主义核心价值观，引导广大青少年热爱中华文化、增强文化自信。

从笔者所收集到的各种资料综合分析，目前我国红色文化研学旅行的路线较少且单一，大都围绕革命传统精神这一主题开展，范围狭隘，主题缺乏创新，导致对学生的吸引力不够，因此红色文化研学旅行不应局限于革命传统文化教育，教育工作者应该拓宽思路，开发设计更多吸引中小学生的红色文化研学旅行线路，进一步推动红色文化研学旅行的发展。

（一）研学旅行策划目的

红色文化研学旅行有助于推进历史学科"家国情怀"这一核心素养落地，推进中学新课程改革，提高中学教育质量，进而推动中学育人方式的改革。红

---

① 于书娟，王媛，毋慧君. 我国研学旅行问题的成因及对策［J］. 教学与管理，2017
（19）：11－13.

色文化资源与研学旅行相融合改变传统填鸭式教学模式，寓教于乐，寓教于游，又有利于弘扬红色文化，锤炼学生品行。

为探究合肥地区中学生的红色文化研学旅行与家国情怀素养的培养之间的联系，更好地进行红色文化研学旅行和促进"家国情怀"素养落地，笔者设计了一例红色文化研学旅行策划方案。特别需要说明的是，此案例设计因学校课程体系、研学时间安排与组织等各种条件限制，暂未能执行，在此仅作为方案设计展示，以作为红色文化研学旅行实施的理论探索。

（二）研学旅行安排

1．研学主题

本次红色研学旅行方案主题确定为"追忆红色岁月"，针对初高中学生进行设计，以安徽红色文化博物馆为研学地点。研学形式是现场研学、研学成果汇报。主要研学目标如下：

（1）知识与能力。

通过引导学生了解安徽红色文化，理解安徽红色文化的意义；通过搜集安徽红色文化博物馆馆藏资源和其他相关资料，培养学生归纳资料的能力；通过了解安徽红色文化的发展过程，理解安徽红色文化是革命伟人追求进步、民主和文明的表现，培养学生从中国社会历史发展的角度看问题的能力。

（2）过程与方法。

通过参观安徽红色文化博物馆，激发学生研学探究的兴趣；通过研学旅行所见所闻以及利用网络、图书馆等资源查找资料，利用收集到的材料和研学过程中的所听、所见、所感，展示研学成果，分析理解安徽红色文化的作用，培养自主构建知识体系、自主学习的能力；通过安徽红色文化博物馆研学旅行，透过现象看到安徽红色文化的本质作用，并通过开展主动探索、合作交流以及体验、感悟和反思，增强历史的现实感。

（3）情感态度与价值观。

透过安徽红色文化认识安徽近现代革命历史，了解革命前辈独领风骚的胆识、气魄及人格魅力，有效实现对孩子们的革命文化教育；深刻认识到建设社会主义文化强国和增强国家文化软实力，必须把红色资源利用好，把红色传统发扬好，把红色基因传承好；大力弘扬爱国主义情操，了解并认同中华民族优秀传统文化、革命文化、社会主义先进文化，认识中华文明的历史价值和现实价值。

2．研学地点

安徽红色文化博物馆位于合肥市包河区，是 2017 年由合肥市市民自发组织筹建的民营性质的博物馆，同时也是合肥首家红色文化博物馆。该馆于 2018 年 1 月成为合肥市爱国主义教育基地，又于 2019 年 6 月成为合肥市中小学生校外素质教育基地。安徽红色文化博物馆以"传承红色基因，弘扬红色文化"为宗旨，意在宣传安徽红色文化，促进安徽红色文化对外交流，彰显安徽人文精神风格。馆内设有伟人风采馆、国防教育馆、安徽记忆馆、安徽抗战馆、渡江支前馆、英雄楷模馆、知青岁月馆、老电影馆共八大展厅。

3．研学前期准备

（1）学校与教师选择资质较好的旅行社负责研学旅行车辆租赁与学生安全方面的工作，确保研学旅行安全有序地开展；与安徽红色文化博物馆负责人对接，提前预约参观时间与讲解员，确保研学质量。

（2）每班安排一位跟班教师，配合班主任老师确保研学旅行有序开展，学生在研学过程中需要遵循展馆要求，有序参观。

（3）教师将每个班级的学生分成 8 个小组，每组选定一位组长，以小组为单位，结伴而行，禁止独自行动；教师提醒学生带好笔记本和笔，记录研学旅行中对自己有帮助的内容。

（4）以班级为单位，每组选择馆内一个展厅作为研学汇报主题。

（5）每组可拍摄几张研学旅行过程中自己感兴趣或印象深刻的照片参加研学照片展，鼓励学生参加"追忆红色岁月"研学旅行征文比赛。

4．研学活动流程

（1）现场研学：组织学生前往安徽红色文化博物馆有序开展研学旅行。由专业研学导师现场讲解，学生带着研学任务进行学习。

（2）研学汇报：以照片展和成果汇报、征文比赛等形式进行研学成果汇报。除了照片展、征文比赛外，可重点放在研学成果汇报这个形式上，因为汇报是以学生为主体进行研学心得交流，这既能锻炼学生的口语表达能力，又能考查学生在研学当中的分组协作的成效。现以研学成果汇报为例，进行案例设计。

"追忆红色岁月"研学成果汇报会

汇报要求：每组组长抽取汇报序号，每组按照抽签顺序，用 PPT 课件依次汇报，教师、家长和学生对汇报小组打分，满分 10 分。时长控制在 8～10 分钟。

评分标准：汇报紧扣主题，主题鲜明（4 分）；搜集资料丰富，准确（3 分）；语言自然流畅，口齿清晰（2 分）；小组分工明确，合作完成（1 分）。

小组汇报：

【第一小组：英雄楷模馆】

今天我们第一小组成员向大家介绍两位英雄楷模，他们分别是"一心为公的共产主义战士"蔡永祥和"爱民模范"盛习友。

1. "一心为公的共产主义战士"——蔡永祥

蔡永祥出生于贫苦农民家庭，1966年2月在杭州参军，10月10日为保卫钱塘江大桥、抢救乘客和列车而牺牲，年仅18岁。

视频：蔡永祥舍身护桥，冒险救人。

图片：蔡永祥塑像、蔡永祥纪念馆、1966年《人民日报》号召全国人民向蔡永祥学习。

图片：亲人、村民眼中的蔡永祥（图片展示）。

启示：实际行动诠释舍己为公

2. "爱民模范"——盛习友

合肥有一条路名为"习友路"（图片展示习友路的位置），位于合肥市蜀山区，离蜀山森林公园很近。这条路是以盛习友的名字命名的，也是合肥唯一一条以现代人名字来命名的路。那盛习友到底是怎样的一位英雄呢？展示盛习友的简介，通过播放视频、展示图片来介绍他。

视频：盛习友在洪峰中蹚水过河营救妇女的事迹。

图片：盛习友日记（图片展示）、百姓眼中的盛习友、妹妹眼中的盛习友、盛习友烈士陵园、表现盛习友英雄事迹的连环画、1969年山东省召开了盛习友烈士表彰大会、1971年中央军委授予盛习友同志"爱民模范"光荣称号。

启示：盛习友用自己的行动践行着"自己的一切属于人民，自己的一切献给人民"。

过渡：无论是一心为公的共产主义战士蔡永祥，还是为人民操心、斗争、吃苦和献身的盛习友，他们都是我们学习的楷模。除了馆内资源，小组成员还利用互联网了解到三位安徽"时代楷模"，他们分别是高思杰、张劼和郝井文。

3. 安徽"时代楷模"

①大爱无声润江淮——高思杰：不畏艰险坚守岗位，舍小家为大家。

②舍生忘死的"淬火英雄"——张劼：勇往直前不畏艰险的战士。

③空中战鹰——郝井文：紧贴实战争第一。

总结：无论是盛习友还是高思杰，他们都在自己平凡的岗位上书写着不平凡的人生，为百姓为国家贡献一份力量。他们是明灯，指引我们前行的方向；他们是坐标，引领我们勇往直前，他们是一代代人的榜样，号召我们砥砺前行。当代青年要以他们为榜样，踏实走好每一步，做好每一件事。

（设计意图：关于英雄楷模馆的汇报，学生可能更多停留在介绍人物故事层面，而这一部分在研学过程中学生已经了解过，难以使学生达到精神层面的提升，也不能完全体现研学汇报和红色研学旅行的价值。因此教师可以引导学生将汇报重点放在我们身边的英雄楷模、英雄楷模的作用以及对我们今后的生活学习有什么样的启示等方面。）

【第二小组：知青岁月馆】

1. 介绍"知青"、下乡原因与目的

"知青"："知"指知识，"青"指青少年。"知青"指接受过教育的知识分子青年，他们大多数是城市中的年轻人，接受过教育甚至有些接受过高等教育，年龄和我们差不多，这些青年来到农村或偏远地区开垦荒地。

下乡原因与目的：1968年毛泽东号召"知识分子到农村中去，接受贫下中农再教育"，为农村经济发展作贡献，进而推动中国经济发展。

2. 了解知青生活

图片和视频资料展示知青日常生活和劳作的状态（馆内资源和互联网资源）。

3. 我的乡村生活

组员利用节假日体验插秧、采摘棉花、收割水稻等农活（图片、视频展示），小组成员上台谈感受。

4. 理解知青精神

爱国、奉献、不怕吃苦、乐观，平凡而伟大。

5. 课外延伸

推荐书籍：中共安徽省委党史研究室编的《安徽知青口述实录》（中共党史出版社2015年版）。

推荐影视作品：电视剧《知青》《我的父亲母亲》《我们的知青年代》。

（设计意图：当代学生体验生活与农村劳动的机会有限，很多学生不认识农作物，不懂农民的艰辛，因此教师可以利用周末，组织学生下乡体验知青生活，感受农民耕作的艰辛。帮助学生更好地理解平凡的知青们为了祖国的建设和发展，毅然决然地投身农村的无私奉献的精神，这些知青是平凡的知识分子同时也是祖国的建设者，他们平凡而伟大！）

【第三小组：安徽记忆馆】

1. 图片展示安徽各年代的"结婚三大件"

"红星"手表、荣事达洗衣机、美菱冰箱等是安徽老品牌产品，曾经风靡一个时代的老牌子，有些消失了，被人们遗忘，有的慢慢没落了，发展远不如从前，但它们是我们安徽的记忆，见证了安徽经济的腾飞。

2. 介绍荣事达品牌"和商"经营理念及其发展历程

启示：荣事达经历四十多年历史仍然能赢得顾客心，成为安徽人美好生活的印记。

3. 介绍安徽老布票、老粮票，并与如今的安徽经济相对比

启示：安徽记忆馆的每件藏品都书写着安徽经济发展的历程和一代代安徽人为安徽经济发展所作的贡献，以及改革开放后安徽经济发生的翻天覆地的变化。

（设计意图：安徽记忆馆见证了安徽经济的腾飞，学生能够很直观地感受到改革开放对安徽经济的影响。但仅停留在这一层面还不够，学生可以结合课本所学内容进一步提升。改革开放后，安徽经济的变化是全国经济变化的一个缩影，学生可以站在中国经济发展的角度进行思考和探讨，尤其要注意将改革开放前与改革开放后安徽经济状况进行对比。改革开放不仅使沿海地区经济发生翻天覆地的变化，随着改革开放的不断推进，内地各地区也开始变化。国家经济发展状况对国家综合实力、国民生活水平都有重要影响，国家经济的发展对一个国家而言是至关重要的。）

【第四小组：渡江支前馆】

1. 小组成员介绍渡江战役

（1）渡江战役作战图。

（2）渡江战役中的人与物。

①一支钢笔书写战役主要过程；

②访谈晁焕庭老人。

（3）《渡江侦察记》电影精彩片段欣赏。

2. 分析渡江战役的历史影响

3. 小组总结

（设计意图：渡江战役是解放战争时期一次重要的战役，高中历史课本中有关渡江战役的内容十分有限，并未对渡江战役进行详细介绍，仅强调战役的作用，这增加了学生学习难度，不利于学生脑中形成完整的历史脉络。此次研学旅行不仅可以使学生更好地了解渡江战役过程，而且还可加深对渡江战役作用的理解，发挥研学旅行实践育人的作用，做到"研"与"学"的有机统一。）

汇报总结：主持人小结并公布小组排名，选出班级优秀汇报小组。从班级汇报中选取最佳小组代表班级参加年级汇报评比，最终选出年级优秀研学汇报小组。

（三）研学策划反思

中学历史课堂基本上是教师在讲台上绘声绘色、声情并茂地讲课，但台下学生神情木然、昏昏欲睡，这样的课堂效果可想而知。再加上历史课本内容庞

杂，逻辑线不够清晰和一些专有名词较难理解，学生对历史提不起兴趣。研学旅行恰恰可以弥补学生参与度不够的问题，充分发挥学生的作用。红色精神能够鼓舞、激励当代少年奋发图强、锐意进取。此次研学旅行设计将红色文化与研学旅行相融合，意在促进历史学科"家国情怀"这一核心素养的落地；同时也突出中学历史教师在研学旅行中的作用，发挥历史学科特点与历史教师的专业特色，使历史教师更好地融入研学旅行之中，推动研学旅行的发展。

但目前各地的研学旅行活动大多是由旅行社代为执行的，依靠旅行社或景点讲解员的讲解，教师主要负责研学旅行过程中学生的纪律与安全。教师的作用被忽视，讲解员又很难将研学内容与学校教育有效地衔接起来，这是研学旅行面临的现实难题。

本次研学策划并未真正开展，是笔者希望此次红色文化研学旅行达到的一种理想状态。为了了解这样的设计存在哪些不足，笔者特意请实习学校领导、老师和学生谈谈他们对此研学旅行策划的看法，并提出相关建议。

两位学校领导（教务处主任梁老师、高一年级主任陈老师）认为这一策划设计便于学校和教师的组织活动，可以作为学校教育工作的宣传亮点。学校可以通过学校公众号、报纸、美篇等方式宣传学校的研学旅行活动，扩大学校知名度和影响力，吸引更多优质生源。梁老师建议，考虑到高中历史课程内容较多、教学时间有限，该研学旅行活动不应占用历史教学时间。教师可以与学校领导沟通，由学校组织和安排某一固定时间开展，让更多的老师、家长参与到活动中，同时也为年轻教师提供能力提升和学习的机会与平台。

笔者还请了一位历史教师、一位班主任老师谈谈对此策划的看法。高一年级历史教师马老师认为此策划内容比较贴近学生的生活与实际，没有距离感，容易激发学生的学习兴趣；研学归来后教师可以通过小组汇报的方式引导学生自主收集资料，锻炼学生的动手能力和合作能力；学生从自己家庭生活的变化感受改革开放以来广大人民家庭生活发生的变化，进而感受安徽经济、中国经济发生的变化，加深对社会主义市场经济的理解与认同，增强对家乡的归属感与爱，使"家国情怀"这一素养更加具体化。高一（三）班班主任兼语文教师吕老师认为此次策划考虑得比较周全，是对班主任、老师工作内容的具体化，但从学科角度来看，历史学科很多内容是与语文学科相通的，建议研学旅行不应局限在历史学科，可以与语文学科、政治学科等相关学科相联动，进一步丰富研学内容。

本次案例设计仍有不足之处，如研学归来后的总结部分，除了征文活动、照片评比活动，教师还可以通过组织班级黑板报评比、历史话剧表演等方式进一步丰富和完善研学成果。回归红色文化研学旅行这个主题，笔者认为研学旅行如果仅靠讲解员的讲解是远远不够的，且效果不佳，无法达到研学旅行的真正目的。学生只有自己动手查找资料与小组成员合作，才能增强动手能力与团队协作能力，同时在查找资料的过程中学生需要对材料进行选择与分析。此外，从学生获取的资料情况，教师可以间接了解学生获取资料、分析资料的能力，这也有助于教师在今后的教学中对资料的选择。让学生释放个性、展示才华，把课堂更多地交予学生，教师会发现学生的闪光点。学习不仅仅是教师教授知识给学生，同时也是学生自己发现知识、获取知识的过程。

历史学习要引发学生的思考，教师在汇报结束后针对每一小组汇报的内容寻找适合的切入点加以点评，特别要关注社会现实问题。如从学生对安徽记忆馆的参观汇报中，我们可以看出学生主要是强调安徽人民物质生活发生的变化和对安徽经济的影响，但学生的认识还是比较浅层的，仅仅是看到生活发生的变化，没有看到变化的本质。对于安徽经济会发生变化的原因、安徽经济的变化对中国经济发展的影响等内容，学生并未展开思考与讨论。历史教育的目的之一是引导学生正确地认识现实，改革开放后的历史教育增强了国际视野，但更强调革命传统教育、爱国主义教育和国际主义教育，培养学生热爱社会主义祖国、热爱社会主义事业[1]。因此历史教师需要结合时政和国家大事对教学内容加以分析与评价，引导学生从历史中认识过去，活学活用，做到以史为鉴，面向未来。

总之，带着"任务"的研学旅行才不会出现"走马观花"，才能真正做到"研"与"学"均有所收获。在研学旅行结束之后的征文比赛中，历史教师还应与语文教师协作，评选出优秀作品，以保证比赛的公平公正，形成激励机制。由此可以看出，研学旅行涉及多学科内容，需要多学科教师合作完成，才能真正实现研学旅行实践育人的目的。

五、课堂教学与红色文化研学旅行融合的策略

（一）凸显历史学科特色

每一学科有其自己独特的特色，历史学科亦是如此。历史学科涉及面广，涵盖内容多，具有一定的挑战性，红色文化研学旅行与中学历史教学相融合必须突出历史学科特色。

何为历史学科特色？"以古为镜，可以知兴替"，历史学科的重要特色之一

---

① 王德民，赵玉洁. 论历史教育的家国情怀 [J]. 历史教学（上半月刊），2018（3）：21–25.

就是以史为鉴。习近平总书记指出历史就是历史，历史不能任意选择，一个民族的历史是一个民族安身立命的基础①，可见历史对人、对国家、对民族的重要性。人们应在探寻历史真相的过程中，不断总结历史经验教训，进而认识历史规律，顺应历史发展趋势。新课改背景下的历史教学不仅要结合学生的学习内容，满足学生学习与发展的需求，还要符合时代发展要求，充分发挥学生的自主性、创造性，培养具有创新精神、国际视野和正确价值判断的人才，促进我国人才培养模式的转变，推动社会主义现代化建设的发展。

红色文化研学旅行如何突显历史学科特色？

一是要选好地点。这是指教师需要认真理清所在区域的爱国主义教育基地的基本情况，筛选其中与中学历史教学内容关系最密切的场馆（中心），再根据学情、校情、地情进行相应的设计。

以笔者所在的安徽省合肥市为例，爱国主义教育基地是培育和践行社会主义核心价值观的重要课堂，2019 年合肥市有国家级爱国主义教育基地 3 个、省级爱国主义教育基地 9 个、市级爱国主义教育基地 32 个，涵盖政治、经济、文化、军事、科技等各个领域。笔者据合肥市爱国主义教育基地网上展馆所列的场馆统计，其中与红色文化有关的基地有新四军第四支队东进抗日纪念馆、渡江战役总前委旧址纪念馆、蔡永祥烈士纪念馆、大蜀山文化陵园、茶壶山革命烈士陵园、栏杆集镇陈原道故居、杨庙镇革命事迹陈列室、巢湖市南山烈士陵园、蜀山烈士陵园、安徽红色文化博物馆、冯玉祥将军纪念馆、李克农故居、张治中故居、中共合肥北乡党组织纪念馆。除了公立的场馆之外，民营博物馆也值得关注。2017 年由合肥市民自建了一间民营博物馆——安徽红色文化博物馆，包括伟人风采馆、安徽抗战馆、英雄楷模馆、渡江支前馆、知青岁月馆以及安徽记忆馆等八个展厅，现已经成为合肥市爱国主义教育基地、安徽省新四军历史研究会爱国主义教育基地。这些基地所纪念的历史事件或历史人物均能与中学历史教学很好地关联起来，是很有优势的研学场所。

二是要做好主题挖掘。红色文化研学旅行，不能走马观花。有研究者指出，中小学研学旅行组织者应该将研学旅行定位在"研学为主，旅行为辅"的基本方向上，明确活动目标和主题，既要避免活动的研学目标形式化，又要避免活动的旅行目标表面化。② 山东省沂南县第三实验小学在主题挖掘方面做得比较好，学校成立校本教材编写组，结合沂南县地方资源编写出《"三色"文化游学

① 习近平在纪念毛泽东同志诞辰 120 周年座谈会上的讲话［EB/OL］.（2013 - 12 - 26）. http://www.gov.cn/ldhd/2013 - 12/26/content_ 2554937.htm.

② 李祥，郭杨. 中小学研学旅行的风险及其规避［J］. 中小学管理，2017（8）：28 - 30.

手册》①，把学生每学期的研学内容编排好，规划适合不同年龄段学生的研学旅行，做到了深挖沂南"红色革命文化"资源，传承"沂蒙"精神。

因此，教师在研学之前，应该集体备课，议定并布置一定的学习主题给学生，学生在研学过程中完成相应的学习任务。比如在讲到中国的农村家庭联产承包责任制时，教师可以在课前设计学生去参观中国农村包产到户的发源地小井庄，以"长辈眼中的包产到户"为口述史访谈主题，让学生分别访谈家中的长辈，并做好记录；活动完成后再组织师生分享会，总结归纳此次研学旅行可改进之处。学校可鼓励教师开发新颖的研学旅行策划方案，优秀的研学旅行策划可以积极申报地区优秀研学案例。

三是要加强过程引导和研学提升。高中生处于活泼好动的阶段，在参加研学旅行的过程中可能会比较兴奋、好奇，容易被周边事物所吸引，进而导致注意力不够集中，无法紧跟研学的主旨，这样研学的效果会降低，因此在研学旅行的过程中教师要加强对学生的引导，以提升研学效果。比如学生在参观知青岁月馆时，历史教师可以通过提问学生身边的亲人是否是知青、是否听老一辈人讲过自己的知青生活等问题，来引导学生分享他们所知道的知青相关内容，使学生紧紧围绕研学主题内容进行交流，进而提升研学旅行的效果，而并非学生被动地听讲解员讲解馆内藏品。研学旅行过程中如若缺少教师相应的引导和总结，研学效果将大大降低。

（二）渗透中华优秀传统文化教育

文化是一个国家、一个民族的灵魂。文化自信是一个国家、一个民族发展中更基本、更深沉、更持久的力量②。中华民族文化经久不衰，博大精深，至今仍焕发勃勃生机。中华民族优秀传统文化是中华民族的根源，也是当代思想文化发展的源泉③。

历史课程最基本的教育理念是立德树人，通过系统的历史知识传授，使学生能从历史的角度去关心国家命运，关注世界的发展，强化国家的主人翁意识。红色文化研学旅行在弘扬红色历史的主题基础上，还应把学生喜闻乐见的各种优秀传统文化结合起来，比如可以与中国优秀传统文化、技艺相结合，促进学生对中国历史文化的了解，加强学生的民族认同感、归属感，进而增强学生的

① 陈洪洲. "三色"研学旅行课程为学生成长增添亮色 [J]. 中国德育，2018（5）：66 - 68.

② 习近平. 决胜全面建成小康社会　夺取新时代中国特色社会主义伟大胜利：在中国共产党第十九次全国代表大会上的报告 [N]. 人民日报，2017 - 10 - 27（001）.

③ 习近平在联合国教科文组织总部的演讲 [EB/OL]. （2014 - 03 - 27）. http://www.gov.cn/xinwen/2014 - 03/28/content_ 2648480. htm.

民族自尊心、自信心。

红色文化研学旅行跨省区集中大规模举行的难度的确不小，不过，是否可以转换思维，以学生与家人的假期外出旅行为契机，布置一些课外的小任务，让学生到爱国主义教育场馆等文化地标性的场馆开展红色文化研学？同时，教师还可以触类旁通，提醒学生挖掘该场馆所在区域的文化传统。如在学生到凉山冕宁彝海结盟遗址研学时，以"歃血为盟"为主题，让学生去关注彝族的传统民族文化。集体研学难以实现时，个体的红色文化研学旅行经验分享可以作为生成性教学资源，转化为课堂教学资源，亦能激励更多的学生在未来的旅行计划里关注红色文化和传统文化，这样就能在培养学生的国家认同的同时，更好地完成优秀传统文化的教育。

安徽设有专门的中国（合肥）非物质文化遗产园，各地还有芜湖铁画、徽墨制作、徽州三雕、桑皮纸制作、五城米酒酿造等非物质文化遗产，非物质文化遗产内容十分丰富。将研学旅行与非物质文化遗产相结合，不仅可以发扬安徽传统技艺，而且可以加强学生对安徽文化的了解，进而增强安徽文化影响力。

研学旅行与中国优秀传统文化、技艺相结合一方面可以弘扬中华民族优秀文化，扩大中华文化的影响力；另一方面可以丰富研学旅行内容，提升研学旅行的教育功能，切实发挥研学旅行实践育人功能。

（三）加强研学导师队伍建设

研学旅行是一项极其特殊的综合实践活动，不仅对学校来说是很大的挑战，而且对教师的综合素质要求较高。

目前，我国还缺少专门的研学旅行人才。大部分研学旅行由旅行社代为组织，带队的教师主要是作为辅助管理者，协助导游开展研学旅行。教师对学生的知识水平、现阶段的教材内容非常了解，但对一些地理人文、特定景区的情况不清楚，而导游恰恰相反，他们讲起景区的历史文化头头是道，但无法将之与学生的课程知识联系起来。原国家旅游局发布的《研学旅行服务规范》指出每个研学旅行团队应由研学导师制订研学旅行教育工作计划，因此通过研学旅行导师来提高研学旅行的质量是很有必要的。

从现有的实践情况来看，研学导师在研学旅行过程中，可根据教育学、心理学和学科专业知识来制订与实施研学旅行方案，指导学生开展各类活动。如2019年央视科教频道播出的《跟着书本去旅行》系列活动受到专家学者、教师和学生的一致好评。该节目主要从初中语文、历史课本出发，由旅行团领队带领学生前往研学目的地开展研学旅行。截至2020年3月11日，笔者对已经播放的70期节目（22期内容重复）的研学导师身份进行统计，该节目共邀请了30

位研学导师，就他们的职业来看，其中大学教师 9 人，作家 5 人，文化学者 4 人，文博专家 8 人，文艺界的专家 3 人，还有科技工作者 1 人。该节目每一期均有一位专家作为研学导师，以讲故事的方式将书本内容与研学内容相融合，并进行一定的拓展和延伸，进一步丰富学生的研学内容。比起传统的景区讲解员的介绍，专家型的研学导师的介绍更专业，能分层次解答学生感兴趣的内容，进而激发学生的好奇心与学习兴趣，加深学生对研学内容的理解以及研学活动的趣味性，使研学活动不仅具有趣味性还更具思想性。

因此，中学开展红色文化研学旅行时，要结合学科育人的需要，依托历史学科的师资培育研学导师，这样可以使研学旅行活动更加专业化和综合化。研学导师扎实的知识储备可以熟练地将专业知识与研学课程所涉及的内容结合起来，使研学旅行活动更加顺利地开展。

结语

历史学科的五大核心素养中的"家国情怀"是中学生学习和探究历史应具有的人文追求，也是中学历史教育发展研究的热点。中学历史教师可以发挥历史学科人文教育的优势，将"红色文化"融入中学历史"家国情怀"这一素养教学中，开展红色文化研学旅行，推动"家国情怀"素养落地。红色文化研学旅行的主旨是让学生在旅行的过程中了解红色文化、感知红色文化，进而内化为自身思想情感的一部分，不断提高自身思想道德素质。红色文化研学旅行内容的选择直接影响红色文化研学旅行的成效。红色文化研学旅行需要有明确的研学活动目标，如设计研学重点和难点，有针对性地开展，最大限度地发挥红色文化研学旅行的教育价值。

广西红色历史文化资源在中学历史教学中的应用

徐　梅*

红色文化是中国共产党在新民主主义革命时期创造的带有革命性质的物质文化和非物质文化，包括遗址、遗迹、遗物、革命精神等。[①]在新课程改革的大背景下，中学历史教学更加注重素质教育，强调立德树人。根据课程标准的要求实施素质教育，将地方红色历史文化资源融入中学历史教学，发挥地方红色文化的教育功能是重要的教学方法。

一、广西红色历史文化资源在中学历史教学中的价值

（一）广西红色文化

近代因受到帝国主义的入侵，广西各族人民一直处在反帝反封建的第一线，尤其是发生在 19 世纪中叶的"金田起义"和发生于 19 世纪 80 年代的中法战争，在全国影响最大。[②]至 1919 年五四运动爆发，广西各族人民纷纷响应，掀起了反帝反封建的浪潮。1921 年在革命浪潮的推动下，韦拔群在东兰成立"改造东兰同志会"，号召广大群众加入革命阵营。1925 年，龙启炎、周济等在中共广东区委的指示下在梧州成立了广西第一个共产党组织。1929 年至 1930 年，在邓小平、张云逸、李明瑞、韦拔群等中共党员的领导下，百色起义和龙州起义取得胜利，创建了红七军和红八军，建立了左右江革命根据地。自此以左右江流域为中心的"红色火焰"燃遍八桂大地。广西各族人民在中国共产党的领导下，经过土地革命、抗日战争、解放战争，最终实现了解放，革命斗争的岁月里，留下了诸多红色历史文化遗迹、遗物，以及革命精神，如拔群精神、湘江战役

---

* 徐梅，广西民族大学民族学与社会学学院 2022 级学科教学（历史）专业硕士研究生。

① 于瑮，许晓明. 广西红色文化 [M]. 南宁：广西人民出版社，2012：2.

② 广西壮族自治区地方志编纂委员会. 广西通志·中共广西地方组织志 [M]. 南宁：广西人民出版社，1994：1.

精神等。这些都是宝贵的红色历史文化资源。

广西红色文化具有类型齐全、数量多、分布广的特点。① 广西从 1925 年中共梧州支部成立到 1949 年中华人民共和国成立，24 年的革命斗争中留下了大量革命遗迹。目前广西有 66 处革命遗迹被列为全国重点文化文物保护单位，其中包括 14 处遗址旧居和纪念设施。② 除了大量革命遗迹之外，广西革命者创作的红色歌谣、烈士诗词、红色标语等形式多样的非物质文化形态展现了革命先辈艰苦奋斗、勇于斗争的大无畏精神。这些承载着红色基因的红色文化资源为广西中学历史教学提供了丰富的教学资源，成为重要史料，有助于激发学生的学习积极性，培养学生的家国情怀素养，完成历史学科立德树人的根本任务。

（二）广西红色历史文化资源的教学价值

1. 丰富课堂教学内容，激发学生的学习兴趣

中学历史教学中的课堂教学内容主要依据是中学历史教科书。中学历史教科书内容丰富，契合国家意志。但是受限于篇幅，内容过于精练，要想激发学生的学习兴趣，教师可以做好课堂教学内容的拓展，在教学当中结合学生喜闻乐见的乡土历史文化。在中学历史教学中的中国近现代史专题内容当中，将乡土红色历史文化资源开发为课程资源，能激发学生的学习积极性，收到良好的历史教学效果。如前所述，广西红色历史资源丰富，是历史课堂教学的珍贵史料。将红色历史文化资源融入中学历史教学不仅丰富了历史课堂教学内容，还有助于激发学生的学习兴趣。以《中外历史纲要》（上）中的第 22 课《南京国民政府的统治和中国共产党开辟革命新道路》为例，教师在讲述红军长征模块时，可以融入红七军主力北上和湘江战役相关广西红色史料，通过地方史的讲述使学生更有体验感，体会到历史就在身边，不仅能够丰富课堂教学资源，激发学生的学习兴趣，也有助于学生更好地感悟长征精神。

2. 提升学生的历史学科核心素养，培养学生的家国情怀

学科核心素养是学科育人价值的集中体现，是学生通过学科学习而逐步形成的正确价值观、必备品格和关键能力。③ 在新课程改革的大背景下教学更加强调德育的重要性。历史学科作为重要的人文学科，在立德树人方面起着重要作用。根据历史学科核心素养的要求，历史教学更加注重培养学生的人文素养和家国情怀，使学生能够得到全面发展。

---

① 于瑮，许晓明. 广西红色文化 [M]. 南宁：广西人民出版社，2012：2.
② 肖志龙，潘立威. 广西红色文化资源开发利用的现状及对策 [J]. 大众科技，2020，22 (6).
③ 中华人民共和国教育部. 普通高中历史课程标准（2017 年版 2020 年修订）[M]. 北京：人民教育出版社，2021：4.

广西红色历史资源承载着红色基因，是革命先烈不畏艰险、英勇斗争的精神体现，也是激励当代青年砥砺前行的精神支柱。根据新课程改革的要求，基于历史学科核心素养的培养，将广西红色历史资源融入中学历史教学，通过影视资源观看、红色研学旅行等多种教学模式，有助于将接受学习转变为师生互动的双边教学，在红色文化的历史情境中提升学生的历史学科核心素养，并在地方史的学习中逐步引导学生深入学习通史知识，从热爱家乡到热爱祖国，有助于培养学生的家国情怀和民族精神。如抗日战争时期，广西学生军担负抗日救国的时代使命，义无反顾地奔向抗日战场，宣传、发动、组织群众支援前线，为战地服务，直接组织打击日军的大小战斗 130 次，参战 978 人次。①如今，在广西南宁的青秀山上有广西学生军抗日烈士纪念碑、广西学生军抗日史料陈列室。教师可以补充抗日战争中广西学生军的相关史料，介绍中国共产党派出青年党员到第二、三届广西学生军当中开展宣传抗日主张、动员组织群众以及壮大党的力量等活动，帮助学生体会不同时代青少年所肩负的时代使命，有助于学生在潜移默化中传承红色基因，强化理想信念，切实落实素质教育。

二、在中学历史教学中如何应用广西红色历史文化资源

（一）探索校本课程的开发

如前文所述，在常规课堂教学中特别是在中学历史教学当中的中国近现代史专题内容当中，教师可以努力挖掘乡土红色历史文化资源，将其开发为课程资源，应用于课堂教学，有助于拓宽学生的视野，增加知识储备，培养学生的家国情怀和文化自信。

此外，在新课改的背景下，在国家课程标准的基础上针对学生学情、教学条件、教师能力等方面编制适合本校全体学生的课程模式，有利于学生的全面发展和个性发展。在历史学科中进行校本课程开发，将红色文化融入校本课程，有助于学校形成自身的办学特色，推动素质教育的开展。地方红色历史资源融入课堂，有助于激发学生的历史学科学习兴趣，在感同身受中激发热爱家乡的情感，在学习革命先烈的奋斗史中形成正确的三观，增强爱国之情和民族凝聚力。2021 年，广西的中小学地方课程教材《红色广西》正式出版，可以作为校本课程开发的主要参考文本。因每个地方拥有的红色历史文化资源各有特色，为此，各地中学开发的红色文化校本课程在此基础上再有针对性地补充当地的红色历史文化资源，便能满足教学所需。据悉，广西有超 50% 的中小学校开设

① 广西壮族自治区地方志编纂委员会. 广西通志·中共广西地方组织志［M］. 南宁：广西人民出版社，1994：47.

了与"红色主题"有关的校本课程，红色文化在区内各级各类学校遍地开花，红色基因在课程教学中逐渐融入了学生的血脉。

（二）积极开展红色研学旅行

2013 年国务院办公厅发布正式文件明确提出在中小学开展研学旅行。研学旅行不同于一般意义上的观光旅游，它的学习性目的更强，是一种研究性学习与旅行体验相结合的教育活动。[①] 将地方红色文化与研学旅行相结合，有利于弥补课堂讲授的不足，启发学生的历史思维能力，培育学生的家国情怀。开展红色研学旅行课外实践活动，有利于让学生通过实践感受红色文化，激发学生的学习兴趣，提高学生独立思考的能力，培养学生的合作精神，充分发挥历史学科的德育功能，培养学生的家国情怀。在中学历史教学过程中，教师可以根据历史学科课程标准将教科书内容与红色研学旅行相结合，通过带领学生参观革命遗址、博物馆、烈士陵园等爱国主义教育基地，营造良好的历史教学氛围，使学生在红色文化的氛围中，探究历史的奥秘，领悟革命精神，激发爱国主义热情。

广西拥有丰富的红色文化资源，为中学历史教学开展红色研学旅行提供了基础。以统编版初中历史教材八年级上册第 20 课《正面战场的抗战》一课为例，本课"课后活动"模块提出的课后实践要求是"搜集资料，了解抗日战争时期家乡人民的抗日事迹"[②]。教师可在课后以此为切入口，组织学生开展以"家乡抗日英雄"为主题的红色研学活动。如南宁市兴宁区与宾阳县交界的昆仑关，地势险要、易守难攻，是进入南宁的天然屏障，是历代兵家必争之地。历史上，昆仑关曾燃起多次战火，其中，1939 年冬发生的昆仑关战役是中国军民抗击日本侵略军的一场战役。历经岁月变迁，昆仑关战役旧址至今依然保存完好，现在，昆仑关战役遗址已成为国家级抗战纪念遗址、全国爱国主义教育示范基地等。此地亦是诸多周边中小学校开展红色研学的首选之地。研学活动的开展有利于学生铭记历史、珍爱和平，培养学生的家国情怀。

综上所述，在新课程改革的背景下，中学历史学科五大核心素养中的"家国情怀"是对中学生成长发展过程中人文素养的重要要求。广西拥有丰富的红色历史资源，将红色历史文化资源充分融入中学历史教学，最大限度地发挥广西红色历史资源的教学价值对于培养学生的历史学科核心素养、开展素质教育、落实立德树人的根本任务具有重要意义，值得中学历史教师深入实践。

[①] 唐海洋. 初中历史教学中的研学旅行研究：以南京市中华中学上新河初级中学为例 [D].
扬州：扬州大学，2020：12.

[②] 齐世荣，郭双林，李伟科. 义务教育教科书 中国历史：八年级上册 [M]. 北京：人民
教育出版社，2018：99.

高中历史教学中以地方红色文化
厚植家国情怀的探索

杨小慧[*]　　滕兰花[**]

红色是中国共产党、中华人民共和国最鲜亮的底色。党的十八大以来，习近平总书记在不同的场所反复强调要用好红色资源，传承好红色基因，把红色江山世世代代传下去，2016 年 4 月 24 日至 27 日他在安徽调研时说，革命传统教育要从娃娃抓起，既注重知识灌输，又加强情感培育，使红色基因渗进血液、浸入心扉，引导广大青少年树立正确的世界观、人生观、价值观。[①]

《普通高中历史课程标准》（2017 年版 2020 年修订）提出了历史学科五大核心素养，其中的最终目标是培养学生的"家国情怀"。家国情怀，既是一种对祖国、对家乡、对家庭的强烈和真挚的情感，更是一种责任。家国情怀的水平分为四个层次，其中的第一、二水平是最基本的要求，即"能够具有对家乡、民族、国家的认同感，理解并认同社会主义核心价值观和中华优秀传统文化，具有对祖国和人民的深情大爱"[②]。课程标准将"家国情怀"作为历史学科核心素养的重要内容，体现了对高中历史课程承载培育和涵养高中生正确历史价值观的深切期望。红色基因的传承，在高中历史教学中是应有之义。如何挖掘利用地方红色文化课程资源，因地制宜地做好家国情怀培养，需要更多的实践探索。

---

* 杨小慧，广西南宁市邕宁高级中学历史教师，中学高级教师。

** 滕兰花，广西民族大学民族学与社会学学院历史系教授。

① 习近平. 用好红色资源，传承好红色基因　把红色江山世世代代传下去 [J]. 求是，2021（10）：4－18.

② 中华人民共和国教育部. 普通高中历史课程标准（2017 年版 2020 年修订）[M]. 北京：人民教育出版社，2020：71.

一、地方红色文化在培育家国情怀上的作用

（一）红色文化有利于培养青少年知史爱党、知史爱国

何为红色文化，王炳林先生对于红色文化有过界定："红色文化是中国共产党领导中国人民在革命、建设和改革开放时期以马克思列宁主义为指导，结合中华民族优秀传统文化和世界优秀文化所创造的先进文化，是中国共产党人和广大人民群众优良传统和品格风范的集中体现，是推进中华民族伟大复兴的强大精神动力。"[①] 红色是百年党史中最亮丽的色彩，在党史、新中国史、改革开放史、社会主义发展史的"四史"学习过程当中，红色文化始终贯穿其中。将地方红色资源融入高中历史教学，有利于学生从身边的红色文化出发去深入了解身边的历史，落实家国情怀核心素养，实现"立德树人"的教育目标。

（二）有利于增强青少年的"五个认同"，树立正确的"三观"

红色文化资源所隐含的光荣传统和历史经验是我们党宝贵的精神财富，亦是增强青少年对伟大祖国、中华民族、中华文化、中国共产党、中国特色社会主义认同的重要教育资源。为了深入推进中小学的立德树人工作，指导中小学课程教材系统、全面落实革命传统教育，2021 年 1 月，教育部印发《革命传统进中小学课程教材指南》，明确概括了中小学革命传统教育的七大内容，明确了道德与法治（思想政治）、语文、历史三科为重点学科课程，其中的历史学科，要"使学生系统认识中国共产党领导人民为民族解放和社会主义事业英勇奋斗的历程，从中汲取强大精神力量，培养高尚品德，形成优良作风，增强'四个自信'，树立正确的世界观、人生观、价值观"[②]。地方红色历史资源是高中历史教学不可缺少的重要资源，通过整合地方红色历史资源和国家教材课程资源，在历史教学中融入地方红色历史，让学生直接触摸、体验熟悉而鲜活的地方历史，有助于使学生从地方历史的角度关心国家的命运，成为德智体美劳全面发展的社会主义建设者和接班人。

---

① 王炳林. 打造红色文化研究的学术精品［J］. 红色文化学刊，2017（1）：12 – 14。
② 教育部关于印发《革命传统进中小学课程教材指南》《中华优秀传统文化进中小学课程教材指南》的通知［EB/OL］.（2021 – 01 – 08）. http://www. gov. cn/zhengce/zhengceku/2021 – 02/05/content_ 5585136. htm.

二、多途径运用地方红色资源以厚植家国情怀

红色文化内涵丰富，其载体亦是多样的，就形态而言，可以分为"见证中国共产党在新民主主义革命时期光辉历程的遗址、遗迹、遗物、纪念物等物质形态的文化遗产和在革命过程中孕育出来的革命历史、革命精神、革命口头传记等非物质文化两种形态"①。除了常见的红色革命遗址、遗迹、纪念馆、纪念物以外，红色文化作品、红色故事等亦是可利用的红色教育资源。课程资源无时不在，无处不在。如何传承好红色基因，特别是在中学历史学科教学当中做好立德树人工作，如何将红色基因传承好，国家做了不少的工作，以强化革命文化传承。2019 年 12 月印发的《关于加强全区各级各类学校革命传统教育 传承红色基因的指导意见》，明确指出"鼓励各地各学校充分挖掘和利用本地红色基因资源，开设专题地方课程和校本课程"②。

（一）课堂教学当中有机渗透地方红色课程资源

要把南宁市红色历史资源融入高中历史课堂，应先挖掘出与高中历史教材内容存在关联的南宁市红色资源，并对史料进行加工整理之后，围绕教学目标对史料创设情境、设计研讨问题，引导学生进行理解性、创造性学习，在探究学习过程中落实历史学科的核心素养。在教学实践过程中，基本形成以下流程：分析教材内容，明确课标要求—挖掘红色资源，整合内容—创设情境，课堂实践—思想升华。

在此，笔者仅以《中外历史纲要》（上）的第 24 课《全民族浴血奋战与抗日战争的胜利》进行南宁市红色历史资源应用于教学的教学片段设计。

本教学片段拟结合南宁抗战史实，以南宁抗战史料创设情境来分析抗战胜利的主要原因，从"历史解释"角度认识全民族团结抗战是抗日战争胜利的主要原因，从"家国情怀"角度理解南宁抗战为全国抗战胜利作出重大贡献，从而培养学生责任担当的历史使命。具体的教学环节如表 1 所示。

---

① 于瑑，许晓明. 广西红色文化［M］. 南宁：广西人民出版社，2012：1.
② 自治区党委教育工委 自治区教育厅印发《关于加强全区各级各类学校革命传统教育 传承红色基因的指导意见》的通知［EB/OL］.（2019 – 12 – 16）. http：//jyt. gxzf. gov. cn/zfxxgk/fdzdgknr/tzgg_ 58179/t3128890. shtml.

表1　南宁市红色历史资源应用于《全民族浴血奋战与抗日战争的胜利》的教学片段设计

教学设计	学生活动	设计意图
20世纪30年代，随着日本侵华战争的不断扩大，特别是华北事变之后，中华民族面临生死存亡的重要时刻，全国掀起抗日救亡运动的高潮，当时的南宁各界积极响应号召，谱写了抗日救亡的爱国壮歌。 PPT展示南宁市昆仑关战役遗址照片，介绍昆仑关战役的史实（它是抗日战争的大型战役之一，也是桂南会战国民革命军投入战力最强规模部队的一场战役）。 播放"广西抗战"的短视频，介绍桂南会战期间，邕宁、思乐、明江、宁明、灵山、北流等县的一些乡村民众组织了抗日自卫队，开展抗日游击战的史实。	结合上述抗战遗迹及其背后的故事，分析概括国难当头南宁有哪些政党或阶层投身于抗战救国的洪流之中。	昆仑关战役和邕宁抗日自卫队的事迹，学生均有所耳闻，选取这些史料易引起学生的共鸣。
南宁抗战是中国抗战的一个缩影。以PPT展示南宁市青秀山的广西学生军抗日烈士纪念碑，介绍1936年至1941年间广西曾先后三次组建的广西学生军抗战情况。这些16岁至24岁的知识青年走上抗战前线，担任起宣传、组织、作战等任务，南宁中共组织遵照上级指示派遣党员加入学生军，学生军在解散前夕，党员已发展到一百四十人。这是广西地下党的一支宝贵力量，在后来的抗战后期和解放战争，都起到了骨干作用。 PPT展示广西学生军徽章的图片，让学生观看《广西学生军：战火中的青春之歌》短视频，展示创作于1937年的《广西学生军军歌》歌词："我们是广西青年学生军，我们是铁打的一群，在伟大的时代负起伟大的使命。我们抱定勇敢坚强、不怕牺牲的精神。我们要和前线将士、全国同胞誓死战胜我们的敌人！我们为国家谋独立，为民族争生存，为人类伸正义，为世界求和平。在伟大的时代担负起伟大的使命。我们是铁打的一群，我们是广西青年学生军！"从歌词里，你能感受到当年广西学生军的什么精神？每一代人有每一代人的长征路，同学们，今天我们的历史使命又是什么呢？该怎么做呢？（根据学生发言点评、总结）	学生回答（自由发言：学生军徽章上紧握的硕大拳头里有笔有枪，体现广西学生军兼有政治和军事双重任务，歌词"铁打的一群"体现了广西学生军勇于担当救亡图存的历史使命）。	以学生军为切入点，是因为这个角色与现在的高中生年龄相仿，易触动学生的心灵，让学生从内心深处树立责任担当意识，厚植家国情怀。

此外，在《中外历史纲要》（上）第七至第十单元的教学中，还有很多地方可以融入南宁红色历史资源：如讲到中共一大成立时，可引用林景云故居旁的

"南宁红船"；讲到中国共产党开辟革命新道路时，可引用邓小平 1929 年发动的南宁兵变；讲到中华人民共和国成立后的土地改革，可利用广西土地改革历史博物馆史料或创设历史情境，帮助学生理解当时土改的艰难与成就，深入理解土改的历史意义，等等。

（二）以学生为主体开展地方红色历史研究性学习

地方红色资源是重要而又便利的历史课程资源，精当选择、精心设计、合理运用地方红色资源，既可以激发学生的兴趣，又可以滋养学生的核心素养。研究性学习是一种以学生为主的学习模式，是高中课程的重要组成部分。教师可以利用研究性课程形态，指导学生在假期对地方红色历史进行探究性学习，从而让学生主动获取地方红色历史知识，感悟革命精神，在历史体验和感悟中实现思想的自觉升华。具体方法：师生共同议定选题。如南宁红色历史资源探寻、南宁女儿邓颖超、邓小平在南宁、南宁工人运动研究、南宁红色故事、南宁风云人物等。学生也可以自拟课题进行探究。学生分组制订研究方案，独立开展研究，形成论文、漫画、视频等形式的研究成果，在课堂当中进行展示。

表 2　以学生为主体开展地方红色历史研学的设计

研究性学习选题	具体要求
红色文物会说话	围绕地方党史有关的历史物件，讲述其背后的故事
倾听老党员讲故事	采访参加革命的前辈及其亲朋好友，了解家乡党史故事
探索红色足迹	走访当地的名人故居，了解其背后的英雄故事，感悟英雄的革命精神
赏析红色旋律	选择一部地方红色文艺作品进行阅读，并撰写心得体会
亲创红色故事	以绘画方式或是微视频、历史数字故事等方式，创作地方党史故事、革命人物故事

（三）依托地方红色历史资源开发历史校本课程

要做好地方红色资源在教学中的运用，教师首先要熟悉本地的红色历史资源。要做好红色历史资源应用于历史教学的工作，收集整理好地方红色历史资源是运用的第一要义。

广西是革命老区，除了百色、河池老区外，南宁市有丰富的红色教育资源，如红色遗址遗迹有广西壮族自治区烈士陵园、李明瑞和韦拔群烈士纪念馆、南宁革命烈士纪念碑、共青团南宁地委旧址、广西学生军抗日烈士纪念碑、徐汉林烈士陵园、南宁会议旧址、南宁育才学校旧址、南陔革命旧址、中共那马中心县委旧址等；红色纪念馆有南宁邓颖超纪念馆、昆仑关战役博物馆、南宁博物馆、广西土地改革历史博物馆、横县会议纪念馆、横县四排岭阻击战纪念馆等；名人故居有莫文骅故居、雷经天故居、林景云故居等。在近代革命过程中，南宁涌现了一批不畏牺牲、优秀的共产主义战士，如南宁第一位中国共产党党员陈勉恕，矢志不渝的法治建设创始人雷经天，南宁市第一任市长、中国人民解放军中将莫文骅，革命烈士林景云，革命烈士雷沛涛等。革命年代南宁也留下了不少伟人的足迹，如邓小平、张云逸等到南宁发动南宁兵变。革命歌曲有作曲家陆华柏 1937 年创作的《广西学生军军歌》。文学作品有莫文骅著的《回忆红七军》《百色风暴》等、中共南宁市委党史研究室编的《战斗在黎明》、广西当代文学史上第一部长篇小说陆地著的《美丽的南方》。影视作品有 2008 年刘国权导演的电视剧《美丽的南方》等。

笔者曾结合这些地方红色资源，研制开发校本课程《从革命星火到改革开放的南宁》，主要设置了"新民主主义革命与南宁""中华人民共和国成立后的南宁""改革开放后的南宁——开创社会主义建设新局面"三个部分，通过校本课程让学生深入学习南宁党史中的红色故事、典型革命人物、了解红色胜迹。学生与革命先辈们生活在同一片土地上，他们更容易产生情感共鸣，从而更加热爱家乡、热爱党、热爱祖国，家国情怀素养得以提升。

总之，地方红色历史资源的运用可补充统编版教材的不足，挖掘、研究好地方红色资源，并有效运用于高中历史教学，可丰富高中历史课堂的形态，激励学生向家乡革命先辈学习，勇于担当、胸怀祖国，为建设美丽家乡、实现中华民族的伟大复兴而奋斗，落实立德树人目标，厚植家国情怀。

初中历史教学中的大概念及其实施策略

庞宇雁[*]

历史学科教学的内容时间跨度大，而且内容庞杂，在教学过程中，如何将"碎片化"知识转为"整体化"知识，形成系统的知识体系，是一个十分重要的教学问题。《义务教育历史课程标准（2022 年版)》中提到利用"大概念"以学生为主体设计教学过程和教学活动："大概念是指那些能够将分散的知识、技能、观念等联结成为整体，并且赋予它们意义的概念、观念。"[①]学界目前的关注点除了讨论"大概念"历史教学的内涵[②]外，更多的关注是在具体的高中历史教学实践的经验得失上[③]。开展大概念教学，可以避免历史碎片化，帮助学生建构合理的历史知识结构，促进学生掌握探究历史的方法和路径，拓宽学生认识历史的视野。在初中历史课程新标准颁行后，如何在初中历史教学当中紧跟新课标的要求，实现初高中历史教学有效衔接，探索大概念教学的有效途径，值得更多的实践研究。

---

[*] 庞宇雁，广西民族大学民族学与社会学学院 2021 级学科教学（历史）专业硕士研究生。

[①] 教育部. 义务教育历史课程标准（2022 年版）[M]. 北京：北京师范大学出版社，2022：57.

[②] 王健宁. 基于大概念的高中历史教学 [J]. 历史教学（上半月刊），2019（3）；李凯. 新高中历史教学应重视大概念 [J]. 历史教学（上半月刊），2020（3）；方美玲. 历史学科大概念的确立及其教育价值 [J]. 历史教学（上半月刊），2020（11）.

[③] 黄卫平. "大概念"视域下初中历史单元整体教学设计与实施 [J]. 中学历史教学参考，2022（7）；吴晓华. 指向核心素养的初中历史大概念教学对策分析 [J]. 天津教育，2022（9）；陶健. 学科大概念下的初中历史单元教学：以"中华民族的抗日战争"为例 [J]. 中学历史教学参考，2022（4）；徐峥. 大概念视域下的初中历史教学探究 [J]. 中学课程资源，2021（10）；林丛. 基于任务驱动的初中历史大概念教学探索 [J]. 中学历史教学参考，2020（20）；严立明. 指向核心素养的初中历史大概念教学实践：以《思想解放是社会变革的前导》专题复习为例 [J]. 福建基础教育研究，2020（8）.

一、初中历史教学中进行大概念教学的必要性

大概念是学科中的核心概念，是居于学科中心、具有超越课堂的持久价值和迁移价值的关键性概念、原理或方法。《义务教育历史课程标准（2022 年版）》将大概念分为能统领整个学习板块的大概念、学习单元中的大概念、每课中的大概念三类，中华文明的起源、早期国家、人类社会形态从低级到高级发展、生产力和生产关系之间的辩证关系、经济基础和上层建筑之间的相互作用、人民群众在社会发展中的重要作用等，均属于大概念的范畴。不同层级的大概念能让学生深入理解历史事件之间的关联性，串联历史知识网络，夯实历史基础。

（一）培养学生的历史逻辑思维，建构合理的历史知识框架

逻辑思维是运用分析、综合、比较、概括、归纳、演绎等方法来揭示事物本质和规律的一种思维形式。揭示历史的本质，形成历史概念和历史规律，也依赖于逻辑思维。而历史现象以及历史事件的背后，也都隐含着历史的逻辑，规定了历史的性质变化发展与走向。每一个历史概念都处在与另一历史概念的联系之中，共同构成历史概念的网络体系。历史事件纷繁复杂，如何在浩荡历史长河中建构历史知识框架，把握历史的面貌，这就需要对历史事件进行分析与综合。在不同时段的历史事件可以归属于不同的概念和主题，而学生可通过理解历史的大概念，进而从大概念中理解小概念，从整体中区分个性，培养历史逻辑思维能力，包括分析与综合历史事件的能力，反过来更深入通透地理解历史的本质属性。

（二）培养学生深度学习的意识，拓宽认识历史的视野

历史学科的深度学习，是指将学习的重点从知识转变为思维，是一种高投入的、主动进行的学习过程。传统教学只要求学生掌握和理解表层的知识，单纯的事实记忆其实是一种刻板生硬的学习模式。深度学习则更加注重学生的全面发展，将新知识内化，与先前的经验知识相联系，建立关联认知的学习。学生是学习的主体，具有主观能动性。在大概念的引领下，教师应该成为学生的向导，引领学生掌握核心大概念，在史料阅读过程中，解析历史概念，概括历史规律，联系已有经验，独立而带有批判性地进行思考，初步形成自己的历史认识。具体而言，即在初中历史教学中，教师将某一单元或者某一主题进行概括总结，提炼主题概念词，确保学生能体会这一阶段的历史发展过程，拓宽学

生认识历史、理解历史的途径，培养历史核心素养。

二、基于大概念的初中历史教学实施策略

（一）有效整合教学内容，理清历史核心概念

利用大概念主题教学需要教师重新整合教材内容，把握每一单元的具体概念与主题，例如统编版七年级上册第三单元"统一多民族国家的建立与巩固"这一单元的主题词就是"统一"，教师必须明白该单元的重点是在学生头脑里建立"大一统"的概念。秦之前是诸侯纷争的春秋战国时代，秦始皇建立了中国历史上第一个统一的多民族的封建国家，这个崭新的概念对七年级学生来说难以把控。在分裂与统一之间，如何让学生理解历史进入了一个新的时段，教师需要读懂读透教材，把握好教材与教学目标之间的关系，围绕着教学目标，有效整合教学内容，充分利用教材开展教学活动，把握好单元的主题，提炼关键概念，穿插教学课堂，进而巩固学生认知。

（二）建构历史教学脉络

有效利用大概念进行主题式教学，就需要教师利用大概念细化小概念进行历史的主题式教学，需要教师建构历史的教学脉络。

如在统编版八年级上册第一单元"中国开始沦为半殖民地半封建社会"和第二单元"近代化的早期探索与民族危机的加剧"的教学中，教师需要让学生把握殖民地、半殖民地、封建社会、半封建社会的概念。第一单元包含三课，分别是《鸦片战争》《第二次鸦片战争》《太平天国运动》，第二单元包含四课，分别是《洋务运动》《甲午中日战争与瓜分中国狂潮》《戊戌变法》《抗击八国联军》，这两个单元主要是叙述中国在外国的侵略下，如何从一个封建国家逐步变成一个半殖民地半封建国家。教师需要在教学过程中让学生从概念上认识到当时的社会性质发生了改变。在教学过程中，教师可以围绕鸦片战争、第二次鸦片战争、甲午中日战争、八国联军侵华战争梳理历史教学脉络，提问学生各个战争带来了什么影响，有什么共同点与不同点。学生从签订的条约、战争的结果等方面对历史知识进行分析、归纳和总结。历史课堂上的历史知识脉络梳理，就是在锻炼学生的分析与概括能力，如果教师不对历史事件进行梳理，将历史事件进行横向或纵向的比较，学生就难以将知识各部分形成系统、连贯的整体，对历史事件形成连贯性的认识，对知识点的把握就会相对薄弱。

（三）利用"问题导学"教学模式，培养学生学科核心素养

学生的核心素养是在分析问题、解决问题的过程当中不断养成的。《论语》所提倡的"学而不思则罔，思而不学则殆"即说明问题意识的培养比知识的识记更重要。《义务教育历史课程标准》（2022 年版）提出要确立基于核心素养五位一体的综合教学目标，要"聚焦问题解决的实际程度，尤其是学生探究问题和解决问题的正确价值观、必备品格和关键能力"①。"问题导学"教学模式不仅强调了教师的主导地位，也突出了学生的主体地位，可以在教学过程中充分培养学生的思考能力。为此，问题导学模式是很适合用于大概念教学的：例如"为什么说秦朝建立了中国历史上第一个统一的多民族封建国家"等问题，出示秦朝疆域图，让学生从课本知识出发进行思考，引导其说出对"大一统"概念的理解，并创设问题情境，启迪学生根据现有的知识与经验来思考、解决问题；在教学过程中提出的"问题"紧紧与课标"秦始皇建立了中国历史上第一个统一的多民族封建国家"相挂钩，让学生在解决问题的过程中加深对教学重难点的印象，再加强对知识点的理解，并培养学生的时空观念。

以统编版八年级上册第七单元"人民解放战争"为例，课程标准是："知道重庆谈判，理解中国共产党为争取和平民主作出的努力；了解全面内战的爆发、中共中央转战陕北和刘邓大军挺进大别山等史事；通过了解解放区的土地改革，辽沈、淮海、平津三大战役，中共七届二中全会，知道国民党反动统治的覆灭和人民解放战争迅速胜利的主要原因，以及中国共产党领导人民取得新民主主义革命胜利的意义。"② 基于选取历史学科大概念的路径，先要确定其中具有大概念特征的关键词，即"人民解放战争""新民主主义革命"，可以直接以"解放战争"为大概念，可将此单元转化为两个问题："解放战争为什么会爆发？""解放战争爆发的结果如何？"第一个问题就对应了"内战爆发"这一课，教师可以基于大概念设置问题，"内战爆发的原因是什么？""内战分为哪几个阶段？每个阶段又有什么重点战役？"教师通过设置问题，构建知识框架，让学生理解解放战争这一历史概念，通过对重庆谈判、政协会议的学习，教会学生领悟如何处理错综复杂的政治斗争。教师要帮助学生理清思路，以重庆谈判为起点，到开国大典为节点，培养学生的时空观念，理清在"解放战争"这一历史阶段中，将重庆谈判、刘邓大军挺进大别山、三大战役、渡江战役等历史事件串联

---

① 教育部. 义务教育历史课程标准（2022 年版）[M]. 北京：北京师范大学出版社，2022：56.

② 教育部. 义务教育历史课程标准（2022 年版）[M]. 北京：北京师范大学出版社，2022：20.

起来，形成知识框架，串联历史知识发展脉络，引导学生归纳解放战争战略反攻和三大战役的阶段和概况，注意事物从量变到质变的规律。由此，学生获得了"解放战争"的概念，也进一步感受到中国共产党为了争取和平所作的努力。教师同时要联系前面所学知识，加深学生理解"新民主主义革命"的概念，进一步说明中国共产党带领人民取得革命胜利的历史意义，让学生感悟新民主主义革命的胜利是半殖民地半封建社会、百年屈辱的终结，是伟大中华民族复兴的开始。

综上所述，教师基于大概念进行初中历史单元教学设计，以大概念为核心整合学科知识，建立知识间的联系，可以帮助学生架构宏观框架，有助于学生更好地分析与综合历史事件，更深入通透地理解历史的本质属性。

问题链教学在初中历史教学中的应用

——以《探寻新航路》一课为例

代梦薇*

在新课改背景下，历史学科强调在教学过程中使学生掌握唯物史观，运用科学、系统的历史观和方法论，采用科学的探究精神学习历史，建构相应的历史知识体系，运用问题引导任务驱动，培养学生的时空观念、史料实证、家国情怀等历史核心素养，最终促成教学目标的实现，对于指导历史课堂教学有重要意义。

问题链以一系列问题为基础创设问题情境，让学生在发现问题、思考问题、解决问题的过程中提升思维能力，学习历史知识。它作为问题探究的教学方式之一，其理论基础建立在问题教学之上，却又高于单个问题设计过程，着重强调问题之间的内在联系，因而涉及内容丰富，拓展了问题教学的理论基础。与此同时，它为历史教师提供了一种新的课堂教学理念，通过一个问题接着一个问题的连环提问，增强学生与教师的双边互动，创设高效历史课堂，有助于落实历史教师设计的课堂教学目标。对于问题链的研究，历史学科已经有不少研究成果[①]，均是很好的借鉴，亦有更多的实践空间。为此，笔者拟结合自己参加的一次教学竞赛的实践，以统编版九年级《世界历史》上册第15课"探寻新航路"为例，从课魂的凝练与问题链的设置的角度去进行实证性研究，以加深对问题链具体应用的研究。

---

* 代梦薇，广西民族大学民族学与社会学学院2021级学科教学（历史）专业硕士研究生。

① 刘建新. 历史教学实践中的问题链设计［J］. 中学历史教学参考，2021（14）：35 – 36；林江平. 历史课教学问题链的层次递进设计策略［J］. 基础教育论坛，2021（13）：101，103；陆唯娴. 基于历史解释素养培养的高中历史问题链教学：以统编版《辛亥革命》一课为例［J］. 中学历史教学，2021（4）：19 – 21；张鹏. 历史问题链激活情境线索式教学设计：《从明朝建立到清军入关》一课为例［J］. 中学历史教学，2020（7）：55 – 58；刘继军. 初中历史教学中"问题链"的设计应用研究［J］. 考试周刊，2019（51）：149.

一、明确教学目标，科学设计"问题链"

教学目标是课堂教学的灵魂，是教师教学活动的出发点和归宿。明确教学目标，科学设计"问题链"是问题链教学促进历史解释素养有效落实的重要前提。问题的设置要紧扣课标，依托教材和材料，以自主学习、合作探究为主要教学方式。以学生为课堂主体，通过丰富多样的史料，灵活的教学方法，师生共同探究，提高学生历史学科核心素养。

"探寻新航路"为统编版九年级《世界历史》上册第五单元第15课，新课标对《探寻新航路》一课的要求是"通过哥伦布、麦哲伦等航海家的探险活动，认识新航路开辟的世界影响，理解世界逐渐形成一个整体"。本课包含三部分内容：探寻新航路的热潮、哥伦布"发现"美洲、麦哲伦船队全球航行。第一部分主要介绍了探寻新航路的原因和条件，第二、三部分介绍了探寻新航路的典型人物和事件，第一部分与第二、三部分之间是因果关系。14至15世纪，欧洲商品经济日趋发达，欧洲人渴望黄金和新的市场，在这一主因的推动下，哥伦布等一批探险家纷纷踏上了艰难的探寻之路。随着一条条新的航路被开辟出来，原本基本上相互隔绝的世界各地有了联系，开始连成一个整体。本课内容在世界古代史向近代史的发展中起着承上启下的作用，对欧洲和整个世界具有巨大的历史影响，因此学习本课对于学生了解世界发展的历程意义重大。

根据以上分析，并结合九年级学生的具体学情，笔者将本课的教学目标设计如下：①结合历史地图和史料，梳理四位航海家探寻新航路的基本史实，理解探寻新航路的多样原因和条件；知道不同航海家在具体时间开辟新航路的空间范围；从不同角度看待开辟新航路对世界的影响。②依托文献材料、视频、图片等，学习探寻新航路的基本史实，在分析史料的基础上，思考并形成自己的历史解释。③借助探寻新航路中的人物活动，让学生感悟航海家身上勇于开拓、勇于进取和勇于实践的精神，培育学生积极进取的人生态度，形成正确的价值观；结合当下一带一路的建设，增强学生的社会责任感和历史使命感。

本课紧扣课程标准，课堂将突出一明一暗两条主线，明线以"路"为线索，将教材知识点整合为三部分，来讲授新航路开辟的动因条件、经过和影响：寻航路——寻路热潮；探航路——向海探路；新航路——启新时代。而暗线则是突出"人"，用热门歌曲《孤勇者》为切入点进行新课导入，讲述孤勇者的航海经历让学生感悟航海家身上勇于开拓与创造的精神，培育学生积极进取的人生态度，使学生形成正确的价值观。

二、根据教学主题设置好问题链

主题是课堂教学的灵魂，是教师构思课堂教学设计的基本依据和根本意图，是教学目标的主要体现。一堂课不提主题，那就是一盘散沙。缺乏主题的课堂充其量只是若干知识的简单罗列，缺乏深度、缺乏思想。而实施问题链教学法，关键在设置问题，要领在问题成链。一个好的问题链，应该有一个明确的主题。没有明确主题的问题链，如同无源之水、无本之木。

如何利用教材蕴涵的历史信息，设计、确定好一个准确的主题，关系到能否培养学生的学科核心素养。因此，在开展"主题＋问题链"教学时，教师不能轻率，应当立足教材，根据课标，研读思考，抓住教学立意，最后确立主题。

因此，教师在讲授《探寻新航路》这课的知识点时，一般会根据教材，紧紧依托本课的课标要求，从时空观念等学科核心素养出发，利用"主题＋问题链"互动教学法进行讲授。问题是以主题去定教学主线，这方面已经有足够多的研究成果①，不胜枚举。经过研思，笔者基于学科核心素养将本课主题提炼为"寻航路、探航路、新航路"，借此让学生体悟蕴含在具体知识背后的意义，在这个主题的指引下，总体上梳理教材的知识。设置 3～4 个环环相扣、因果相连的问题，组成问题链，从而串起整节课的主线，使学生轻松掌握一节课的知识；用热门歌曲《孤勇者》为切入点进行新课导入，使得学生对此课的印象不再那么"枯燥"，而是充满好奇，让学生瞬间"神入"历史，课堂教学效果自然就得到了提升。

三、强化问题设置以落实核心素养

2022 年颁布的《义务教育历史课程标准》要求历史学科转变人才培养模式，着力发展学生的核心素养，以立德树人为根本任务，强化历史学科的育人功能，将核心素养融入课程设置和教学过程中，为核心素养在实践中的落实指明了方向②。尤其是近些年来，中考历史试题越来越重视对核心素养及能力的考查，这就要求问题链的设置既要起到梳理教材知识的作用，也要在贯彻核心素养的基础上展开设置，进而培养学生发现问题、分析问题、解决问题的能力，因此，笔者认为设置的问题要符合以下几点要求。第一，问题要有助于培养学

① 李婷君. 由主题教学探索历史学科核心素养的培养：以"全球航路的开辟"一课为例 [J]. 中学历史教学参考，2018（23）：68－72.
② 教育部. 义务高中历史课程标准（2022 年版）[M]. 北京：人民教育出版社，2022：4.

生阅读史料的能力。第二，问题要符合考试大纲和学科知识的基本要求。第三，问题的设置要贯彻历史唯物主义基本理论的要求。第四，问题的设置要有利于认识和理解历史事件的本质和规律。第五，问题的设置要有助于提升学生的历史逻辑思维能力。

本课的授课对象是初三学生，通过两年的历史学习和能力训练，初三学生已具备了一定的历史知识和分析解决问题的能力。思维活跃，善于思考，具有初步的自主探究和合作学习能力。对于本课的历史人物"哥伦布"和"麦哲伦"，部分学生在课外阅读中已有一定的了解。但学生运用历史知识的综合能力不是很强，历史知识零碎，需要教师适时引导以形成系统的知识网络。教师在本课的教学中，通过引导学生阅读和分析，帮助学生提高获取有效历史信息的能力和利用信息分析解决问题的能力、从多角度认识探寻新航路。

四、以合作探究推进"问题链"教学

合作探究是课堂教学的中心环节，也是"问题链"解决的过程。师生在合作交流中构建历史解释是问题链教学促进历史解释素养有效落实的核心步骤。本课主要从以下角度进行尝试：

（1）创情景，走进历史现场。本部分有助于唤起学生的主体意识，激发学生的学习动机，引导学生主动学习。本课导入时，教师先播放音乐《孤勇者》高潮部分并渲染氛围，上节课学习了第14课《文艺复兴运动》，文艺复兴运动反对教会神权至上，提倡人文主义，促进了人们思想的大解放，这被称为资本主义时代的一道曙光，这道光不仅仅照亮了思想文化，还点亮了人们探寻未知世界的热情。这一时期涌现了一批批像哥伦布、麦哲伦一样不怕困难勇敢探索未知海洋的"孤勇者"。进而教师提出问题："如果你是当时的航海家，面对未知的世界，你会如何抉择？"通过历史情境的创设，学生以当事人的身份走进那个历史时代，走进历史现场，感悟航海家身上勇于开拓、勇于进取和勇于实践的精神，培育学生积极进取的人生态度，形成正确的价值观。对于这一环节中的问题，教师应鼓励学生自由表达，充分发挥学生的主体性和自主性，使学生获得更加鲜活和生动的历史体验。

（2）引史料，剖析历史真相。历史解释以史料为依据。因此，在课堂中，教师可引入与"问题链"相关的史料并引导学生运用史料，依据史料论证观点，构建历史事实之间的联系，评论历史人物，解释历史现象。如在本课的子目一"寻航路——寻路热潮"中，关于探寻新航路的动因和条件，可以通过问题链的教学，引导学生合作交流思考，为什么当时会出现探寻新航路的热潮？探寻新航路又需要具备怎样的条件？又通过问题链层层递进，层层深入，一步步地引导学生思考：①欧洲人对黄金如此痴迷，在哪里有黄金呢？②欧洲人可以走哪条路到达东方呢？③仅仅是为了寻找黄金，就让欧洲人如此狂热地探寻新航路吗？

需要注意的是，教材是学生学习的基础，学生通过多次阅读教材，能够增强对教材的熟悉度，从而提高从教材中获取有效信息的能力。教师通过问题链的设置，引导学生阅读史料思考问题，培养史料实证和历史解释素养。学生尝试归纳探寻新航路的原因，有助于锻炼学生的语言组织能力。

综上所述，一堂有效的课堂教学，绝不是教师一人的"独舞"，应该是师生之间的"共舞"。基于核心素养的初中历史问题链设计，不仅提高了课堂效率，而且培养了学生的核心素养和能力。创设问题链应该着眼于加强师生之间的互动来展开。这样既有利于教师实现高效课堂教学，进而提升教师授课的成就感和获得感，更有利于培养学生思考、探讨问题的能力，从而使得整个历史教学过程在互动中开展，在开展中互动，无论是教师还是学生都有收获。但是在课堂教学中教师也面临着一些需要解决的问题，如有些知识、难点无法融入问题链，或者需要补充讲一些常考的内容怎么办？在问题链教学模式下，针对层次一般、基础较弱的学生，该如何处理教材内容？这仍需要我们在未来的教学实践当中努力探索解决之道。

认知冲突视阈下的问题驱动教学

——以"美国独立战争爆发的原因"为例

刘　茜*

问题驱动教学是以问题链为主线促进教学活动展开的教学方式。在问题驱动教学中，教师要以教学目标为导向，在一定的教学范围内结合学生的认知规律和知识经验，针对他们可能产生疑惑之处，按照一定的逻辑结构，有目的地将教学内容设计为一系列的问题来进行教学活动。在中学课堂中，随着新课程改革全面深入，时代的发展对学生的综合素质提出了全面的要求，不仅注重学生对知识的掌握，更重要的是能力的培养和提升。因此教师在历史课堂教学的过程中合理运用学生的认知冲突，以历史认知上的矛盾为突破口开展问题驱动教学活动，培养学生逻辑思维和自学能力，通过知识的层层构建来完成教学目标的教学模式更顺应时代的需求。

一、认知冲突与问题驱动教学

（一）认知冲突的内涵及类型

对于认知冲突的研究，最早开始于皮亚杰的认知发展理论。皮亚杰认为个体的发展过程就是内在认知结构与外在环境相互作用的过程，是个体从内部出发去主动调整自身认知结构的过程，是两者"平衡—不平衡—平衡"的过程。[①]因此，认知冲突就是在个体认知的发展过程中，当主体原有的认知结构与现实情景发生冲突时心理上出现的一种不平衡的状态。这种不平衡的心理状态产生后，主体会尝试通过同化和顺应来调整自身的认知结构以适应环境，从而重新达到平衡的状态。

---

* 刘茜，广西民族大学民族学与社会学学院 2021 级学科教学（历史）专业硕士研究生。

① 刘长城，等. 皮亚杰儿童认知发展理论及对当代教育的启示 ［J］. 当代教育科学，2003
（1）：45 – 46.

面对新知识或者新问题，当学生能够用已有的认知结构即已有的知识经验去理解知识时，心理上会继续保持一种平衡的状态；但当学生已有的知识经验并不能解决新问题或解释新知识时，学生的心理就会转变为一种不平衡的状态，此时认知冲突就产生了。例如，教师在讲解中世纪西欧的大学自治权时，学生可能会将其与现今的大学相比，疑惑为什么当时的大学会有自治权力。伴随着认知冲突的产生，学生的思维开始兴奋，学习的积极性与主动性开始增强，思维活动也开始进入最佳的状态。因此在学习该知识点时，学生会好奇大学的自治权力来自何处，是谁给了大学如此大的权力。学生的认知冲突引发之后，教师就可以通过列举材料、问题引导等方式展开相关教学活动。此时既是教师与学生进行心理交流的共振点，也是教与学的共同机遇，是非常高效的教学契机。

综合众多专家和学者的观点，中学历史教学中的认知冲突大体可划分为三种类型：史实知识冲突、认知方式冲突和情感态度冲突。

1. 史实知识冲突

史实是客观记录的历史事件，即历史事实。所谓史实知识冲突就是学生在进行历史学习的过程中出现关于历史事实的认知冲突。历史学习的基础是史实，因此在中学生开展历史学习的过程中，学生对于史实的错误理解或记忆都会与史实产生认知上的冲突，从而阻碍学生对于正确知识的理解。

2. 认知方式冲突

认知方式又被称为认知风格，是指个体在处理和加工信息的过程中偏爱或习惯性采用的方式。教学中的认知方式冲突主要是由于学生分属于场独立型和场依存型这两种不同的认知方式而产生的认知冲突。[①] 在历史教学过程中，场独立型学生更倾向于从整体上把握历史，注重对历史脉络的理解和学习，但对于人物、时间、地点等历史细节容易产生认知冲突；而场依存型学生对于历史细节的相关知识点的把握会更加精准，但很容易在历史事件的整体掌握上出现认知冲突。

3. 情感态度冲突

历史教学中的情感态度冲突主要体现在学生对于知识所蕴含的情感的不同感受与态度。例如在近代中国史的教学过程中，学生会统一产生对于近代中国屈辱史的愤懑之情。但情感也会有侧重之分，部分学生更关注近代中国为何会有如此遭遇，因此就会偏向于思考近代中国悲惨遭遇的原因；部分学生在情感态度上更重视思考近现代中国的不同之处，因此就更易于理解现代中国种种成

---

① 李寿欣，周颖萍. 试论认知方式与学习风格的关系 [J]. 山东师范大学学报（人文社会科学版），2004（4）：125 – 129.

就的历史意义。

（二）认知冲突视阈下的问题驱动教学

"问题"有"需要研究解决的疑难和矛盾"之意。问题是所有教学活动的开端，是整个教学过程的主线，是教学活动的最终目标。问题教学法就是一种久远的教学方法，最早可以追溯到古希腊时期苏格拉底的"产婆术"，即通过谈话来发现问题、认识问题并得出正确的结论。我国春秋时期孔子也提出过问题教学，认为教学的关键在于教师如何启发学生去主动思考问题。

问题驱动教学是近些年才提出的一个教学名词，其实质是问题教学的一种表现形式。问题驱动教学即基于问题的教学方法（Problem-Based Learning, PBL)，是教师依据课标要求和学生原有经验而设计的问题情境，让问题成为知识的载体，启发学生思考并主动学习新知识，用知识来解决问题的教学方法。[①] 教师在这个过程中是问题的提出者、课程的设计者以及结论的评估者。问题教学与问题驱动教学都强调问题在教学活动中的重要性，但两者的侧重点各有不同。问题教学侧重于问题本身，而问题驱动教学则侧重于教师通过问题推动学生进行思考，以此解决问题、掌握知识的过程。因此，可以说问题驱动教学强调的是通过设计有目的的问题情境，让学生置身其中，跟随教师的引导思考问题，通过探究找到答案的过程。而这也对教师与学生双方都提出了更高的要求，双方都需要具有一定的知识储备和较高的逻辑思维能力，才能保障该教学方法在课堂实践中的顺利应用。

充分、合理地设置认知冲突将更有利于问题驱动教学活动的展开。首先，认知冲突和问题驱动教学的核心所在是"矛盾"，教师在教学过程中有目的地设置冲突，制造矛盾，以此来引导学生进行自主思考，激发学生的学习兴趣并实现教学目标。其次，问题驱动教学中问题链的设计就是在不断地制造认知冲突，学生的认知也通过问题的层层递进完成了"平衡—不平衡—平衡"的过程，合理设置认知冲突也有助于问题驱动教学的展开，两者相互促进、相辅相成。

二、认知冲突视阈下"美国独立战争爆发的原因"课例问题驱动教学设计

笔者以"美国独立战争爆发的原因"这一知识点为例，阐述中学历史教学

---

① 赵海涛，等. "基于问题的学习"与传统教学模式的比较研究 [J]. 外国教育研究，2007 (12)：53-57.

中认知冲突视阈下的问题驱动教学策略。

（一）合理设置，引发冲突

合理的认知冲突是展开问题驱动教学的前提。教师应当认真研读课程标准，充分理解其基本理念和编写思路，并在了解学生已有知识、能力水平和遵循学生学科认知规律的前提下合理设置认知冲突。教师讲授美国独立战争爆发的原因这一知识点时，首先让学生聚焦到初中九年级上册第 18 课《美国的独立》一课本身，阅读教材正文第 84～85 页的材料，让学生总结独立战争爆发的时代背景。学生不难从文字中得出以下信息：英国殖民当局对北美殖民地的一系列压榨行为激化了北美与英国的矛盾，从而引起了北美人民的反抗，爆发了独立战争。

学生初步得出该结论后，教师在课堂上展示以下材料：

材料 1：北美殖民地自 17 世纪初开始设立到独立运动爆发前，经过一个多世纪的发展，其社会、经济各方面都取得了巨大进步，尤其是经济得到了迅猛发展。按照有的学者推算，1774 年殖民地的国民生产总值达到 189 200 万美元；1650—1774 年间殖民地总产值的年均增长率为 3.5%，而英国本土在此期间仅为 0.5%。①

材料 2：由于受到各种因素的制约，英国政府的政策意图和实际效果之间存在明显的差异……在 1691—1776 年间北美殖民地提交英国审查的法律共有 8 563 项，其中仅有 469 项被废止，占 5.5%。而且殖民地议会通常运用各种技巧来规避英国政府的审查，许多法令在英国政府开始审查时即已经期满失效，有的殖民地则将被否决的法令以另一种方式再度通过。有时英国政府的废止决议在殖民地得不到及时而认真的执行。②

学生阅读教材，在教师的引导下，通过分析材料可以得出以下认识：英国的殖民统治并不是完全消极的，相反，对北美有一定的积极影响，即北美经济得到了高速发展，北美殖民地所受英国的政治控制亦没有想象中的那么严重。此刻，学生的认知中出现了一个矛盾：英国政府所谓的"暴政"看起来并不如想象中的严重，那么北美人民为什么在政治、经济都有较好发展的情况下依然

---

① 李剑鸣. 英国的殖民地政策与北美独立运动的兴起 [J]. 历史研究，2002（1）：163 – 174.

② 李剑鸣. 英国的殖民地政策与北美独立运动的兴起 [J]. 历史研究，2002（1）：163 – 174.

选择追求独立？美国独立战争爆发的根本原因又是什么？随后教师指导学生挖掘材料，尝试找出其中的隐性矛盾，深入分析北美此时的历史状况，教师要引导学生在思维冲突的基础上，对材料进行搜集、整理和辨析，并科学分析历史资料，描述历史问题，深入揭示历史表象背后的深层因果关系，以问题为导向，以便学生更好地接近历史真相，增进其历史理解。

（二）创设情境，探索问题

情境教学是指创设含有真实事件或真实问题的情境，让学生在探究事件或解决问题的过程中自主地理解知识、构建意义。① 教师在课堂上还原客观知识所处的特定历史时空，勾勒历史发展的演变顺序与内在逻辑，让学生直面历史，理解历史，同时以问题链教学，层层深入激发学生对历史知识的深层思考。情境教学既顺应了学生的学习心理，又利于学生建构清晰的知识体系，对于问题驱动教学的展开也卓有成效。如前文所举的课例，要让学生理解北美人民为什么展开独立运动、急于摆脱英国的统治，教师可适时展示以下材料：

材料1：为了加强对北美的控制，保证英国本土商人的利益，七年战争之后英国逐渐加强了对北美的限制，从1763年起英国政府颁布了一系列法令，如"1763年宣告令"、印花税法、汤森税法、茶叶税等。②

材料2：英国将生产制造品，而殖民地将供应原料。为了达到这一目的，殖民地不得出口毛织品和皮毛，甚至从一个殖民地到另一个殖民地也不允许。③

学生阅读后，会发现教师提供的材料内容又与之前的产生了冲突，北美的情况有所改变。学生的认知产生冲突，他们的求知欲望将会达到最高点，此时教师提问："北美的局势有哪些新变化或特点？"学生通过材料很快发现对于北美来说，1765年是一个重要的时间节点。1765年起，伴随着英国政府一系列法令的颁布，英国殖民当局一改以往的宽松统治，对北美特别是经济方面进行了强有力的控制。教师追问："英国为什么突然转变了北美殖民政策？"一些学生回答后，教师总结原因：对英国来说，直接原因是七年战争后为弥补战争消耗；但对北美的殖民从根本上来说是要使北美成为英国经济的补充，因而对北美经济增长迅速甚至对母国的经济形成威胁是十分不愿意的，所以必须对北美经济

① 张华. 课程与教学论 [M]. 上海：上海教育出版社，2000：477.
② 朱伟东. 重商主义与美国立国之关系浅析 [J]. 唐都学刊，2009（5）：94－96.
③ 李剑鸣. 英国的殖民地政策与北美独立运动的兴起 [J]. 历史研究，2002（1）：163－174.

的发展有所限制。① 教师继续追问:"如果你是一名北美商人,随着 1765 年以后一系列新税法的颁布,你的生活会有哪些改变?请结合所学知识与上述材料,大胆讨论一下。"学生进行了充分的讨论后,教师可以引导学生概括出答案:首先这些法令的颁布无疑会加重北美人民特别是北美商人的负担,严重阻碍了北美商人的商业营利活动,同时严苛的条令与以往对比形成了较大的落差,这也会使北美人民产生强烈的不满情绪。

(三)深挖根本,锻造思维

在问题驱动教学中,通过层层问题的引导,教师应最终把教学重点指向历史逻辑的深层挖掘与探究。此时,教师可以以知识的难度、学生能力、教学目标等为依据,采用学生交流归纳与教师总结归纳这两种主要形式来进行。

如本节课的课堂小结,可以表述为:北美独立战争是北美社会、经济不断发展壮大的必然结果,是经济发展对扩张自由贸易空间的必然要求,当这种扩展与殖民当局的政策相背离时,北美人民就走向了主动反抗的道路。北美独立战争是北美人民在一定的力量积累的基础上,为维护自己的私人资产和争取更大的自由贸易发展空间而反抗英国殖民统治。总而言之,美国独立战争爆发的根本原因是英国的殖民统治阻碍了北美资本主义的发展。

综上所述,激发学生的认知冲突是展开问题驱动教学的应有之义,没有经历认知冲突的过程,学生很难进行深度思考,问题链教学也难以在课堂上顺利进行。由此可见,激发学生的认知冲突是促进问题驱动教学高效进行的重要一环。教师在历史教学中采用问题驱动模式,合理制造冲突,让学生在短时间内从不同的角度、不同的立场去认知历史事物,无疑会提高课堂效率,同时让学生的主体地位得以体现,在历史课堂中逐步培养和提高学生对历史的理解能力和自学能力,达到事半功倍的效果。

---

① 朱伟东. 重商主义与美国立国之关系浅析 [J]. 唐都学刊,2009 (5):94-96.

以辩证寻多元的历史教学

——以"西欧庄园"为例

李　钰*

"欧洲现代社会的接轨不是与希腊罗马，而是与中世纪的接轨。"①欧洲资本主义是由深植于中世纪土壤中的多重因素交织融合形成的。因此初中历史教材增加了欧洲中世纪的内容，旨在减少传统历史学习的空白与偏见，构建世界历史的时序性与整体性，进而完善师生的知识结构与扩大师生的观察视野。

一般的认识错觉会将欧洲文明看作古典文明的延伸，并在其中发现近代理性因子，由此终结了"黑暗愚昧"的中世纪。这在历史教学中会导致误解的加深及文本灌输的加剧，无法形成辩证思考、多元探究的教学模式。其中"庄园制度的性质与范围，成为理解中世纪时代经济社会史的关键……它是一种征服形式，也是一种社会结构，一种经济制度"②是著名史学家汤普逊的观点，他认为在世界史的学习当中可以以庄园串联起整个中世纪史。在现行的统编版初中历史教材九年级上册的第8课《西欧庄园》里，其以一课的文字篇幅涵盖了西欧中世纪经济社会发展的表现与特征，概念抽象、内容庞杂、认识匮乏容易使师生对这一部分产生畏难情绪。那么，如何建立西欧中世纪的逻辑框架，如何厘清庄园深层关系，如何挖掘其中的历史意义使其落脚于教师历史教学能力的提升及学生历史素质的培养，就成为需要着重思考的地方。本文即以此进行教学探索，以求教于方家。

一、以辨明学理为基础

自由农民与缺少自由的农奴的差别在于法律地位及其人格属性的不同，随着

---

*　李钰，广西民族大学民族学与社会学学院 2021 级学科教学（历史）专业硕士研究生。
① 侯建新. 早期欧洲文明建构及影响［J］. 历史教学（上半月刊），2017（17）：21－26.
② 汤普逊. 中世纪经济社会史：下卷［M］. 耿淡如，译，北京：商务印书馆，1977：358.

庄园的发展，二者的身份也日益模糊。对农民而言，外患与内乱的侵扰使他们"最急切的需求是安全，他们接受甚至感激领主的保护"①。最终"以一种相对宽松的条件投靠于领主"②，将自己及地产置于领主的统治和保护之下，并获得庄园内自由农民的冠名。自主的耕作者变为租佃者，接受一块新的土地就意味着承担了附着在土地上的义务，包括属于这份土地的身份烙印。例如在中世纪的英国就出现过自由佃农因接手"维兰地"而成为农奴的案例。③ 当自由农选择委身与献地等方式进入庄园系统，就注定了其经济地位的下降，化身为领主的依附者，同农奴一般服劳役、纳贡赋、受剥削。随着庄园化的推进以及"土地分割继承、出售、交换等各种原因"④，个体身份认定与土地印记的关系更加紧密。早期固化的罗马法身份判定原则因权义体系的变化而被破除，奴役性或自由性土地的获得使农民的现定身份模糊。这也可以解释为自由农和农奴的身份、自由和非自由之间实则并不存在完全的割裂。

传统农奴制认知与中世纪农奴的实际生活情况存在着偏差，封建法理与农奴劳役负担不尽一致。继承自罗马法的强制性劳役仅是流行于中世纪早期的剥削方式，这种直接的生产剥削并不能满足客观经济现实的发展。身为主要劳动者的农奴只有既有时间又有土地，才能具备更多的支付能力满足领主与庄园的需要。因此，工作天数、具体工作量、应纳物品和其他义务都有明确、详细的规定。而领主与佃农协定的劳役量实际处于一种不饱和的状态，每周所规定的三天工作日可能只需一天半即可完成。⑤ 被视作农奴标志的规范化周工变成定额的数量，农奴在履行其定量不定期的劳役时也在扩大其自主空间，逐渐"变成了经济上的自主生产者，而领主本身则变成了纯粹的土地所有者"⑥。

庄园的发展模式与管理方式带有马尔克村社的深刻印记，而农奴对人身关系的认识及个体权利的要求也深受日耳曼因素的影响。"在日耳曼人的观念中，服从不是无条件的……每位成员都有权反抗和报复。"⑦ 随着社会的发展，这份

---

① 汤普逊. 中世纪经济社会史：上卷 [M]. 耿淡如，译，北京：商务印书馆，1977：320.

② 侯建新. 法律限定负担与英国农奴身份地位的变动 [J]. 历史研究，2015 (3)：169 - 185，192.

③ 侯建新. 法律限定负担与英国农奴身份地位的变动 [J]. 历史研究，2015 (3)：169 - 185，192.

④ 马克垚. 西欧农奴制初探 [J]. 世界历史，1980 (3)：60 - 66.

⑤ 侯建新. 原始积累的秘密：英国佃农何以抵抗过度侵夺？ [J]. 经济社会史评论，2009 (1)：41 - 55.

⑥ 马克·布洛赫. 封建社会：上卷 [M]. 张绪山，译. 北京：商务印书馆，2004：401.

⑦ 侯建新. 抵抗权：欧洲封建主义的历史遗产 [J]. 世界历史，2013 (2)：21 - 32，158 - 159.

带有维护权利的抵抗意识伴随着封建制度由上至下渗入庄园内部，封君封臣制中原始的契约因素也迁延至领主与农奴的权利义务关系中。正如前文所提及的劳役定额化，领主与农奴间的权利义务逐渐有了明确的限度，因为他们都不想给对方的任意性留下余地。① 约定俗成的习惯在全体佃户集体作出的一次又一次裁决中演变为庄园法。带有"农奴与领主讨价还价印记"的庄园法和继承自村民大会的庄园法庭就成为农奴在封建经济发展进程中的天然屏障②，为个体的独立生存留出空间。在这个空间内，农奴群体既认同其委身于领主的现实，也维持着领主不能贸然干预或强制侵夺的限度，这样带有奴隶性质的专断与任意被限制在庄园法律的围笼中。正如莫尔顿所说："即使在最恶劣的情况下，庄园上仍存有使农奴为人而不为物的权利的核心，仍存有自由的残余作为取得新权利的起点。"③

二、以教研一体为手段

自由农和农奴究其根本是一种人格属性的不同。在西欧经济发展和主体意识觉醒的驱使下，农奴进行着"自由"的抗争。这不是说他们摆脱了贫苦和剥削，而是依据法律取得了个体权利。这是与农奴制相悖的存在，但"观念上的要求，随时可因条件的变化转化为实际的权利和权力，原始的法定权利也可不断向近代权利转化"④。权利与法律是西欧封建制度的内在矛盾，是推动西欧社会发展的内核动力，由此延伸的自由与财富成为西欧向近代发展的双重因子。即使是处于社会底层的农奴依然可以以此为武器捍卫自己原始的、基础的个体权利。因此在中世纪的语境下，"自由"实则就是在表述一种"封建制下的法律权利"⑤。

在教学过程中，对自由农和农奴、"自由"和"非自由"的认知绝不能停留在表层意义上。身为教师，首先应走出"黑暗中世纪"的狭隘认知。这一时期的封建压迫与自由权利不是一条线的两端，而是两条相交的曲线，交织融合于

① 侯建新. 原始积累的秘密：英国佃农何以抵抗过度侵夺？[J]. 经济社会史评论, 2009 (1)：41-55.
② 郭华. 论中世纪英国庄园农奴的主体权利 [J]. 史学集刊（世界史研究）, 2008 (3)：67-71.
③ 阿·莱·莫尔顿. 人民的英国史 [M]. 谢琏造, 等译, 北京：生活·读书·新知三联书店, 1958：86.
④ 侯建新. 社会转型时期的西欧与中国 [M]. 北京：高等教育出版社, 2005：295.
⑤ 侯建新. 法律限定负担与英国农奴身份地位的变动 [J]. 历史研究, 2015 (3)：169-185, 192.

呈现网状关系的封建社会中，由此建构起权利与义务关系的框架，成为"欧洲文明的权力制衡模式的源泉"①。因此教师在参考教辅与引用史料时要进行辨析考证，明确庄园内部真实人身关系和潜在的自由因素。例如初中历史教师用书将农奴解析为"没有人身自由，可以随土地一起出售""受到超经济强制剥削和奴役"的群体。教师须进行深度挖掘，将微观视角与宏观眼光相结合，讲清楚封建庄园制的内核因素，切莫将"农奴"及"自由"与"非自由"的概念绝对化，不然会再度陷入传统中世纪史学论点和教学观点的窠臼，无法从真正意义上掌握新课标及新教材的设计意图。

"全面""客观""辩证"及五大核心素养不仅是对学生历史学习提出的培养要求，更是教师作为教授者、研究者、学习者应达到的历史水平。中学历史教学以历史的时序性出发以求学生掌握历史发展基本脉络，这就需要以知识的内在逻辑为联结点进行串联。自"封建时代的欧洲"单元伊始，日耳曼因素的张力就得到发挥，并在此基础上形成中世纪的庄园。教师必须就日耳曼文明内涵有所理解，才能顺延其继承与发展的脉络进行串联，将中古史这段学生陌生的历史纳入欧洲文明发展的长河中。此外中世纪庄园制度内个体身份与法权关系的挖掘与思考对于当前全球视野下的历史教学以及发挥历史学科科学性、人文性具有一定的特殊意义。正如马克·布洛赫所说："西欧封建主义的独创性在于，它强调一种可以约束统治者的契约观念，因此，欧洲封建主义虽然压迫穷人，但它确实给我们的西欧文明留下了我们现在依然渴望拥有的某种东西。"②领主与农奴双方的博弈施压、对抗妥协独具中世纪封建社会发展特征，教师应该把握这一矛盾点进行深入的探究，从现实中寻求历史规律的延伸轨迹，使教学拥有更为广阔的视野，最终落脚于学生的历史素养与意识的培养。

三、以认知矛盾为切入

依据新课程标准对核心素养的目标要求，本课的具体学业要求为"在具体的时空背景下认识中古文明的发展状况，认识劳动人民的生产实践在中古文明发展中的作用，知道世界文明的多元特点"③。本课的两个子目表面上是讲述庄园的人员与机构，实际上是对庄园人员的主体权利进行梳理与划分，因此庄园的人就成为本课的教学突破。由农民构成的底层社会是国家变化发展不可忽视

① 侯建新. 欧洲文明不是古典文明的简单延伸 [J]. 史学理论研究，2014 (2)：4-7.
② 马克·布洛赫. 封建社会：上卷 [M]. 张绪山，译，北京：商务印书馆，2004：714.
③ 教育部. 义务教育历史课程标准（2022 年版）[M]. 北京：人民教育出版社，2022：28、29.

的力量①，这种由下至上的力量在庄园内部的表现就是生产生活的发展与权利义务的变化。学习过中国史的学生可能会先入为主地将中国古代社会农民个体生存状态代入到西欧庄园中，但二者的不同恰恰是理解中世纪欧洲文明特征的重点。

教材将庄园佃户划分为"自由的农民"和"缺少自由的农奴"，若仅就字面意思将农民与农奴看作直接的对照关系，会形成一种"自由与不自由之间截然的鸿沟"②。教师在教学过程中也容易出现遵循教材而不作深究考证的行为，造成知识和其本质内核偏离，使学生进一步固化对中世纪蒙昧的认知，只能将自由农理解为享有自由、财产及权利的独立小生产者；而将农奴理解为毫无自由与权利、只能接受残酷压迫的苟且卑贱者。这在无形之中造成了中世纪封建社会与近代资本主义社会发展逻辑的割裂，难以形成世界历史的连续性。本课教材的编写者侯建新教授也曾强调：不能单从概念层面理解自由或非自由的人身定位，要"透过实际存在的、多重的社会生活状态，还原中世纪的语境，理解自由的差异"③。

四、以辩证思维为基线

中世纪概念的抽象性与内在关系的复杂性，注定教师教授这一知识点时不能仅从表层含义出发进行知识点的罗列教学，不能将传统的自由与非自由、农民与农奴的认知照搬到中世纪庄园的背景中，而是要以辩证思维为突破点，激发历史意识，达成素养培育与历史意义的统一。

（一）农奴制度里的身份更新

铺垫庄园形成背景，概括领主与佃户的相互关系：农民委身于领主寻求庇护，背负带有奴隶印记的劳役与赋税而承担了农奴的身份，但并不等同于成为任由他人支配的奴隶。

材料 1：他们耕种分到的土地用以谋生，而且通常不能加以剥夺，所以他们的处境比奴隶好得多。农业改良发生的时候，农奴自己可以指望从中至少稍许

---

① 侯建新. 早期欧洲文明建构与影响 [J]. 历史教学（上半月刊），2017（17）：21 - 26.
② 侯建新. 法律限定负担与英国农奴身份地位的变动 [J]. 历史研究，2015（3）：169 - 185，192.
③ 侯建新. 法律限定负担与英国农奴身份地位的变动 [J]. 历史研究，2015（3）：169 - 185，192.

获益。更重要的是，虽然理论上领主有权随意摊派赋税，实际上义务趋向于保持固定。尽管许多农奴的命运肯定相当艰难，但他们很少完全听凭他们的领主随意支配打发。①

设问：依据材料并结合所学知识回答，农奴是奴隶吗？农奴与奴隶有何联系又有何不同？

教师引导学生回忆罗马奴隶制、日耳曼入侵、庄园形成背景的相关内容，明确庄园农奴的形成且农奴不等同于奴隶。教师再带领学生梳理材料，讲解农奴的不同点：相较于奴隶，农奴拥有固定的义务及一定权利，可以掌控生产并从劳动中获取利益。最后由学生得出结论：农奴拥有相对较多的自由。

设计意图：通过引导回忆了解中古时期农奴制度源自罗马因素与日耳曼因素，由此建立世界历史连续性的逻辑链条；更新学生对中世纪和农奴的认知，掌握西欧封建社会的重要特点；使学生进一步认识到农奴与奴隶的不同，即农奴地位和权利有所提升和发展，这是欧洲经济社会发展的重要表现，也是中世纪发展的进步性所在；选取《中外历史纲要》（下）"中古时期的欧洲"一课的拓展材料，旨在形成初高中知识的衔接，锻炼深度辨析的思维。

（二）经济剥削下的自主空间

中世纪农奴为换取生存资料而承担义务，但受到剥削后尚有余地，在一个相对的范围内按照主观意愿经营自己的生活。而这个相对范围指的是权利义务关系中对领主与农奴的双重限制。

材料2：根据梅尔相庄园惯例簿记载：领主直领地犁耕、播种共需82个工作日，如果一个人工作一整天，就算他完成了两个工作日。②

通过梳理教材内容，明确庄园佃户的劳役负担。教师引导学生注意教材细节，如"按照惯例相对固定""领主不能随意增加"等，补充材料进行深层思考。

设问1：材料中的直领地劳役量与教材中的表述有何不同？劳役量的变化意味着什么？

---

① 人民教育出版社课程教材研究所历史课程教材研究开发中心. 中外历史纲要：下 [M]. 北京：人民教育出版社，2019：20.

② KING E. England 1175 – 1425 [M]. London：Routledge and K. Paul，1979：89.

设问 2：为什么庄园惯例簿中会有这样的记载？惯例的记载意味着什么？

教材中的劳役量为三天，材料中为干一天按两天算。进一步分析直领地劳役量变化及其意义：三天劳役逐渐趋于一个固定的数量，会出现早干完早收工的情况，这样佃农在承担义务的同时也拥有更多自主活动的空间。教师可追加有关材料细节的提问，庄园惯例簿上出现这样的内容说明这是领主与农奴双方都要遵守的惯例，这对领主的任意剥削是一种限制，对农奴的消极怠工是一种监管。而农奴义务的成文记载，意味着负担量逐渐得到法律意义上的确定。

设计意图：通过对教材内容的梳理使学生掌握庄园经济生活概况，对细节词的提炼能够使学生从宏观背景中把握微观史事，让学生自主感受在历史情境中农奴真实的生活状态；在遵循教材与历史背景的基础上，加以材料的扩充，以面寻点穿线，由暗含中世纪特征的词形成一条符合学理的线索——农奴虽带有"不自由"的身份印记与劳役负担，却也在这其中寻得"自由的残余"实现个体权利的成长，这是封建制中原始契约因素在庄园制与农奴制中的体现；通过在材料中再次捕捉细节，自然过渡到习惯法与庄园法庭的内容，进一步探究农奴所取得的法律权利。

（三）等级社会中的法律权利

农奴因其身份成为等级社会最底层的存在，却随着封建制与庄园制的发展获得了新法律人格，获得了自主经营经济活动的权利以及依法在法庭提起诉讼的权利。

材料 3：13 世纪的农奴比 11 世纪许多自由佃农更不容易遭到领主任意强征勒索的危害。庄园领主一旦试图任意改变某些惯例，在通常情况下，他们就会成为被告而陷入官司中。[①]

设问：在什么情况下领主会被控告？农奴如何维护自己的权益？

学生通过材料直接得出答案：领主若任意改变惯例，侵犯农奴权益会被告到庄园法庭。教师以此材料承接负担量固定及惯例形成的内容，引入庄园法庭的运作形式及意义。

设计意图：形成庄园的管理机构维护领主权益的认知较为简单，但仅从教

---

① 侯建新. 法律限定负担与英国农奴身份地位的变动 [J]. 历史研究，2015（3）：169 - 185，192.

材内容很难得出维护农奴权益的结论。以此材料为导入，为学生铺设一个领主权利受到限制、农奴权益得到法律保护的基本认知。层层递进的逻辑推进利于学生获得更为深刻的理解。

材料4：一名农奴的母牛走失后在领主的牲畜栏里被发现，于是前来法庭申请领回自己的黑母牛。农奴说这头母牛是他的，并有6个人可以作证。在场的全体库利亚（出席人）经过审议作出判决：母牛是属于农奴的财产。①

依据该材料创设情境，使学生代入中世纪的农奴，通过整理庄园法庭基本内容模拟法庭裁判案件的经过，感受具体的历史情境下史事发生的原因、过程与结果。

设问：如果你是这位农奴，你能把牛要回来吗？请结合教材及所学说说案件结果。

设计意图：通过创设情境使学生更准确地感受庄园生活，了解领主与佃户所组成的庄园共同体如何制定规则、管理自治、解决纠纷，进而体会在法律规范下他们的关系状态——领主与佃户在庄园法律的框架内都受到保护与限制。这也为处于社会最下层的农奴获取法律地位铺垫道路，在原始契约体系下农奴群体逐渐有了讨价还价的抵抗意识，开启捍卫个体权利的抗争以争取名为自由的生存空间；无须冗杂地向学生罗列深层学理，而是在模拟裁决案件的过程中寓情于景、寓理于学，调动学生的能动性使其自觉进入情境，探究领主与农奴的权利义务关系及庄园法庭意义，从而由表及里、深入浅出地感悟农奴在庄园发展进程中的作用以及中世纪西欧的独特魅力，为之后近代资本主义社会转型及法治发展的学习奠定基础。

综上所述，随着新课程标准的颁布，初中历史教学不再局限于基础知识的教授，还需要历史脉络的梳理与历史意识的树立，由此把握历史发展的阶段性特征。以本文所选的课例为例，自日耳曼入侵、西罗马帝国灭亡到蛮族国家建立、封建制度发展，欧洲文明的建构因素在中世纪融合、发酵，扩散至一个个庄园内不断凝集力量，最后迸发出来，推动西欧社会的蜕变。中世纪的矛盾环境充斥着冲突与共存，农奴因其人格属性及附着其上的义务而缺乏自由，却又

① 侯建新. 原始积累的秘密：英国佃农何以抵抗过度侵夺？［J］. 经济社会史评论，2009（1）：41－55.

因其捍卫权利的抗争而得到自由。教师在进行本课教研分析时应捕捉到存在于教材、史料细节中的中世纪封建社会发展轨迹，由此提炼内核特征，以矛盾为切入点、以辩证思维为主线进行历史情境的铺设，在遵循教材与逻辑的基础上进行知识的划分与重构，通过设问调动学生思维并增强教学互动性，使文本知识转化为历史意识，进而使学生产生独立的历史思考与尊重文明多元性的历史情感，实现历史学习的个性化。

初中历史课后作业现状与发展方向

——以南宁市 S 中学为例

梁 英[*]

2021 年 7 月，中共中央办公厅、国务院办公厅印发的《关于进一步减轻义务教育阶段学生作业负担和校外培训负担的意见》指出，义务教育要"全面压减作业总量和时长，减轻学生过重作业负担"[①]。随后，为学生减负的"双减"政策在全国迅速推开。加强义务教育阶段学生作业管理是规范学校教育教学行为、提质减负的一项重要措施。在"双减"政策背景下，初中历史课后作业该如何布置？为此，本文以南宁市 S 中学为研究对象，研究初中历史课后作业与发展现状，期望能对南宁市的初中历史课后作业现状有一个更为清晰的认识。

一、S 中学初中历史课后作业的现状

1. 机械性的历史课后作业减少

在传统历史教学中，课后作业多以学生摘抄相关的历史知识点为主，属于机械性的抄写作业，本意是让学生熟记知识点，在考试中取得更优异的成绩。但是这种作业具有机械性，学生只能拥有短时记忆，对具体知识点仍理解不透彻，也不利于培养师生的良好关系。"双减"政策颁布施行以来，南宁市 S 中学贯彻落实"作业布置更加科学合理"工作目标，并取得一定成效，机械性历史课后作业取消后，在一定程度上减轻了学生的负担，有利于学生的身心健康发展。

2. 布置单元思维导图的课后作业成为常态

历史学习具有记忆数量大、知识关联高、归纳分析多、理解层次深等特点，

---

[*] 梁英，广西民族大学民族学与社会学学院 2021 级学科教学（历史）专业硕士研究生。

[①] 中共中央办公厅 国务院办公厅印发《关于进一步减轻义务教育阶段学生作业负担和校外培训负担的意见》[EB/OL]. （2021 - 07 - 24）. http://www.gov.cn/zhengce/202/_07/24/content_5627132.htm.

在历史教学中引入思维导图，可以将庞杂的历史知识以浓缩到图表的形式清晰直观地呈现在学生面前，不仅能够帮助学生快速理清历史概念的来龙去脉，还能够在学生的大脑中建立起富有结构性、系统性的知识框架，锻炼了学生的归纳概括能力。

在课后作业的形式上，S中学历史教师让学生绘制单元思维导图的课后作业，加深了学生对所学知识的整体把握。绘制单元思维导图是将每单元的课、子目等分成各个主题，辅以文字、图形等，有助于表达程序性知识结构。S中学所布置的绘制思维导图的历史课后作业，一方面使学生掌握的历史知识由点到面，更具整体性，便于记忆的提取；另一方面也使S中学的历史成绩整体提升，增强了学校历史学科的影响力。

二、S中学初中历史课后作业存在的问题

1. 作业布置以书面作业为主，实践类作业少

"双减"以来，2021年9月自治区党委办公厅、自治区人民政府办公厅印发的《广西进一步减轻义务教育阶段学生作业负担和校外培训负担实施方案》要求，初中书面作业平均完成时间不超过90分钟；而周末、寒暑假、法定节假日的书面作业要实现完成时间总量控制。

S中学历史课后作业的要求是周一到周五每天必须布置作业，以便学生巩固当天所学的历史知识。初中生所学科目在11~13门，单历史这一科目每天作业平均完成时间较多，作业的平均完成时间为每天15分钟。学生在各科作业的冲击下疲于应付，再加上对历史科目不够重视，作业完成质量不高，部分学生不做或者抄袭作业，难以达到巩固知识的效果。课后作业以书面作业为主，缺乏实践类作业，学生对完成作业的兴趣也不大。

2. 教师批改作业工作量大，课后作业评讲时间紧张

学生历史学科作业多，历史教师批改作业的工作量也相应增加，加重了教师负担。S中学平均每个历史教师带四个班级，部分历史教师担任班主任，教师每天在完成其他工作之余还要细心批改上百份作业，分析学生的错题情况，批改作业的时间多是利用教师的休息时间加班完成。小部分教师只批改作业中的部分题目，剩下的题目让学生自己核对答案，这不利于学生提升完成作业的积极性，容易使作业流于形式。历史作业讲评的时间也不够。面对较多的历史作业，为了提高讲评的质量，除了历史课后延时服务的时间外，历史教师不得不牺牲课堂时间评讲作业，导致新课讲授的时间被压缩，学生对新课理解不透彻，课后作业完成质量就不高，教师又需花费更多的时间进行作业讲评，这是一个恶性循环。

三、初中历史课后作业发展方向

1. 历史课后作业要有趣味性

"应试教育"治理是近年来一直在攻克的难题。"'应试教育'是一种为考试而进行的教育，考什么教什么，不考的不教，评价上唯分数论、唯升学率论，因此，人格养成、个性发展、社会关怀乃至音体美等无法考试的内容被架空虚置，从而背离了教书、育人的内涵。"① 如教师会以"这个考试不会考""这不是考试重点"为由，进行课后作业布置，这对学生来说仍是机械的学习，易引发学生的学习倦怠情绪，达不到"育人"的目的。

以 S 中学为例，多数历史教师布置的课后作业一般是完成课后练习册的相应部分，这样做的好处是与课堂知识和中考方向紧密结合，有利于学生巩固课堂知识和熟悉中考题型，但是这样传统的课后作业缺乏趣味性，学生完成作业的积极性不高，不能主动完成作业。历史课后作业要有趣味性和探究性，引起学生学习动机并通过主动学习去维持学习动机与兴趣。

在初中的历史课后作业布置中，教师可以设计一些趣味性的思考与活动，例如在初中历史七年级下册第18课"统一多民族国家的巩固和发展"中，可设计课后作业：钓鱼岛及其附属岛屿自古以来就是我国的神圣领土。近年来，日本频频在钓鱼岛问题上挑衅我国，危害我国领土主权，作为一名新时代的中学生，为保护我国领土，你能提供什么史料来论证钓鱼岛及其附属岛屿自古以来就是中国领土不可分割的一部分？该作业设计的意图：中学生拥有维护祖国领土的正义感，对证明钓鱼岛及其附属岛屿自古以来就是我国神圣领土的课后作业有较大兴趣，该历史课后作业的设计能够让学生主动查阅史料，激发学生的学习积极性，也能巩固本课子目"清朝的疆域"的知识，还能培养学生的史料实证、家国情怀等历史学科核心素养。

2. 历史课后作业要有层次性

2021年9月印发的《广西进一步减轻义务教育阶段学生作业负担和校外培训负担实施方案》中强调要"鼓励布置分层、弹性和个性化作业，坚决克服机械、无效作业，杜绝重复性、惩罚性作业"②，学生是独立的个体，拥有个体差异性，因此历史课后作业也应有层次性，布置适合学生实际的作业。S 中学历史

① 杨东平. 重新认识应试教育 [J]. 北京大学教育评论，2016，14（2）：2-7，187.
② 南宁市兴宁区教育局. 自治区党委办公厅 自治区人民政府办公厅关于印发《广西进一步减轻义务教育阶段学生作业负担和校外培训负担实施方案》的通知 [EB/OL]. http://www.nnxn.gov.cn/rmzfzfcbm/jiaoyuju1.

课后作业的布置大多是统一要求全体学生完成，教师再通过作业对学生进行统一评价，很少有教师能够做到对学生进行作业分层布置。在历史课后作业的布置中，不同层次的学生会耗费不同的时间完成作业，作业的难易程度对他们来说也是不一样的。如若统一布置基础知识类作业，有利于中等生和学困生巩固课堂知识，但不利于优等生发展探究性能力；如若统一要求拓展研究类作业，则容易让学困生和部分中等生产生畏难情绪，不利于培养这部分学生的学习积极性。要想在历史课后作业质量上进行突破，初中历史教师可对每一位学生进行精准诊断，设计出适合学生的分层作业，保证各个层次学生得到充分发展。

3. 历史课后作业要有多样性

当前，初中历史课后作业以书面作业为主，形式较为单一。随着中考进一步改革，关于死记硬背记忆型的历史题目在逐渐减少，体现历史学科核心素养的理解性命题正在增加。传统的历史书面作业以读写背为主，不利于历史学科核心素养的全面培养。"教师在进行历史作业的设计时，要多设计一些学生自主学习的探究活动，放手让学生自己通过实践去发现问题、分析问题、解决问题，实现知识的再创造"①，S 中学所有科目的教学中，学生对历史课堂教学的兴趣较大，然而历史课后作业的质量却不高，这与教师作业布置的形式有关。所以，初中历史课后作业应该进行形式创新，增加实践类作业，能够更好地调动学生的历史学习积极性，培养学生的动手实践能力，切实发挥好历史作业育人功能。具体而言，可以结合学校所在的地情以及城市经济建设的市情进行实践类作业设计。

教师可以充分利用博物馆、历史遗迹等进行历史学科实践类作业设计，组织学生进行课外调研，撰写调研报告，能有效培养学生的实践能力。工业遗产是工业文明的见证，是工业文化的载体，南宁作为广西旧工业重点布局的三大城市之一，沉淀了丰富的工业遗产。如 S 中学所在的城区里有诸多南宁市工业场馆资源，见证了 20 世纪 50—80 年代南宁工业发展的历程。为此，如能布置学生对南宁市内的工业遗产进行调研的作业，要求学生选取某一所工业单位的发展史进行调研，通过查阅资源，访谈亲历者等，完成调研报告撰写，或是拍摄采访微视频、制作历史数字故事这样的实践类作业，能有效将学生个人思辨与1949 年中华人民共和国成立后广西南宁市的经济发展历程融通起来，实现知行合一。

4. 历史课后作业要有合作性

传统的历史课后作业，教师经常会强调作业要"独立完成"，这是因为传统

---

① 景学荣. 高中历史作业的设计思考 [D]. 兰州：西北师范大学，2006.

的历史课后作业多为书面作业，在完成书面作业时，强调"独立完成"可以适当避免学生抄袭作业的现象，巩固学生课堂所学历史知识，更好检测学生学习效果。传统的作业形式和作业要求，强调了学生独立思考的重要性，忽视了学生团队合作能力的培养。S 中学作为南宁市知名品牌学校，学生学习成绩在南宁市名列前茅，但 S 中学与许多老牌初中名校一样，实行题海战术与功利性训练仍是主流，习惯强调学生之间的竞争来提高学习成绩，与此对应的是学生的团队合作能力较弱，不利于学生的长期发展。"重视教学中教师与学生以及学生与学生之间的社会互动，倡导合作学习、交互教学是当前教学改革的重要趋势。未来信息社会是建立在合作基础上的，而不仅仅是竞争"①，为此，教师若多设计一些合作型的历史课后作业，能帮助学生在社会互动中培养合作意识与能力，促进学生相互理解，达到共同进步。

综上所述，"双减"政策下，初中历史教学当中的课后作业问题在历史教师发挥个人与团体智慧的努力下，为减轻学生负担进行了不少创新与尝试，但是由于各种社会客观原因，历史课后作业的布置还存在一些困境，在未来的发展中，历史教师仍需要不断进行新的尝试，减轻学生负担，培养学生历史核心素养，促进学生全面发展。

---

① 张大均. 教育心理学［M］. 2 版. 北京：人民教育出版社，2011：71.

高中历史教学中历史统计图表的应用

黄庆婵*

历史统计图表在高中历史教学中的应用可以激发学生学习历史的兴趣，加强复杂历史信息的直观呈现，帮助学生获取历史信息，有利于教师突破教学难点，提高课堂教学效率。同时，历史统计图表教学法的使用还可以提高学生的史料实证能力，培养学生的历史学科核心素养。目前历史统计图表教学在高中历史教学中的应用研究不少，关于历史统计图表在高中教学中的运用研究成果[①]较多，学者们的实证性研究对本文很有启发性。笔者结合自己的教育实习实践工作，以历史统计图表在高中历史教学当中的应用为研究主题，以期助推历史教学。

一、历史统计图表及其教学价值

（一）历史统计图表的界定及类型

历史统计图表作为历史图表的一部分，李义初明确指出："历史统计图表是指以数据直观地反映历史事物的数量特征及其变化规律的统计图表，主要包括表格、曲线图、柱状图、饼状图等。"[②]笔者赞同其界定，本文所指的历史统计图表主要指以数据变化展示历史现象的统计图表，主要包括统计表格、柱状图、饼图、折线图、条形图五种类型。教师在进行历史教学的过程中，可以根据教学

---

* 黄庆婵，广西民族大学民族学与社会学学院 2018 级历史学专业本科生，现就职于象州县中学。

① 姚杰. 历史统计图表在教学中的运用 [J]. 新课程（中学），2019（1）：78；宋菲娅. 统计图表在高中历史教学中的运用 [D]. 武汉：华中师范大学，2017；宋怡帆. 历史统计图表在中学经济史教学中的运用 [D]. 武汉：华中师范大学，2015.

② 李义初. 基于素养提升的学生历史读图能力的培养策略 [J]. 教学考试，2019（26）：52 – 54.

内容选择或制作不同的历史统计图表。统计图与统计表格相比，更加易于观察和比较，但是不同的统计图在表现数据变化上有不同的侧重点。饼图主要体现事物所占比重的大小，折线图重在表现某一历史事件在时间上的发展趋势，如可用于表现民族资本主义的发展。条形图或柱状图则重在表现多个项目的大小比较。如在讲授中国近代民族资本主义的发展趋势时，教师可以通过折线图向学生直观地展示近代民族资本主义所经历的曲折发展。

（二）历史统计图表的教学价值

1. 有助于激发学生学习兴趣

在日常教学中，教师为了激发学生学习历史的兴趣，常使用历史图片、历史视频进行教学。但是在遇到一些比较复杂且数据资料较多的内容时，仅靠教师口述和历史图片、历史视频等明显不能满足教学需要，这就需要教师根据教学内容运用合适的历史统计图表把数据资料呈现出来，根据统计图表的内容向学生讲解。这样既可以激发学生的兴趣，也能讲清复杂的知识，提升课堂教学效果。

2. 有利于复杂的历史信息的直观呈现

在高中历史教学中，如教师遇到有数据资料较多的内容时只是罗列数字，难以让学生准确地提取有用信息，甚至会让学生感到疲乏，这就难以达到应有的学习效果。相对于大量文字，统计图表简洁精炼，更利于学生从中提取有效信息。在教师讲授有数据资料且较复杂的历史知识时，学生通过观察历史统计图表能更快速直观地获取想要的信息。使用统计图表教学是很有必要的，亦在一定程度上培养了学生的史料实证能力。

3. 有利于突破教学重难点，提升教学质量

在高中历史教学中，统计图表的加入无疑给教师增加了一种新的教学资源，教师可以根据教学内容自己去寻找数据，对历史材料进行分析，把数据资料制成统计图表。教师通过在课堂中有意识地加入利于学生理解的统计图表，利于教师在教学过程中突破重难点、提升教学质量。比如，统编版选择性必修2《经济与社会生活》第9课《20世纪以来人类的经济与生活》的重点是20世纪以来人类社会贸易、金融的变化，对于社会贸易和金融变化的讲解，显然通过统计图表更能使学生理解。因此，教师利用统计图表教学更能把这一课的重点呈现在学生面前。

4. 有利于培养学生史料实证能力，落实核心素养

统计图表作为历史问题的一种呈现方式，蕴含着历史史实，对学生的能力考查要求较高，需要学生通过数据材料归纳历史事物的变化趋势，分析变化的

原因，据此探究历史事物发展的规律与趋势，这些都对学生的理解分析能力要求较高。学生需要仔细观察统计图表才能分析历史事物变化的原因和表现特征，从而提升史料实证能力。如在《两次鸦片战争》课例的教学中，教师可以引导学生建构中英两国在鸦片战争前正当贸易情况的统计表格（表1），让学生通过观察中英在鸦片战争前的正当贸易总值，并提问学生"请根据表格并结合所学知识思考鸦片战争爆发的原因"，学生经过思考后可以总结得出鸦片战争爆发的原因。学生通过自主建构统计表格，参与课堂。在分析过程中，学生可以充分锻炼历史思维，培养历史学科核心素养。

表1　鸦片战争前中英正当贸易情况一览表①

（价值单位：银两）

年度	英国输入中国总值	中国输入英国总值	中对英贸易出（＋）入（－）超情况
1765—1769	119 万	219 万	（＋）100 万
1795—1799	537 万	580 万	（＋）43 万
1830—1833	734 万	995 万	（＋）261 万

二、历史统计图表在高中历史教学中的应用策略

（一）精选历史统计图表

教师要根据教学内容和教学内容的需要，结合各个历史统计图表的特点，精心选择历史统计图表，在备课的过程中，对于历史统计图表的选择要遵循以下原则：一是历史统计图表的内容要准确。尤其是历史统计图表的文字、数据，这些文字数据是否准确关系到能否向学生传递正确的历史信息，给学生正确的历史认识。二是要充分结合学情进行统计图表的应用。教师要根据不同班级的学情适时地对课堂上运用的统计图表作出调整，应该选择符合学生学识和理解能力、利于学生理解教学内容、利于突破重难点、能启发学生历史思维的统计图表，这样才能提高统计图表教学的运用效果。如《改革开放以来的巨大成就》这一课，主要讲述了中国特色社会主义理论体系的形成发展、综合国力的提升以及国际影响力的扩大。教师在讲述本课的第二目"综合国力不断提升"时，

---

① 严中平，徐义生，姚贤镐，等. 中国近代经济史统计资料选辑［M］. 北京：中国社会科学出版社，2012.

可以向学生展示 2017 年到 2021 年国内生产总值、全部工业增加值等柱状图进行历史统计图表教学。

（二）合理建构历史统计图表

除了精选历史统计图表之外，建构历史统计图表在高中历史教学中也是非常重要的。首先，建构历史统计图表要遵循普通高中历史课程标准。课标是高中历史教学活动开展的依据，所有的教学活动都必须围绕课标展开。历史统计图表的建构要先立足于高中历史课程标准，要在完成课程标准要求的教学目标的前提下，再考虑历史统计图表的其他因素，不能随意建构。其次，历史统计图表的建构还要注意内容的准确性。历史统计图表作为重要的教学手段，其内容是否准确关系到教授给学生的历史知识是否准确、学生能否获得正确的历史价值观念。最后，历史教师是建构历史统计图表的主导者和实践者，其在建构历史统计图表时，应该遵循课标、确保所收集数据的准确性，准确解读教学内容，掌握学情，这样才能制作出符合教学需要的历史统计图表。

（三）科学运用历史统计图表

历史统计图表的运用时间要恰当。历史统计图表教学并不是万能的，并非适用于历史课堂所有的教学环节，对于一些历史信息的处理历史统计图表明显难以胜任，比如历史过程的介绍、历史影响的讲述。再者，历史统计图表教学法也不能解决历史课堂中全部的教学问题，因此历史统计图表的运用时间要恰当，要根据每课的教学内容适当使用相应的历史统计图表。比如，历史统计图表适合用在新课的探究部分，作为历史材料让学生思考背后的历史现象或历史发展趋势。历史统计图表的运用还要注意详略，分配好运用时间。高中历史的教学内容虽然有不少内容适宜用历史统计图表进行教学，但教师不能面面俱到，只能选择重难点进行讲解，非重难点问题在时间分配上则应该分配更少的时间。

（四）科学解读历史统计图表

历史统计图表具有概括性强、信息量大的特点，教师在解读历史统计图表时一定要全面，对表题、年代以及数据变化等信息进行深入分析，将其背后的历史史实和历史现象挖掘出来。此外，教师还要对历史统计图表中存在的逻辑关系进行梳理，理清历史统计图表的每一条逻辑关系，判断出历史统计图表隐含的本质。只有在此基础上教师才有可能实现对历史统计图表的科学解读。另外，教师在引导学生综合分析历史统计图表时应该采用问答法的方式进行引导，有针对性、有指向地提出问题，以问题为导向，让学生联系所学知识对历史统计图表进行分析解读，这样既调动了学生学习历史的积极性，又能使学生联系已学知识有针对性、有指向地解读，从而解决问题，巩固旧知，理解新知，做到综合分析。

三、历史统计图表在高中历史教学中的运用原则

（一）科学准确性原则

历史统计图表是通过数据或数据的变化来反映历史史实和历史现象的图表，历史数据是否准确关系到能否向学生准确地传递历史史实。若历史数据材料有误，那么教师在给学生讲解时便会让学生有错误的认知，这就违背了历史教学的初衷。教师不管是选择还是自主建构历史统计图表，都要确保历史数据的真实性。为了保证历史数据的真实性，教师在构建历史统计图表之前，可以先在一些权威的网站或者官方修撰的史书中对历史数据材料进行查阅搜集与整理，以确保历史数据的科学性。

在历史数据的教学应用实践当中，通常使用最多的是历史统计图表，其数据经过多重考评，科学性是足以保障的。如教师在讲授统编版选择性必修2《经济与社会生活》第三单元第9课《20世纪以来人类的经济与生活》第一目"世界经济的发展"中有关苏联经济发展的内容时，可以向学生展示统计图表进行教学（见表2）。

表2　1913—1932年沙俄、苏联经济数据表①

	1913 年	1920 年	1925 年	1928 年	1932 年
工业总产值（亿卢布）	102.51	14.1	77.39	158	368
煤（十万吨）	291	87	165	355	644
原油（万吨）	920	390	710	1 160	2 140
生铁（万吨）	420	11.6	130.9	328.2	616
钢（万吨）	420	19	186.8	425.1	592.7
棉织品（亿米）	25.82	1.2	16.68	26.78	26.94
粮食（百万吨）	144.4	52.5	113.3	123.3	111.6

---

① 普通高中教科书　历史选修2　经济与社会生活［M］. 北京：人民教育出版社，2019：47.

教师在教学过程中先提问学生"苏联一战前后经济发展的特征"，学生思考回答后，再进一步引导学生思考苏联在 20 世纪 30 年代重工业发展迅速的原因，最后引导学生思考"苏联计划经济的缺点是什么"，学生通过思考后可以得出答案。学生经过对此图的一系列思考不仅学到了新知识，还回顾了旧知。

（二）方法灵活性原则

历史统计图表教学需要与其他教学方法相配合。问答法、讲授法、探究法、讨论法是比较适宜配合历史统计图表教学的。教师通过向学生展示相关的历史统计图表，并根据统计图表内容向学生提问，引导学生思考后回答问题。教师在遇到教科书中一些比较简单的历史统计图表时可以配合教学内容进行简单讲解。教师在教学过程中遇到有关历史统计图表的史料时，可以让学生根据材料探究相关问题，学生在探究过程中也能锻炼史料探究能力。教师根据历史统计图表提出相关问题后，可以让学生组成学习小组围绕问题进行讨论，锻炼学生的思维能力和口语能力。

综上所述，历史统计图表虽然在高中历史教学中得到了较好的应用，但是其教学效果并不是很好，多数教师由于自身年龄、对图表制作技术不熟练等原因，在历史课堂上对统计图表教学的运用不多，教学效果不明显。历史课程标准是组织历史教学活动的依据。因此，在高中历史教学中要选用有助于落实课标要求的历史统计图表，应精选、合理建构、科学运用、科学解读历史统计图表，以起到激发学生学习历史的兴趣、培养学生的史料实证能力、提高课堂教学效果的作用。

近代报刊史料在高中历史教学中的运用

罗春晓 *

  近几年的历史教学对于史料教学越来越重视，教学资源不断拓展。近代报刊史料构成了近代史研究的载体，由于其具有实录性、丰富性等特点，被越来越多的历史教师应用于历史课堂当中以培养学生的"史料实证"历史学科核心素养。教师在中学历史课程当中加入近代报刊上的一些史料，可丰富课程资源，还能更好地调动学生学习近代史的积极性，让学生更好地了解那段时间的历史，培养学生的家国情怀及时空观念。关于在历史课程当中引入近代报刊史料的实践仍具有较大的研究空间。

一、近代报刊史料在高中历史教学中的运用现状

（一）近代报刊在高中历史教学当中有很高的史料实证价值

  随着新课改的不断深入，历史学科核心素养之一的"史料实证"的实施途径就是在教学当中开展史料教学。近代报刊史料作为史料当中的一种，具有丰富性和时效性，详细记载了一些重大的历史事件，这些史料可以更好地丰富历史教学的细节，能够帮助还原历史的真实细节。近代报刊出现在课本上的频率也较高，《中外历史纲要》（上）中国近代史部分就曾多次引用近代报刊史料作为课文内容的补充，有14处，如表1所示。

---

 * 罗春晓，广西民族大学民族学与社会学学院2022级学科教学（历史）专业硕士研究生。

表1 《中外历史纲要》（上）中国近代史部分引用近代报刊史料一览表

课时	内容
第16课 两次鸦片战争	"学思之窗"节选了1857年3月马克思的《英人在华的残暴行动》一文。这一则时事评论载于《纽约每日论坛报》第4984号，在1857年4月10日发表。选自《马克思恩格斯全集》第12卷第175－178页。马克思的这则评论表达了对英国殖民侵略的不满，以及中国人民反抗的正当性。
第18课 挽救民族危亡的斗争	课前导言提及梁启超在《时务报》上发表的《变法通议》这则史料，补充维新派的思想主张。 课后"问题探究"展示了严复发表在1895年2月4日的《直报》上的《论世变之亟》，引导学生思考戊戌变法的背景。
第19课 辛亥革命	辅助栏目里有《民报》创刊号的照片。"学思之窗"介绍了孙中山在1905年11月26日《民报》所发表的创刊词，提问："阅读孙中山这段话，分析三民主义的积极意义及局限。" "史料阅读"栏目介绍了林觉民的《与妻书》。它发表于《中山国报》第11号，里面写下了革命党人毅然决然投身革命的历史使命感，可培养学生的家国情怀。
第20课 北洋军阀统治时期的政治、经济与文化	辅助栏目里有《青年杂志》第1卷第1号的封面照片。 "史料阅读"栏目收录了陈独秀的文章《吾人最后之觉悟》（1916年2月15日），发表于《青年杂志》第1卷第6号。 课后的"问题探究"展示梁启超《异哉所谓国体问题者》的选段，并提问，要求学生谈谈中华民国建立后围绕"国体"问题所发生的争端。此文发表于1915年8月20日的《大中华》第1卷第8期。
第21课 五四运动与中国共产党的诞生	辅助栏目里有图片：1919年5月5日，上海《新申报》为五四运动爆发引发的"号外"。 "史料阅读"栏目呈现的是1920年11月，陈独秀在《共产党》第1号卷首代发刊词《短言》。 课后的"问题探究"摘录了蔡和森《马克思学说与中国无产阶级》选段（此文发表于1921年2月11日《新青年》第9卷第4号），要求学生思考蔡和森为什么信仰马克思主义。

（续上表）

课时	内容
第23课 从局部抗战到全面抗战	辅助栏目里有图片：《西北文化日报》关于西安事变的报道。 "学思之窗"摘录了1937年7月10日发表在《抗战行动》第五期的《中华民族解放行动委员会在卢沟桥事变爆发时对国民党提出的八大政治主张》。
第25课 人民解放战争	辅助栏目有图片：当时报纸关于接收的报道。

近代报刊史料具有直观性，也成了高中历史教师经常引用的史料。如《申报》属于我国最重要的近代报刊之一，所覆盖的社会新闻较为广泛，可以根据《申报》刊登的内容透视近代中国的政治走向、商业发展等。教师可以在近代史的历史教学当中引入近代报刊史料，创设历史情景课堂，提升学生学习历史的兴趣，培养学生的家国情怀，塑造学生的正确价值观。

（二）高中历史教学当中利用近代报刊史料现况分析

在目前的高中历史教学中，教师是否有对近代报刊史料进行发掘利用？笔者在广西崇左市某所高中进行为期三个月的教育实习时，对该校的历史组的骨干教师进行了深入访谈。A老师有5年教龄，B老师有10年教龄。在被问及"是否在历史教学当中引入过近代报刊史料"时，A老师表示在进行近代史教学的时候，会在教学当中引入近代报刊史料。B老师表示在讲解新文化运动这一课的时候，曾在课堂当中引入过近代报刊史料，随着"史料实证"这一核心素养的提出，会在后面的教学当中考虑引入更多的近代报刊史料。

在回答"为什么会在历史教学当中引入近代报刊史料"时，两位受访者均表示近代报刊详细记载了一些重大历史事件，可以更好地丰富历史教学的细节，也能够调动起学生学习近代史的兴趣。在回答"在实际的教学当中如何更好地运用近代报刊史料"时，A老师认为需要根据学生的学情和课标来选择近代报刊史料，史料的选择需要符合学生的认知水平，同时也不能脱离课标要求。B老师主张史料的选择不能脱离实际的教学要求，同时在教学当中也要重视教材中的近代报刊史料，合理地引入近代报刊史料。发挥出教师的指导作用，指导学生更好地阅读近代报刊史料，提升学生的史料运用能力才是引入近代报刊史料进行教学的重点。

笔者还与该校历史组的其他老师进行了简单访谈，多数受访者认同引入近代报刊史料进行教学能够培养学生的历史思维，并能提升学生解决历史问题的能力，激发他们学习历史的兴趣，巩固所学知识，还有塑造家国情怀、价值观之功。在高中教学当中引入近代报刊史料具有可行性，但是存在以下两个方面的主要困难：

1. 教师对近代报刊史料的自觉利用仍较少

由于广西使用新教材的时间比较短，中学历史教师还需要一定的时间去适应新教材，仍然有许多中学历史教师习惯于"重结论轻过程"的教学理念，在运用史料时没有很好地整合史料，也没有应用和研究史料的意识。虽然高中历史新教材里有不少近代报刊的隐藏资源，可是实际教学中仍存在着教师对教材挖掘不充分的情况，自觉利用程度低。虽然近代报刊史料资料比较丰富，但是由于客观条件的限制，一部分历史教师不能够方便快捷地获取近代报刊史料。同时，近代报刊史料多存储在图书馆、档案馆，即使已经有较好的电子化信息资源，但是因收录近代报刊史料的多属收费性质的数据库，这也直接提升了中学历史教师利用近代报刊史料进行历史教学的难度。

2. 教师对近代报刊史料的实证应用能力有待提升

在前文所述的教师访谈中，在被问及在教学当中应用近代报刊史料遇到过什么问题时，有两位受访者均表示近代报刊史料多是文言文与白话文并用，而且有些文章的思想比较晦涩难懂，存在阅读困难。近代报刊史料较为丰富，需要根据教学主题选择合适的史料来进行教学，这就需要历史教师发挥出指导作用，挑选出方便学生阅读理解的史料，这样不仅能够提高学生阅读史料的兴趣，还能够由浅入深地培养学生自主思考历史问题的能力。要完成这样的要求，等于增加了教师日常备课的任务量和难度，为此，不少教师有畏难情绪。

二、近代报刊史料运用于高中历史教学的建议

在中学的历史课堂当中引入近代报刊史料，可以引导学生正确阅读史料，培养学生独立自主地看待历史问题，提升学生"论从史出"的能力。但在中学近代史教学当中正确引用近代报刊史料也是需要一定的方法与技巧的。

1. 教师应增强史料实证自主开发意识

首先，教师需要改变传统的教学态度，积极地适应新课改的内容，积极在历史教学当中引入史料，丰富课程资源。在《中外历史纲要》（上）这本书中一共出现了14次近代报刊史料的相关内容。它们分布的地方不同，在教学当中需要给予不同程度的重视。近代报刊史料出现在课文的导言部分，可以作为高中历史教师导入新课的素材；近代报刊史料出现在"学思之窗"部分，可以让学生根据学习进度来思考一下本课所学习的知识；近代报刊史料出现在课后的"问题探究"，可以让学生展开开放性的讨论，扩充学生看待历史问题的方式，可以让学生自己形成对于历史事件的看法，提升学生学习历史的能力。如在

《北洋军阀统治时期的政治、经济与文化》这一课当中的第三个子目"新文化运动的开展"提到了《新青年》杂志，教师可以在讲述这一课时适当引入《新青年》杂志当中的内容。这样可以丰富课程资源，同时为学生创设一个学习近代思想史的情境，提升学生学习历史的阅读能力。

其次，教师可以根据自身情况，合理地利用教学资源，积极地在网络上查阅近代报刊史料，寻求有效的方法来拓宽自身查阅资料的渠道，但需要对近代报刊史料加以辨别，应用符合教学主题的史料，才能够实现史料的应有价值。因为思想史的内容比较复杂抽象，因此教师可以在课堂当中引入史料，便于学生理解。如在讲述《新文化运动》一课时，这属于思想史的内容，学生学习起来会感到比较抽象，因此教师可以通过近代报刊《益世报》当中的史料来让学生理解新文化运动的内涵，并对教学当中引用的史料进行适当的解释，一步步引导学生进行理解。① 教师在选择史料时，注意根据学情，挑选与学生的认知水平保持一致、更适合学生学习的近代报刊史料，这样方能做到有的放矢。

2. 深入开展研究性学习，培养学生的史料阅读能力

现在的学习重点更多是培养学生自身的史学思维，根据新课改的相关要求来改变学习方式，通过史料阅读，指导学生去自主探究相关史料，培养自身看待历史问题的方式，同时提升史料探究的能力。历史背景和环境的重要载体是史料，通过对新教材史料的把握，可以让学生更好地明白历史事件的真相，可以通过史料教学，达到一种"深入浅出"的教学效果。不但对于课文当中的每一则史料都不能忽视，还可以根据教材中的史料作出一定的补充和延伸，通过教材中的史料将教学目标和课程内容细化。

教师应在历史教学的过程中给予学生更多自主阅读的机会。可以从课后作业入手，让学生自主阅读史料，有效培养学生学习历史的兴趣。例如笔者在讲授《五四运动与中国共产党的诞生》这一课时，从史料阅读入手，补充了一则《共产党》第1号卷首代发刊词《短言》，作延伸阅读，让学生课后自主去收集中国早期革命领导人会以俄国为学习榜样的原因。这样不仅可以培养学生收集史料的能力，同时也能够让他们了解到中国早期革命领导人的不易，培养家国情怀。

综上所述，由于年代的关系，历史教师可以接触到大量的近代报刊史料，但是在使用的过程当中需要注意充分发挥教师的引导作用。将史料引入课堂时，历史教师应当创设主题式课堂教学模式，并且要根据学生的具体情况以及教学主题选择近代报刊史料，这样才能让学生更好地从史料中得到正确的结论，获得"论从史出"的效果。

---

① 王晓靓.《益世报》在中学历史教学中的整合运用研究［D］. 天津：天津师范大学，2021.

微课运用于初中历史教学的家国情怀教育的几点思考

梁金钰　展恩玉　陈思懿*

随着科技的发展，信息技术也不断与教育融合，微课是依据课标要求，以一个知识点或一个探究问题为主要内容制作而成的 5~10 分钟的教学视频，时间精短、形式丰富、内容完整，给传统教学方式带来了很大的突破。以微课作为辅助手段增添课堂情境性，能更好完成课标任务。特别是在现代教育技术迅猛发展的背景下，如何在有限的课堂时间里以微课突破重要知识点、增强学生学习兴趣、进行家国情怀教育，这需要更多的教学实践总结。为此，本文拟就《中国历史》八年级上册第五单元《从国共合作到国共对立》的课例"中国工农红军长征"进行微课设计，以求教于方家。

一、以微课精炼史识，激发学生学习兴趣

家国情怀教育在初中历史教学当中的重要性是不言而喻的。"中国工农红军长征"一课的课标要求是："认识遵义会议在中国革命史上的地位；通过了解长征途中红军爬雪山过草地等艰难历程的史事，感悟长征精神。"[1]中国工农红军长征是中国革命的一次伟大壮举，感悟长征精神，领会长征精神内涵，并且能从中汲取力量应用于生活实际之中是历史教学的现实意义所在。感悟长征精神，即成为本微课设计之魂。

再者，优质微课的设计需要对学生情况进行充分的了解。一个成功的备课设计不能脱离学生实际，因为学生是教学活动的主体[2]。在系统归纳、综合和分析学生知识储备和心理特性的前提下，教师可以认识到初中二年级的学生思维灵

---

* 梁金钰、展恩玉、陈思懿，广西民族大学民族学与社会学学院2019级历史学专业本科生。

[1] 中华人民共和国教育部. 义务教育历史课程标准（2022年版）[M]. 北京：北京师范大学出版社，2022：20.

[2] 朱汉国，郑林，等. 新编历史教学论 [M]. 上海：华东师范大学出版社，2008：149.

活、好奇心强，学生已经初步具备独立分析问题和自主学习的能力，学生对历史情境兴趣高，学习动机容易激发。正如建构主义者认为的那样：人的认知与情境是密不可分的，知识存在于具体的、情境性的、可感知的活动中①。因此，以情境结合教学，激发学生思考是本微课设计之要领。

鉴于以上种种，微课设计需要创设历史情境、开发历史细节、提升学生的参与度和课堂交互性。具体而言，即以"感悟长征精神"为魂，通过具体事例讲解何为长征精神，利用广西民族大学内相关实景进行补充，通过互动问答、采访拍摄、多媒体资源灵活运用等形式增强微课的情境性、互动性、趣味性。以重走党的百年奋进路为主题，引入感悟长征精神。在广西民族大学奋进路实景拍摄师生问答情况：

提问：在我们的一生中，都走过哪些路呢？
回答：有学子离开家乡，奔赴远方的求学之路；还有游子思念故土，不远万里的归家之路。
提问：回望人生路，可见生命璀璨；那回望历史之路呢？
回答：可以学习伟大精神，引领我们坚定前行。

切入本微课的主题后，就是制作相关画面，配以解说：何谓长征？是在上有飞机，下有大炮，前有地方军层层封锁，后有国民党军穷追堵截的情况下，党进行的战略大转移。两万五千里漫漫长征途，每前进500米就会有一名战士壮烈牺牲。无数战斗中，最惨烈的就是湘江战役。桂北有民谣曾言："英雄血染湘江渡，江底尽埋英烈骨；三年不饮湘江水，十年不食湘江鱼。"

《中国工农红军长征》是初中历史的重要内容，红军长征的历史不论是影视资源还是文字资源都十分丰富，这为相关微课的制作提供了很大的便利，将视频与史料相互结合，使微课视频具有情境性、互动性、趣味性。在此前提下以全面精巧的设计，使得微课更好地精炼史实，在实现微课价值多元化的同时，深度激发学生的学习兴趣。

二、以真人真事制造情感生发点

历史课程教学，除了历史知识的传授外，还需要让学生理解历史背后的人文精神。本微课的教学重点确定为感悟长征精神，如何落地？难点在于如何将长征精神与新时代中国精神联结起来。为此，笔者在设计时先简要介绍长征基

① 陈琦，刘儒德，等. 当代教育心理学［M］. 北京：北京师范大学出版社，2019：136.

本史事，使学生了解长征、明白长征过程之艰，培养学生史论结合的思维，再从长征的基本史事中感悟党奋进路上的艰辛与坚韧，从而汲取力量促进个体发展；通过长征精神从过去到现在、由远及近的联系，结合"战疫00后"等例子激发学生对国家的高度认同感、归属感、责任感与使命感，培养家国情怀。

1. 回顾历史事迹，形成立体化认知，感悟长征精神

历史，是由有血有肉的人和精彩纷呈的事谱写的。学史，需要见人见事，方得历史之奥秘。为此，微课根据不同的内容进行人与事的精心策划讲解。本微课就选择了长征中的徐特立和周仁杰这一老一小的故事进行情境营造，通过精心设计的PPT课件、动态历史地图和视频的有效衔接，促进学生更好地理解和感悟，再配以解说语言：无论是继续坚定前行，抑或是燃尽滚烫的生命，伟大长征精神始终在炽热的灵魂中熠熠生辉。他是长征精神金字招牌、长征中最老的战士——徐特立，他曾讲："革命的一生，就是光荣的一生、伟大的一生。"这是坚定革命的理想和信念，坚信正义事业必然胜利的精神。他是小战士周仁杰，17岁参加游击队，18岁加入工农红军，19岁入党，在22岁，也就是与你这样正对未来有着无限憧憬的年纪时，他就已经不再考虑自己究竟能活到哪一刻了，尽管他也曾无数次梦想过美好的未来。

2. 研读老兵回忆录等史料，深入烘托情感，感悟长征精神

关于长征故事，最有说服力的史料莫过于长征亲历者们的日记了。2006年上海人民出版社出版的《二万五千里》珍藏本收录了董必武、李富春、邓颖超、张云逸、谭政、徐特立、谢觉哉、陆定一、萧华等40多位长征亲历者的日记手抄稿本，原始呈现最直接、最真实的红军长征史事。教师带领学生研读具体史料《二万五千里》中李雪山同志的日记《紧急渡湘水》[①]，过渡衔接史料内容，紧扣主题的同时逐步提升史料研读能力。

（真人情境拍摄）两位学生出镜，在书架上找到《二万五千里》，并翻越研读相关内容，最后聚焦到《紧急渡湘水》，用多媒体视频资源做衔接，有条不紊。在史料呈现环节，微课可以借鉴可视化的影视素材进行情境营造，烘托气氛。如借助红军老兵回忆录来制造情景，剪辑影视剧当中的场景，进一步烘托情感。配以语言：又有一名红军老战士在回忆录中写道：当连长听到电文的战斗动员后，原地不动了大约5秒钟，然后平静地说道："同志们，保卫党中央，无论如何都要顶住，准备好牺牲吧。"所有人目光如炬，却又平静如水。沉默，无尽的沉默——目光如炬又如水，这是何等的坚定，又是何等的忠诚?! 他们坚信，坚信纵使损失惨重，中国革命的胜利必将到来！

---

① 董必武，李富春，等. 二万五千里珍藏本：上 [M]. 上海：上海人民出版社，2006：159.

在这样的影音画面营造的情境下，教师再补充习近平总书记在 2021 年考察广西时说的"革命理想高于天，理想信念之火一经点燃就会产生巨大的精神力量"① 以实现情感的升华。

3. 展现身边榜样，引入时代事迹，感悟长征精神

微课首先指出建设新时代就是对革命先烈最好的告慰；之后，引入广西走新时代长征之路的先进事迹；再配以语言：伟大新时代的到来，就是对逝去英烈最好的告慰。建设中国特色社会主义新长征之路，要不断从长征精神中汲取勇气与力量。

正所谓，扎根八桂大地，高歌奋进征程，无数光辉事迹在广西闪耀。硕士研究生毕业的高崧耀同志，离开家人、离开舒适的工作岗位，带着青春热血奔赴极度贫困的东兰县五联村。当无情的疫情席卷广西，诸多青年学子坚定地站在抗疫第一线。镜头切换为采访广西百色抗疫一线的志愿者。采访问题：你当时选择当抗疫志愿者的原因是？在这个过程中有哪些难忘的时刻？又有怎样的感受和收获呢？这个设计是为了树立榜样，引导学生更好地理解新时代的长征精神该如何践行，并以语言总结：以知识为力量，肩负起时代担当，这就是我们对长征精神的最好践行。未来，我们要继续学习感悟伟大精神，不断提升、成长，争做国家栋梁。

微课的最后是总结升华环节。"一代人有一代人的长征，一代人有一代人的担当。建成社会主义现代化强国，实现中华民族伟大复兴，是一场接力跑。我们有决心为青年跑出一个好成绩，也期待现在的青年一代将来跑出更好的成绩。衷心希望新时代中国青年积极拥抱新时代、奋进新时代，让青春在为祖国、为人民、为民族、为人类的奉献中焕发出更加绚丽的光彩！"② 这是微课总结的主线，鼓励同学们不断感悟伟大长征精神，并在丰富精神内涵中，不断有新的收获，砥砺前行。

综上所述，微课作为一种新时代媒体技术，以其短小精炼、形式丰富等特点被越来越多地运用于教学课堂，对传统教学的突破有极为重要的作用。中学历史教师如能在有限的教学时间中抽空制作微课，除介绍某个学科知识点外，以身边的榜样、身边的案例吸引学生，更好地创设情境，拉近与学生的距离，增添课堂情境性，在实现知识传递的同时，通过纵向延伸串联、横向深入发掘、联系课本与现实，亦有助于实现家国情怀素养的培养。

---

① 习近平赴广西考察全记录［EB/OL］.（2021 - 04 - 20）. http://cpc. people. com. cn/n1/2021/0430/c164113 - 32093021. html.

② 习近平. 在纪念五四运动 100 周年大会上的讲话［J］. 中国共青团，2019（5）：1 - 5.

基于"文旅融合"视角下的梧州中小学研学旅行调研报告[*]

张焕兰　陆艺潇　何雪萍　农春婷　韦清馨^{**}

　　文化是软实力,也是生产力。随着我国人民生活水平的不断提高,文化旅游成为最有活力的旅行方式。在"文旅融合"的时代背景下,研学旅行成为当今旅游业发展较快的类型之一。2016 年,教育部等 11 个部门联合印发了《关于推进中小学研学旅行的意见》,正式将研学旅行纳入中小学教学工作计划。如今各地中小学的研学旅行实践活动已火热开展,其形式丰富,且越来越学科化、课程化。广西梧州是一座传统文化丰富且拥有众多独特旅游资源的历史古城,在 2001 年被评为"中国优秀旅游城市"。在如今研学旅行热潮方兴未艾的时代,梧州的文化旅游与研学旅行互融的情况如何呢? 本项目团队即以梧州为研究区域,在"文旅融合"的视角下通过田野调查,探讨梧州研学旅行的发展现况及面临的问题,并努力提出相应的发展建议,以期能深化相关的研究。

一、研学旅行对中小学生教育的价值

　　何为研学旅行? 2016 年,教育部联合 11 个部委印发的《关于推进中小学生研学旅行的意见》(以下简称《意见》)对研学旅行的概念界定为:"中小学生研学旅行是由教育部门和学校有计划地组织安排,通过集体旅行、集中食宿方式开展的研究性学习和旅行体验相结合的校外教育活动,是学校教育和校外教育衔接的创新形式,是教育教学的重要内容,是综合实践育人的有效途径。"①

＊　此文为 2020 年广西壮族自治区级大学生创新训练项目——"文旅融合下的广西梧州龟苓膏文化的非遗研学旅行开发"(202010608070)的阶段性成果。

＊＊　张焕兰、陆艺潇、何雪萍、农春婷、韦清馨,广西民族大学民族学与社会学学院 2019 级历史学专业本科生。

①　教育部等 11 部门关于推进中小学生研学旅行的意见 [EB/OL]. (2016 – 12 – 19). http://www. gov. cn/xinwen/2016 – 12/19/content_ 5149947. htm.

这个观点得到了学界的普遍认同。

研学旅行是一种跨学科、开放性的教育实践活动，着重于"研"，体验者通过亲身参与，通过探究、体验、实践等方式，在旅行时完成对自然风光、人文景观的认识，提升科学文化素质。研学旅行是学校在对学生的教育过程中，根据学生学习和身心成长需求、结合学科教学需要开展的活动，活动的组织方式主要是集体旅行，让学生走出校园，在和谐的环境下丰富自身的知识内容，从而加深对学习的认识，对大自然以及相关风土文化产生更加浓厚的兴趣，真正感受到集体生活带来的重要乐趣以及所处地区的独特文化魅力。

目前，研学旅行深度挖掘当地人文景观特色，着重依托当地自然风光、历史文化遗产、红色教育等资源，不断探索和创新研学教育方式。"研学+红色"的红色研学、"研学+工业"的工业研学、"研学+农业"的农旅研学、"研学+拓展"的营地研学、"研学+科技"的科技研学等各种主题的研学旅行产品不断研发，学生走出相对封闭的校园，通过研学旅行这一体验式教学，将在学校所学知识、所悟感受"生活化"，培养"实践检验真理"的思想，实现"知行合一"的教育理念，开阔眼界，夯实所学知识，不断激发爱党爱国热情，增强和坚定对新时代中国特色社会主义建设"四个自信"（道路自信、理论自信、制度自信、文化自信）的理解与认同。

二、梧州中小学研学旅行现状调研

为了了解桂东重镇——梧州的中小学研学旅行现况，笔者在2020年9月至12月，以实地走访的方式调研该市研学旅行的发展基本情况。现将调研情况总结如下。

梧州是一座历史悠久的文化古城，全市境内旅游资源种类齐全，境内拥有国家4A级景区——骑楼城—龙母庙景区，2处自治区级风景名胜区——白云山、太平狮山，有全国重点文物保护单位李济深故居、太平天国永安活动旧址、梧州市中山纪念堂、中和窑址、梧州近代建筑群共5处，自治区级重点文物保护单位16处，如粤东会馆、花果山古墓群、古龙窑址等。近年来，梧州市旅游基础设施日趋完善，服务接待能力有所提高，特色旅游品牌逐步形成。梧州市教育局十分重视研学教育，当前，梧州市拥有石表山休闲旅游风景区与新主题圣文雅居青少年成长营地两处自治区级研学实践教育基地。多所中小学积极配合开展各类研学活动，活动类型丰富多样。表1是笔者通过网上查阅资料，以及实地走访调研所获得的梧州市部分中小学的研学旅行活动情况表。

表1　梧州地区（部分）中小学曾开展的研学活动一览表

学校	研学主题	活动类型
梧州市工厂路小学	STEAM 创客研学之香港行	创客研学
梧州市北环路小学	亲近自然，乐享农耕	农旅体验
梧州市中山小学	感受中山之旅，传承中山文化	历史文化、红色文化教育
梧州市大东路小学	军体研学提素质，乐动学子凝合力	军旅体验
梧州市五坊路小学	传承中华瑰宝，认识祖国的传统医学	非遗文化传承
梧州市文化路小学	走进梧州日报社，参观融媒小厨	文化参与
梧州市逸夫小学	讲好梧州故事系列之走进梧州市图书馆	图书馆参观
梧州市大塘小学、龙圩第一实验小学	梧州青少年法治教育实践	法治教育、课外实践活动
梧州高级中学	探寻六堡茶韵、北京研学夏令营	乡土地理观光、夏令营
梧州市第三中学	在挑战中凝聚团结的力量	军旅体验
藤县第五中学	一幅纸浆画，承载千年文化	非遗文化传承、艺术修养
梧州市第八中学	弘扬传统文化，体验艺术之旅	文化传承、艺术修养
梧州市第十一中学	"进校园"激活传统文化，"走出去"传唱好声音	粤剧戏曲非遗文化传承、艺术修养
梧州市第十二中学	增强法律意识，争当法治先锋	法治教育

　　从表1可知，梧州市部分中小学已进行了研学旅行活动，且大部分中小学的研学主题积极与优秀历史文化传承相结合，推广"一校一研""一校多研""多校一研"等研学文化特色建设，强化"产、学、研"与实践结合，促进以研促教、以学带产，积极主动探索和构建产、学、研"三位一体"的实践课堂教学基地模式，打造各校研学品牌。如梧州市第十一中学长期开展粤剧戏曲研学活动，打造"粤剧戏曲文化"研学品牌，推广梧州市粤剧粤曲艺术，加强传统艺术的传承和保护。

　　不过，短板亦很明显，如梧州市虽拥有丰富的旅游资源，但大部分旅游资源仍停留在原始状态或轻度开发状态，旅游文化开发不足。市内不同地区的研学旅行开展频次存在较大差异，例如岑溪市、藤县、蒙山县、苍梧县、龙圩区等地的中小学开展的研学活动，相较于梧州市区内其他中小学次数较少，甚至完全没有开展；其次，梧州市多所学校所开展的研学活动多为学校自发开展，且研学教育经费较少，各部门对研学旅行认识不足，联动协调能力弱，缺乏专门机构管理。在当前激烈的学业竞争和较重的升学压力下，一些中小学缺乏有效开展研学教育的教学计划。

三、促进梧州中小学研学旅行发展的对策

（一）立足本地研学资源，深度开发特色研学旅行产品

梧州市是一座拥有丰富旅游资源的历史名城，是广府民系、岭南文化的发源地之一，与粤港澳地区有着密切的文化联系。区位优势明显，是中国西部大开发十二个省中最靠近粤港澳的城市，同时也是广西的东大门，是广西现代工业发源地，工业基础良好，产业门类齐全，在制药、食品、造船、陶瓷、林产林化等行业拥有一批国家重点企业。要重点挖掘人文资源与旅游业的关系，整合梧州市的旅游文化资源，找准并定位梧州市文化形象，完善研学旅行产业链，深度挖掘梧州各地的旅游资源，研发出主题鲜明、突出地方文化特色的研学旅行产品，推出研学旅行精品路线，这是开展中小学研学活动的关键。

表2　梧州中小学研学旅行资源及产品

研学类型	研学旅行资源
红色党史研学	大同酒店遗址、中共梧州地委·广西特委旧址陈列馆、中共广西第一个农村党支部纪念馆、广西第一个团支部纪念馆等
"老字号"研学	梧州龙山酒业有限公司、梧州茶厂、梧州制药、广西双钱实业有限公司、广西田七家化实业有限公司（田七牌牙膏）、广西梧州新华电池股份有限公司、苍梧六堡茶业有限公司、广西梧州乐哈哈食品工业有限公司、广西梧州三鹤药业股份有限公司、梧州市冰泉豆浆馆、广西梧州冰泉实业股份有限公司等
历史文化研学	李济深故居、袁崇焕故里、中山纪念堂、英国领事署旧址、粤东会馆、中华骑楼城
民俗文化研学	长坪水韵瑶寨景区、龙母庙、四恩寺、广法寺遗址、子村惠封庙、基督教礼拜堂等

（续上表）

研学类型	研学旅行资源
生态研学	六堡茶生态旅游景区、苍海国家湿地公园、白云山公园、石表山、天龙顶山地公园、玫瑰湖公园
工业研学	中恒集团工业振兴青年先锋展览、中船桂江造船"强军有我"展览、广西西江开发投资集团有限公司等

截至 2020 年，广西全区共有老字号企业 60 家（含已获得中华老字号的 9 家企业），其中梧州市 12 家，占全区老字号企业数量的 20%，总数排在全区首位[①]。其中，梧州茶厂、梧州双钱实业有限公司、梧州制药（集团）股份有限公司、梧州龙山酒业有限公司 4 家企业还获评"中华老字号"称号。

在这些老字号当中，当以梧州的本地特色饮食文化龟苓膏最为亲民。为此，梧州各中小学可以策划探秘"老字号"龟苓膏非遗研学活动。梧州龟苓膏，广西壮族自治区梧州市特产，中国国家地理标志产品，是历史悠久的传统药膳，主要以鹰嘴龟和土茯苓为原料，再配生地等药物精制而成。其性温和，具有清热去湿、滋阴补肾、养颜提神等功效，因而备受两广以及东南亚人群的喜爱，畅销中外，远近闻名。梧州各中小学可以组织学生到广西梧州双钱实业有限公司内的双钱龟苓膏文化博览园进行研学，参观并亲手制作正宗龟苓膏，品尝正宗龟苓膏，感受传统饮食之魅力。

（二）加强研学旅行指导教师队伍建设

与传统的大众旅游不同，研学旅行的服务对象是中小学生，策划时应注意教育性、实践性、安全性、公益性，对于指导研学活动的专业人员的要求很高，在研学旅行开展之时，研学指导教师的重要性不言而喻。研学导师除具备一定的活动组织能力、执行能力以外，还必须具备专业教师兼导游的素质，参与研学旅行活动计划的制订与实施。为此，为保证研学旅行的质量，必须制定严格的研学导师标准，除了现有的旅行业从业人员转型为研学导师外，中小学的专业教师亦是优质的研学导师人群，在知识化、专业化、系统化的原则下对其进行专业培训，提高研学旅行专业人员素质，才能确保研学旅行向好的方向发展。

此外，加强各部门统筹协调，建立安全责任体系。中小学的研学旅行应该在当地教育主管部门的领导下，各校联动文旅部门，统筹协调，加强合作，层

---

① 梧州"广西老字号"数量居全区之首［EB/OL］. https://baijiahao.baidu.com/s?id = 1660751
708092902889.

层落实，各尽其责，为各校研学旅行顺利开展"保驾护航"。

综上所述，目前梧州市的研学旅行活动仍处于起步阶段，梧州市对于研学活动的开展还存在着诸多需改进的问题，道虽远，行则必至。在"文旅融合"战略背景下，中小学研学旅行意义非凡，不同地区的研学资源各异，宜因地制宜，多部门统筹联动，为青少年提供更多的研学产品，以助推素质教育落地。